Spezial

ALBA-MODELLBAHN-PRAXIS

LOK-MODELLE
PFLEGEN+REPARIEREN

Basiswissen über den Umgang mit Fahrzeugen

von Gunnar Selbmann

Modellbau, Digitalfotografie und Zeichnungen: Gunnar Selbmann

Maßangaben und Katalognummern ohne Gewähr.

Bauanleitungen, elektrische Schaltpläne und technische Angaben haben beispielhaften Charakter.
Ihre Anwendung erfolgt auf eigenes Risiko des Nutzers.

CIP-Kurztitelaufnahme der Deutschen Bibliothek

Selbmann, Gunnar:
AMP spezial: Lok-Modelle pflegen und reparieren / Gunnar Selbmann. - Düsseldorf
Alba, 2002
ISBN 3-87094-593-1

Erschienen	Juli 2002
Herstellung	Rasch Druckerei und Verlag GmbH & Co. KG, Bramsche
ISBN	3-87094-593-1

Inhalt

Vorwort

Auspacken, aufgleisen und losfahren – so wünscht man sich den reibungslosen Modellbahnbetrieb. Damit Triebfahrzeuge und Wagen auch über Jahre und Jahrzehnte hinweg unermüdlich ihre Runden drehen, benötigen sie eine regelmäßige Wartung und manchmal eine kleinere Reparatur.

Der vorliegende Spezial-Band aus der Reihe Alba Modellbahn Praxis will hierzu die nötigen Grundkenntnisse über typische Konstruktionsmerkmale der gängigen Fabrikate, über deren Antriebstechnik und Elektrik vermitteln. Längst schwindet die markengebundene Trennung zwischen Gleich- und Wechselstrom-Modellbahnen angesichts umrüstbarer Wagen und wahlweise für beide Systeme angebotener Triebfahrzeuge. Doch bedeutet dies mitunter, sich mit bislang ungewohnten technischen Lösungen des „Fremdanbieters" anfreunden zu müssen. Gebrauchsanleitungen liegen jedem neuen Modell bei, doch beschränken sich diese bisweilen auf grafische Darstellungen und äußerst knappe Beschreibungen. Und beim Kauf aus zweiter Hand fehlen diese Anleitungen ohnehin in vielen Fällen.

Ob neues Lokmodell oder altes Sammlerstück, in diesem Band finden sowohl der Betriebsbahner als auch der Sammler, der seine Fahrzeuge einsatzfähig erhalten möchte, gleichermaßen Rat für regelmäßige Wartungsarbeiten und praktische Anleitung für kleinere Reparaturen. Speziell gekennzeichnete Praxistipps bauen auf den dargelegten Grundlagen auf und vermitteln das hilfreiche „Gewusst wie!".

Neben Standardthemen wie Reinigen und Ölen der Anriebe, Motorbürsten-, Räder- und Kupplungstausch oder dem Komplettieren der Modelle mit den serienmäßig beigelegten Zurüstteilen beschäftigen sich einige Kapitel außerdem mit Fragen der Modelloptimierung: zum Beispiel dem Einbau neuer elektrischer Komponenten, wie elektronischen Fahrreglern, Digitaldecodern, Rauchgeneratoren, Geräuschmodulen und Beleuchtungen. Darüber hinaus sollen einige Beispiele zur Aufrüstung von Loks und Wagen mit Ladegütern sowie zur Detaillierung von Inneneinrichtungen anregen.

Schlussendlich müssen sich Betriebsmodellbahner wie Sammler mit der Problematik der schonenden Aufbewahrung der Modelle auseinandersetzen. Auch diesem Aspekt widmet sich ein Kapitel dieses Buches.

Angesichts der fast unzähligen angebotenen Industriemodelle kann dieser Band jedoch kein umfassendes Reparaturhandbuch und Ersatzteilverzeichnis bieten. Hierzu wäre für jeden Hersteller eine aufwändige eigene Publikation notwendig. Vieles ist jedoch selbst zu richten, ohne eine Werkstatt bemühen zu müssen. Und manche teure Reparatur lässt sich durch einen sachkundigen Umgang und eine regelmäßige Pflege vermeiden. Das Grundwissen dazu vermittelt dieser Band. Schauen Sie mal rein – nicht nur in diesen Band.   *Gunnar Selbmann*

1 Fahrzeugaufbau und Wartung

Bevor das Innenleben einer Lok zugänglich wird, muss man wissen, wie das Modellfahrzeug konstruktiv aufgebaut und mit welchen Tricks es zu öffnen ist. Außerdem enthält das erste Kapitel Empfehlungen zu Betriebsanleitungen, Wartungsintervallen und dem Umgang mit Verschleißteilen.

Fahrzeugaufbau

Die Werkstoffe

Der klassische Werkstoff **Blech** (tine plate) für Modelleisenbahnen hat in der modernen Großserienfertigung außer bei Replikas und Spielzeuggroßbahnen (Märklin Maxi) keine Verwendung mehr. In H0 fertigt Märklin derzeit noch seinen „Rheingold" und amerikanische Streamliner Sets vollständig aus geprägtem und bedrucktem Blech.

Dosenöffnen ist einfacher!

Metalldruckguss löste Blech zunächst bei Lokomotiven ab. Seit den 1950/60er Jahren hat sich die **Kunststofftechnologie** gerenell durchgesetzt. Inzwischen gibt es wieder einen gewissen Trend zu Metalllokgehäusen, um ihnen mehr Reibungsgewicht zu vermitteln. Moderne Triebfahrzeuge bestehen oftmals aus einer **Mischbauweise** mit Metallgehäuse und Kunststoffanbauten oder Detaileinsätzen z.B. für Lüftergitter aus Plastik. Aus gleichem Grund werden bei Dampflokomotiven manche Triebtender aus Metall gebaut. Sonderfälle sind Märklins schwedische Teakholzzüge, bei denen eine dünne hölzerne Funierschicht auf ein Plastikbasisgehäuse geklebt ist.

Kleinserienmodelle bestehen meist aus verlöteten, geätzten Messingblechen sowie Messing- und Weissmetallteilen.

Fahrzeugbausätze konfrontieren den Modellbauer mit einer Vielzahl unterschiedlicher Konstruktionskonzepte und Werkstoffe. Neben einigen einst sporadisch aus der Serienproduktion abgezweigten Wagen- und Lokbausätzen (Rivarossi, Märklin, Fleischmann, Arnold) gab es fertig lackierte Wagenbausätze von ade und verbreiteter in Frankreich (RMA, France-Trains, Mougel, MMM) zu kaufen.

In der BRD brachte Raimo in den 1980er Jahren eine Palette preußischer, bayerischer und württembergischer Güter- und Personenwagen als Kunststoffspritzlinge zum Zusammenkleben heraus. Aku und Heljan liefern Kunststoffbausätze von heimischen Güterwagen. Wie bei Lokomotiven gibt es schließlich komplette Messingbausätze (Marienbrunner, Perlmodell u. a.).

Für europäische Verhältnisse ungewohnt ist die in den USA durchaus übliche Praxis, Oldtimer-Güter- und Personenwagen aus feinstem Lindenholz nachzubauen.

H0 – Typischer Aufbau einer Schlepptenderlok mit Tenderantrieb (Roco DB 043). Kessel und Führerhaus sind aus Plastik, der Tender eine Mischbauweise aus Metall und Plastikteilen.

Rechts: H0 – Eine Monoblockkonstruktion ist diese DB E 44 (Roco) mit aufgeklipstem Plastikgehäuse und Kunststoff-Drehgestellen.

Mitte: H0 – Typischer Kleinserienbausatz aus Weißmetall und einem Plastikdach zusammengeklebt (Günther DRG E 73)

Rahmenbauarten

Anfänglich hatten Lokomotiven Unterteile aus Blechen. Mit Einführung des Metalldruckgusses wurden einteilige Vollrahmen entwickelt, bei denen sogar ein Teil des Motor- und Getriebegehäuse integriert ist (Märklin, Fleischmann). Besonders Elektrodrehgestellokomotiven und Dieselloks haben oft noch einen einfachen Blechboden (Märklin, Trix, HAG). Statt seiner gibt es außerdem Plastikböden mit seitlichem Versteifungsrand (Liliput, Rivarossi, Lima).

Das Aufkommen der Kunststoffgehäuse verschärfte die Problematik eines hinreichend hohen Adhäsionsgwichtes. So entstand zuerst bei N-Modellen und dann vor allem in H0 der Monoblockrahmen aus Zinkdruckguss, der massiv den gesamten Lokinnenraum ausfüllt und Aussparungen für Motor,

H0 – Bei der linken ÖBB E-Lok (Klein) besteht der dünne Lokrahmen aus Metall.
Der rechte DB E 19 (Rivarossi) hat einen Plastikboden mit zur Versteifung hochgezogenen Seitenwänden. Die Rastöffnungen oben dienen zum Befestigen von Beschwerungsgewichten.

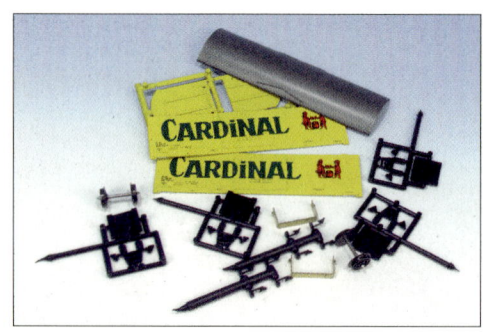

*Oben links:
H0 – Dieser schweizer Bierwagen (Aku) ist ein vorlackierter Plastikbausatz.*

*Oben rechts:
H0 – Plastikmodellbausätze werden wie Häuserspritzlinge geliefert und zusammengeklebt.*

Getriebe, Führerstand, Seitenfensterblenden und Gehäusebefestigungsrasten hat (Arnold, Fleischmann N, Minitrix, Roco).

Kleinseriemodelle von Dampfloks haben bisweilen einen echten **Barrenrahmen** aus verlöteten Messingblechen, die einen freien Durchblick gestatten und worin die Achsen einzeln abgefedert gelagert sind (Gerard).

Eine ähnliche Entwicklung vollzog sich bei den **Drehgestellrahmen**. Lange Zeit und teilweise bis heute verbreitet ist ein U-förmig gebogener Blechrahmen (Märklin) mit Bohrungen für einsteckbare Lokachsen. Im folgten Blockrahmen aus Metall oder Plastik, in die die Achsen eingelegt und gegen Herausfallen mit einer Bodenplatte abgedeckt werden. Bei Antriebsdrehgestellen nehmen diese Massivrahmen auch das Walzengetriebe auf (Roco).

Die ersten **Wagendrehgestelle** bestanden aus umgebogenen Blechen. Eine Verfeine-

rung und eine bessere Gleislage brachten Drehgestelle mit horizontal beweglichen Seitenwänden aus Blech oder Druckguss (Pocher). Ihnen folgten Blechdrehgestellrahmen mit Kunststoffblenden. In den 1950/60er Jahren werden schließlich die komplett aus Plastik gespritzten einteiligen Drehgestelle üblich, in die die Räder hineingedrückt werden (Kleinbahn, Liliput, Rivarossi, Trix, Roco, Sachsenmodelle). Die Feindetaillierung der Drehgestellblenden und Bremsen erfolgt bei Bedarf mit Zurüstteilen.

**Platzierung von
Elektrik und Mechanik**

Lokmodelle der Standardbaugrößen Z bis H0 sind nur äußerlich verkleinerte Abbildungen ihrer Vorbilder. Meist erst bei größeren Spuren findet man vereinzelt Antriebskonstruktionen, die sich mit Echtdampf, Minibenziner, Kettenantrieb für eine Köf und Einzelachsmotoren bei E-Lokomotiven den Gegebenheiten des Originals anzunähern versuchen.

TT – Dieser sächsische Pw ist aus den nebenstehenden Messing-Ätz- und Gussteilen zusammengelötet (Marienbrunner Modellbahn Manufaktur).

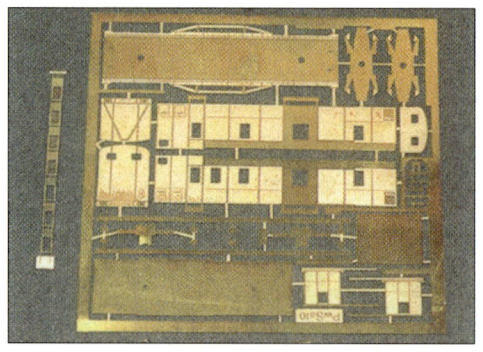

Links: H0 – Bei dieser Märklin SJ Lok ist das Teakholzfurnier auf ein Plastikgehäuse aufgeklebt.

Rechts: H0 – Auch bei Wagen(um)-bausätzen finden inzwischen die von Auto- und Hausmodellen bekannten Resin-Vollgussteile Verwendung.

Einst galt das Primat der Elektrik und Mechanik. Das Lokgehäuse wurde unter Inkaufnahme von Unmaßstäblichkeiten und Gehäusedeformationen um den zur Verfügung stehenden Standardmotor herum gebaut. Heute besteht die Herausforderung an die Konstrukteure darin, äußerlich das Modell so weit wie möglich vorbild- und maßstabsgetreu erscheinen zu lassen und dennoch den Modellantrieb nahezu perfekt zu verbergen.

Bei einteiligen Diesellokomotiven, E-Lokomotiven und Tenderdampfloks ist das Innenleben recht überschaubar. Der Motor liegt bei großen Lokomotiven mittig oder über einem Drehgestell und ist nach Abnahme des kompletten Gehäuses zugänglich. Bei Rangierloks wird er meist unter dem Motorvorbau, bei Traktoren vereinzelt auch senkrecht im Führerhaus untergebracht.

Komplizierter ist es wegen unterschiedlicher Antriebskonzepte bei Schlepptender-Dampf-lokomotiven, denn bei ihnen sind die am Modell angetrieben Radsatzgruppen nicht immer konform mit den Treibrädern des Vorbildes: traditionell wirkt der im Führerhaus oder etwas versteckter im Bereich der Feuerbüchse platzierte Motor vorbildgemäß auf die großen Treibräder des Modells.

Fleischmann setzte in den 1960er Jahren mit den tenderangetriebenen BR 55, 50 und 01 eine Revolution im Modellfahrzeugbau in Bewegung. Das nun von Motor und Getriebe befreite Lokvorderteil konnte mit rundum geschlossenem Kessel, freiem Durchblick in den Rahmen und mit ausgestalteten Führerhäusern in eine bisher ungewohnte Detailtreue vorstoßen.

In der Praxis haben sich besonders in N die rein tendergetriebenen Dampfloks mangels Gewicht als mitunter weniger zugkräftig erwiesen, und mancher Dampflokenthusiast kann sich nicht mit der vorbildwidrigen Antriebskonstruktion anfreunden. Daher gibt

H0 – Typische moderne Wagenkastenkonstruktion (Fleischmann): Dach, Wagenkasten, Wagenboden, Inneneinrichtung und Fenster sind aus separaten Plastikteilen.

H0 – Massiver Lokdrehgestellrahmen mit herausnehmbaren Achsen (Bemo)

H0 – Massivrahmen mit gebuchsten Achsen (Märklin)

H0 – U-förmig gebogener Blechrahmen für antriebslose Achsen

H0 – Selten, aber es kommt vor. Hier hat der Schlot ein Gewinde, mit dem der Kessel samt Gehäuse des Glaskastens (Raimo) festgeschraubt wird.

H0 – Wer suchet, dem wird aufgetan: Die hintere Gehäusehalteschraube verbirgt sich bei dieser Tenderlok (Roco DB 93) unter dem Kohlenkasten.

Links: H0 – Klassische Befestigung nicht nur bei Märklin (NS 1202) mit einer zentralen Schraube unter dem Boden. Oben: Neue Loks haben mitunter zwei tief versenkte Halteschrauben (DB 12X).

es inzwischen einige Lokmodelle, die trotz Verlagerung des Motors in den Tender mit eine Kardanwellen über die Kuppelradsätze angetrieben werden oder sogar durch einige Tenderräder noch zusätzliche Unterstützung erhalten.

Bei Wechselstrom-Fahrzeugen muss außerdem der Fahrtrichtungsumschalter unter das Gehäuse. Dieses zunächst elektromechanisch konstruierte Bauteil wird heute durch eine elektronische Platine ersetzt. Bei Tenderdampflokomotiven und Rangierlokomotiven liegt er im Kessel beziehungsweise unter dem Vorbau. Bei Schlepptender-Dampflokomotiven kann er auch im Tender ausgelagert sein.

Damit der Innenraum weitgehend frei von Antriebsteilen bleibt und mit einer Inneneinrichtung ausgestaltet werden kann, haben viele Drehgestelltriebwagen eine Art Unterflurantrieb. Entweder sitzt ein kleiner Flachmotor direkt auf dem Drehgestell oder der Motor ist in der Bodenwanne versenkt.

Eine Sonderstellung nehmen motorisierte Wagen wie beispielsweise bei der Nachbildung des alten Trix „Adler" ein.

Wie dies alles im Detail aussieht, beschreiben die Spezialkapitel ausführlicher.

Praxis: Zerlegen von Lokomotiven

Bereits das Auswechseln von Birnen und Kohlebürsten erfordert das Freilegen des Lokinnenlebens. Ein Blick in die – hoffentlich noch vorhandene und beredsame – Betriebsanleitung gibt in der Regel Auskunft über die notwendigen Demontageschritte. Grundsätzlich wird man mit zwei Befestigungsprinzipien konfrontiert:

Schraubverbindungen

Lokomotiven mit Metallgehäusen und -rahmen sind mit Schrauben zusammengehalten. Außerdem haben manche Modelle mit Kunststoffgehäusen Verschraubungen, die entweder in eingelassene Metallgewindebuchsen oder aber selbstschneidend direkt in den Kunststoff greifen. Bei letzteren ist Behutsamkeit geboten, denn häufiges Auf- und Zuschrauben kann die Verbindung ausfressen, oder bei zu starkem Anziehen der Schrauben reißt der Kunststoff ein.

Schrauben sind die praktischsten und bei solider Fertigung wohl auch die langlebigsten Verbindungen, aber man muss zunächst die Richtigen auf, an oder unter dem Gehäuse ausfindig machen. In der Regel sitzen diese bei E- und Diesel-Loks mittig unter dem Boden. Märklin hat sie bei neueren Modellen mitunter in einem Schacht versteckt.

Andere Hersteller und insbesonders Kleinserienmodelle haben vier oder mehr Schräubchen über den ganzen Boden bis hin zu den Pufferbohlen verteilt. Einige können ohne Verkratzen des Lackes ungünstigenfalls erst nach Abnahme der Drehgestellblenden entfernt werden. Sind Schrauben mit Farbe überstrichen, kann dies ein Hinweis auf besondere Garantiebedingungen sein, die das Öffnen der Lok durch den Modellbahner nicht gestatten.

Praktisch aber optisch völlig deplatziert sind Gehäuseschrauben auf der Dachoberseite, entweder in der Mitte oder im Bereich der Pantographen. Bei älteren Dampflokomoti-

Links: H0 – Bei dieser Lima-Lok (FS E 646) müssen zunächst die Puffer herausgezogen werden, bevor sich das Gehäuse abspreizen lässt.
Rechts: H0 – Klassische Gehäusebefestigung bei Trix-Loks (DRG E 05) sind mit den Fingern herauszudrehende Schraubpuffer.

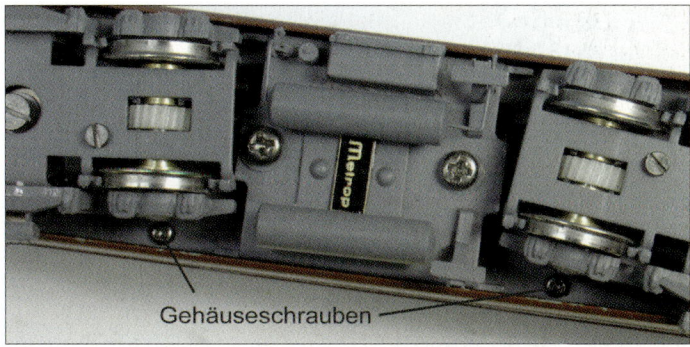

H0 – Die alte Roco DB 103 hat unschöne Gehäuseschrauben auf dem Dach. Sie sollten mit passender Dachfarbe überlackiert werden.

H0 – An dieser Metropolitan SBB Re 4/4 halten nicht etwa die großen Schrauben in der Mitte das Gehäuse , sondern es sind die insgesamt acht kleinen Schräubchen unter den Drehgestellblenden!

ven sind die Dome ein beliebter Ort für Halteschrauben.

Ferner gibt es Schrauben, die sich als solche nicht offenbaren wie ein Schornstein mit angeschnittenem Gewinde oder Puffer, die erst nach Herausdrehen das Gehäuse freigeben.

Weiteres sind seitlich im Bereich Rahmens vierfach eingebrachte Madenschrauben (das sind Schrauben ohne Kopf) zur Befestigung von Gehäuse und Drehgestellen bekannt.

Klipsverbindungen

Neuere Befestigungstechniken nutzen die Federkraft von Plastikgehäusen und Rastnasen. Das Klipsen hat weite Verbreitung bei allen überwiegend aus Kunststoff gebauten Modellen, besonders auch in der Baugröße N. Die ersten und meist billigen Loks hatten Nasen am Rahmen, die unschön sichtbar in seitliche Gehäuseschlitze einrasten. Die Weiterentwicklung brachte Rastwinkel, die in Plastikschlitze z.B. von Fenstereinsätzen ein-

H0m – Exemplarisch zeigen die Bilder das Abziehen eines geklipsten Plastikgehäuses. An den vier markierten Stellen muss das Gehäuse samt Lüftergittereinsätzen abgespreizt werden, damit sich die am Metallrahmen angespritzten Rastnasen lösen (Bemo RhB Ge 4/4). Mit dünnen Papp-, Blech- oder Diafilmstreifen können die geöffneten Rastverbindungen blockiert werden.

H0m – Die Rastnase des Rahmens greift in den länglichen Schlitz des Lüfterblendeneinsatzes.

H0m – Wird das Werkzeug falsch zwischen Wand und Lüfterblenden geschoben, öffnet die Rastverbindung nicht.

H0m – Nur wenn Seitenwand und Lüfterblenden gemeinsam abgespreizt werden, ist das Gehäuse zu lockern.

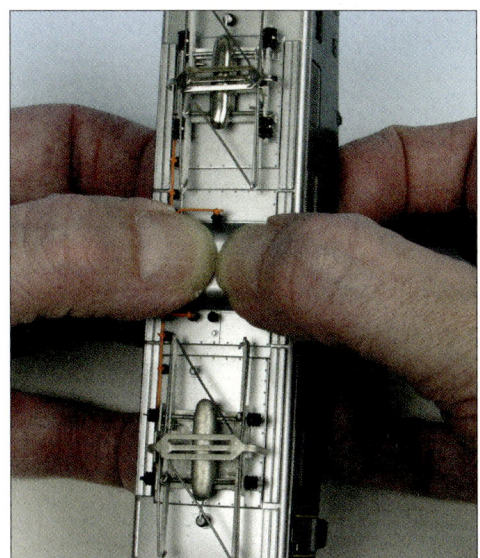

H0m – Typischer „Fingersatz" zum Abziehen eines geklipsten Gehäuses, nachdem (wie links beschrieben) die Rastnasen ausgehängt sind. Der Motorblock kann nun nach unten herausfallen.

H0 – Zwei Roco DB 144 Generationen: oben alte sichtbare Rastnase, unten diskrete Bauform mit leicht zu öffnender Plastikraste am Gehäuse

greifen. Das umgekehrte Prinzip lässt an der Gehäuseinnenseite hervorstehende Rasten in Aussparungen des Rahmens schnappen.

Bei einem gut konstruierten Modell genügt es, mit beiden Händen gleichzeitig die Seitenwände nach aussen zu ziehen, um das Lokunterteil nach unten herausfallen zu lassen. Manche Gehäuse sitzen aber recht stramm und müssen von den Lokenden her beginnend gelockert werden. Noch unpraktischer sind Rastnasen, die in lose eingesetzte Fensterscheibenspritzlinge eingreifen. Werden nämlich nur die Gehäusewände nach außen gespreizt, bleiben die Fenstereinsätze weiterhin eingerastet. Hier muss man die Rastverbindungen mit feinen Werkzeugen von innen ausklinken.

Auch in der Stecktechnik funktioniert manches anders als es zunächst aussieht. So haben einige Hersteller ihre Gehäuse mit herausziehbaren Puffern am Rahmen festgeklemmt (BRAWA, Lima, Roco).

Dampflokomotiven verlangen auf Grund ihres komplizierte Aufbaues oft eine Mischung aus Halteschrauben und angesteckten oder aufgeklippsten Gehäuseteilen. Die älteren Modelle kommen für den Kessel meist mit einer zentralen Halteschraube in einem der Dome aus (Märklin). Neuere Entwicklungen haben oft zwei Schrauben, die von der Rahmenunterseite her den Kessel im Bereich der Zylinder und der Feuerbüchse halten (Fleischmann, Roco). Metalltender sind in der Regel vorne und hinten angeschraubt, Plastiktender seitlich aufgeklipst.

H0 – Typische Gehäusebefestigung für Dampflokomotiven (Fleischmann DRG 50) mit zwei Schrauben, die durch den Rahmen in Plastikgewindeansätze am Kessel eingreifen.

Praxis: Zerlegen von Trieb-, Personen- und Güterwagen

Muss man einen Wagen demontieren, sofern nicht eine Reparatur ansteht? Im Prinzip nein, es sei denn, es handelt sich um einen Triebwagen oder um einen Personenwagen, der zusätzlich beschwert, beleuchtet und mit gesuperter Inneneinrichtung fahren soll, oder um einen Güterwagen als Anwärter für Schlusslaternen.

Besonders bei älteren Billigproduktionen (Lima, Jouef) sahen die Hersteller ein routinemäßiges Zerlegen der Modelle nicht unbedingt vor. Bisweilen werden von vornherein keine Innenbeleuchtungen angeboten (Liliput Bachmann, Lima) – Hauptsache Dach und Wagenboden halten. Aber Kapitulieren gilt nicht:

Umgebogene Laschen halten die alten, aus Blech gefertigten Wagenkästen zusammen, und ihre Dächer sind aufgeklemmt. Seit Jahrzehnten werden Wagen überwiegend aus Kunststoff gefertigt, so dass konsequent die praktische und ausreichende Klipstechnik vorherrscht. Einige alte Modelle mit unelastischen Kunststoffen und Kleinserien haben Schrauben zur Wagenboden- und Dachfixierung.

Leider lassen sich nicht alle (Güter-)Wagen öffnen, da manchmal der Wagenboden mit dem Gehäuse verklebt ist. Wenn sich trotz aller Fingerakrobatik nichts am Wagenkasten lockert, sollte man nach verdächtigen Kleberspuren vor allem im Bereich der Stirnwände und Pufferbohlen suchen. Manchmal kann man mit einem Messer die Klebefuge durchritzen, mitunter bleibt der Wagen aber auch für immer zu.

Wie schon im Eingangskapitel dargestellt, lassen sich bei den meisten Herstellern vom Wagenkasten der Boden oder Rahmen und oft das Dach abziehen.

Wagenböden

Variante 1: Wenige Kunststoffmodelle und Metallwagen haben durch **Schrauben** gehaltene Böden (Märklin, Kleinserien). Hier kann es nötig sein, zunächst die Drehgestelle abzuschrauben oder die Radsätze herauszunehmen, um an die Schrauben heranzukommen.

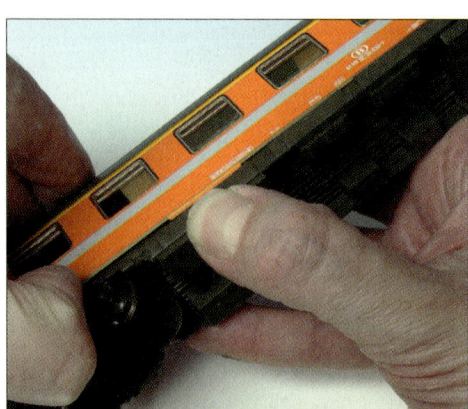

H0 – Wieder ein typischer „Fingersatz", mit dem linken Daumen wird zunächst der Wagenkasten (Roco Avmz) im Türbereich geöffnet. Mit dem rechten Daumen hebelt man dann den Wagenboden aus. Die großen Apparatekästen dienen dabei als Kraftansatzpunkt.

H0 – Sitzt der Wagenboden (Liliput DRG ABC4ü) sehr stramm, muss mit einem spitzen Gegenstand zunächst die erste Rastnase über dem Drehgestell geöffnet werden. Hierfür niemals Messer verwenden, da die Klingen brechen oder Kratzer am Wagen entstehen können.

H0 – Lange D-Zug-Wagen haben zur Stabilisierung der Seitenwände schmale Stege an den Gehäuseunterseiten, die in eine Nut des Wagenbodens fluchten (Roco DSG WL).

Variante 2: Meist ragen aus dem Wagenboden **Rastnasen oder -ösen** nach oben, die hinter den Fenstereinsätzen einhaken. Deren Öffnen erfolgt wie bei den E-Loks durch Abspreizen der Seitenwände samt Fenstereinsätzen. Lange Personenwagen haben zur Stabilisierung an den Seitenwandunterkanten vielfach dünne Stege, die in eine Führungsnut im Unterteil einrasten. Durch deren unterschiedliche Längen kann die eindeutige Montagelage des Gehäuses vorgegeben sein (falls nicht, seitenrichtige Lage von Gehäuse, Dach und Wagenboden mit einem Filzstift innen markieren). Beim Zusammenbau ist darauf zu achten, dass diese wieder bündig schließen. Bleiben sie versehentlich oder durch Transportstöße teilweise offen und wird dies bei der Lagerung im Karton nicht entdeckt, besteht die Gefahr irreparabler Gehäusedeformationen.

Variante 3: Ist der Wagenkasten nach unten geschlossen (Fleischmann), greifen die **Plastikklammern** des Fahrwerkrahmens hinter die Wagenkastenunterseite. Das Zerlegen kann hier schwieriger bis kaum empfehlenswert sein, sofern die Rasten sehr stramm sitzen. Dann muss man zunächst das Dach und die Inneneinrichtung entfernen, um den Rahmen von innen auszuhebeln.

Bei beiden Konstruktionsvarianten beginnt man zum Öffnen grundsätzlich an einem Wagenende und arbeitet sich zunächst an einer Wagenseite entlang vor. Manche

Konstrukteure versehen die Wagen mit zusätzlichen Rastnasen an den Stirnseiten hinter den Übergängen. Sogar winzige Schrauben (alter Lima DB 403) kann man als letzten Versuch, die Frontpartie zusammenzuhalten, antreffen.

Ein ideales Werkzeug zum Öffnen sind bruchfeste Fingernägel. Praktisch ist, festsitzende Batterie- und Klimaanlagekästen am Wagenboden als Kraftangriffspunkt zum Aushebeln des Bodens zu benutzen. Leider sitzen einige Wagenböden im Bereich der Einstiege derart stramm, dass ohne Pinzette, dünne Feilen oder Dentalinstrumente kaum etwas auszurichten ist. Zahnstocher und Spatel aus Holz sind in der Regel zu dick und brechen eher ab, als dass sie Wirkung zeigen.

H0 – An diesem Lima-Wagen sind beide typischen Rastverbindungen vereint: an der Stirnseite der Rastwinkel, an den Längsseiten Rastösen.

Links: H0 – Angeschraubte Wagenböden bereiten wenig Probleme, so die Schrauben gut zugänglich sind.

Rechts: H0 – Leicht zu übersehen sind kleine Zusatzschrauben wie bei diesem Lima DB 403.

Dächer

Bei etliche Modellen sind Dach und Wagenkasten aus einem Formteil gespritzt, und diese lassen sich daher nicht trennen (Märklin, Rivarossi, Lima). Ansonsten halten **Rastnasen oder -ösen**, die in Schlitze am Wagenkasten oder auch in den Fenstereinsätzen einhaken, das Dach fest. Zum Abnehmen muss das Dach an den Rastnasen eingedrückt und hochgehebelt werden. Eine dritte Variante benutzt **Rastklammern**, hier genügt es, das Dach nach oben abzuziehen (Trix).

Werkzeuge sollten keinesfalls zwischen Dach und Wagenkasten angesetzt werden, da diese leicht zu Beschädigungen der dünnwandigen Dachkanten führen.

Reagiert ein Dach nicht auf Fingerdruck, ist es sicherer, – wenn möglich – zunächst den Wagenboden zu entfernen, und die Dachrasten von innen auszuklinken. Leider sitzen manche Dächer derart fest, dass man sich eigentlich deren Abziehen nur zutraut, wenn das Ersatzteil schon parat liegt.

H0 – Verschiedene Dachhalterungen: Roco-Rastwinkel (DB Bi)

Roco, durchbrochener Rastwinkel (SNCF WR)

Fleischmann, Rastöse mit Widerhaken am Fensterscheibeneinsatz (DB Bi)

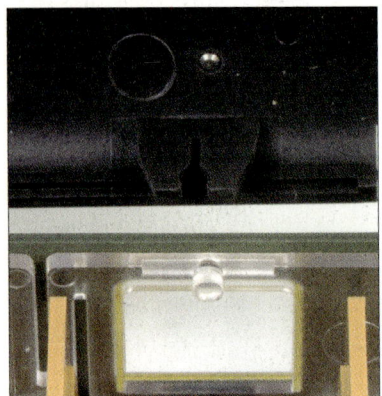

H0 – Verschiedene Dachhalter: Trix, Plastikklemme mit Rastdorn am Fenstereinsatz

Roco, Klemmleiste für Schiebedächer (DB Bvmz)

Roco, bei einigen Wagenserien kann erst nach Abziehen der Gummiwulst das Dach zur Seite geschoben werden.

Die modernste Bauform hat seitlich **abzu-schiebende Dächer** (Roco). Diese haben auf ihrer Unterseite lange Klemmleisten, die in Haken am Wagenkasten eingreifen. Zum Öffnen wird der gesteckte Gummiwulst-übergang an einer Wagenseite abgezogen, das Dach zur Stirnseite hin verschoben und anschließend abgenommen.

Ein Problemfall besonderer Güte sind **Dächer mit angesetzten Fensterscheiben** (Lima, Jouef, France-Trains, Rivarossi). Diese rasten entweder an den Seitenwänden oder im Wagenboden, der erschwerend ein Formteil mit dem Wagenkasten sein kann, ein. Haben die Fenstereinsätze Rahmen, werden diese gerne zum Halten des Daches benutzt.

Eine kuriose Sonderkonstruktion sind transparente Inneneinrichtungen mit angespritzten Fenstereinsätzen (Fleischmann).

Die Schwierigkeit besteht darin, gleichzeitig an vielen Fensteröffnungen die Scheiben-einsätze nach hinten drücken zu müssen oh-ne diese zu Verkratzen. Im Extremfall bre-chen sogar die feinen Fensterrahmen aus, da das durchsichtige Material meist spröder als die üblichen Gehäuseteile sind. Leider gibt es Fälle, wo es ohne Zerstörungen nicht möglich ist, den Wagen zu öffnen. Ist es ge-lungen sollten die Fenstereinsätze vom Dach abgesägt und eingeklebt werden. Das Dach benötigt dann eine neu konstruierte Halte-rung (Schrauben oder Magnete).

H0 – Der ungünstigste Fall zum Öffnen sind Wagen mit nicht nur von unten geschlossenen Wagenkästen sondern außerdem zusätzlich mit an den Wagendächern angespritzten Fenster-einsätzen. Hier müssen in die insgesamt acht Schlitze des Wagenbodens (Jouef DB B) schmale Werkzeuge eingeführt werden, die die Rasten zwischen Gehäuse und Fensterscheiben auf-hebeln. Dann kann das Dach behutsam nach oben abgezogen werden. Die Werkzeuge dürfen dabei nicht zu tief einstoßen, sonst können sie den sichtbaren Teil der Fensterscheiben zerkratzen (siehe Kreis)!

H0 – Das Gehäuse wird durch eine Rastnase am Faltenbalg am Boden gehalten (Märklin).

H0 – Inneneinrichtung und Fens-tereinsätze sind unpraktischer-weise ein Teil (Fleischmann).

Zur Beachtung: Betriebsanleitungen und Ersatzteillisten

Betriebsanleitungen liegen den meisten Modellen als Faltblätter oder kleine Heftchen bei. Die Anleitungen enthalten idealerweise Informationen über Wartungsintervalle, Schmierstellen, Modellzerlegung und Montage von mitgelieferten Zurüstteilen. Inzwischen ist es bei vielen Fabrikaten üblich, außerdem mindestens eine **Ersatzteilliste** oder sogar ein bebildertes Ersatzteilblatt beizulegen. Die kleinen Beipackzettel bei Wagen sind nicht minder wichtig. Sie enthalten Angaben zu Kupplungen, Innenbeleuchtungen und Radsätzen, die im Hauptkatalog manchmal recht schwer zu ergründen sind, wenn das Modell nicht mehr im Sortiment ist.

Liegt die Gebrauchsanweisung nicht oben auf, findet man sie nach Herausnahme des Kartoneinsatzes unten drunter. Fleischmann druckt diese Angaben bei Wagen auf einen Einlegekarton auf der Unterseite der Plastikschachteln.

Auch wenn die tadellose Detaillierung und Laufkultur des Modells zunächst nicht an etwaige Reparaturen denken lässt, wegwerfen soll man diese Infoblätter keinesfalls. Zwar gibt es von den Großserienherstellern **Ersatzteilverzeichnisse** als Ringordner, CD oder neuerdings auf Internet-Seiten, doch werden diese nur periodisch erneuert. Roco liefert lediglich einen leeren Ordner zum Sammeln der den Lokomotiven beiliegenden Unterlagen.

Ferner hat nicht jedes Modellbahngeschäft eine eigene Werkstatt und die Listen aller Hersteller. So ist es von Vorteil, wenn der Modellbahner nach Möglichkeit selbst die erforderlichen Angaben parat hat. Diese sollten den Fahrzeugtyp, die Katalognummern, die Ersatzteilnummer, die Bezeichnung des Teils und die Menge unter Berücksichtigung der angegebenen Liefereinheit enthalten. Hersteller fassen dabei Gleich- und Wechselstromausführungen und Lackiervarianten

oftmals in einem Datenblatt zusammen, – bei Roco sind Teile für Wechselstrom-Lokomotiven zum Beispiel grün hervorgehoben. Genaues Studium der Tabellen ist daher nötig, eine Ziffer zuviel oder zu wenig und anstatt einer Trittleiter für 0,50 € kommt ein Lokgehäuse zum hundertfachen Preis!

Für große Sammlungen und Clubanlagen: Sind die Fahrzeuge fern ihrer Verpackung in Vitrinen aufbewahrt oder ständig im Anlagenbetrieb eingesetzt, verbleiben die Originalunterlagen in der Verpackung und Kopien werden zum schnellen Zugriff in einem **Handordner** abgeheftet oder in den PC eingescannt. Hat man einen PC mit professionellen **Datenbanken**, lassen sich die Betriebsanleitungen wie vielleicht auch ein digitales Photo des Modells in die elektronische Karteikarte einbinden. Bei Registraturformen mit Karteikästen wird die Kopie an die Karteikarte geheftet.

Neben Ordnern mit Ersatzteillisten bieten einige Hersteller spezielle Ratgeber für die Wartung ihrer Fahrzeuge und Gleisanlagen an. Auch lohnt sich bei Bauartänderungen, technischen Verbesserungsvorschlägen u.a. mitunter ein Blick in firmeneigene Zeitschriften. Jubiläumsbücher können Hinweise über das Gesamtsortiment und Katalognummern der Modelle enthalten. Nicht alle Ersatzteilkataloge sind für den freien Verkauf gedacht und haben daher keine Bestellnummer. Ein Teil der aufgeführten Schriften ist derzeit nur noch antiquarisch zu beschaffen.

Für die Triebfahrzeuge ist im Idealfall fast alles bis hin zu kompletten Gehäuse oder Fahrwerken nachzubeziehen, sofern der Hersteller noch über die Teile besonders für spezielle Epochenvarianten verfügt. Beim Wagenmaterial sind je nach Fabrikat mitunter nur noch die betrieblichen Verschleißteile wie Räder, Drehgestelle, Kupplungen, Puffer, Beleuchtungen und Zurüstteile nachlieferbar!

Generell problematisch kann sich bei Kleinserienherstellern die Beschaffung schon von Verschleißteilen gestalten – die Produktion muss dabei nicht mal in Fernost liegen. Ein Kaufkriterium für den Betriebsbahner sollte

Ersatzteilkataloge

Hersteller:	Publikationen:
Arnold	*Ringbuch Ersatzteile*
Bemo	Bemo Post, seit 1990
Fleischmann	Ersatzteilliste H0, Ersatzteile N (69907) Einbautips für FMZ Empfängerbausteine Ringbuch Fleischmann Kurier, seit 1961
Gützold	(00093) Ersatzteilkatalog
HAG	Ersatzteilpreisliste
Liliput Wien	*Ersatzteilkatalog*
Lima	(L630097) Ersatzteilkatalog H0
LGB	(00290/91/92/97/98, 00680) Servicebücher (00301/02) CD Die LGB Depesche
Märklin	Ringbuch Ersatzteile CD Ersatzteile *Die Märklin-Bahn H0 und ihr großes Vorbild* (0730) Service-Ratgeber H0 Märklin Magazin, seit 1965 Internet insider
M+F	*M + F Journal, seit 1975*
Piko	(ISBN 3-931910-20-2) Piko-CD
Pocher	*Catalogo Guida al Modellismo Ferroviario di Arnaldo Pocher, Palermo 1984*
Rivarossi	(R83590) Ersatzteilkatalog H0 (88559) Rivarossi: 50 Jahre Modelleisenbahnen
RMA	*L'Independant du Rail, seit 1963*
Roco	Roco Service Ersatzteilkatalog (82071) CD Elektrik-Handbuch (ISBN 3-929159-01-5) Das Roco Weis(s)buch Bd. 1: H0-Lokomotiven, Straßenbahnen (ISBN 3-929159-02-3) Das Roco und Sachsenmodelle Wei(s)sbuch Bd. 2: H0- und H0e-Personenwagen (ISBN 3-929159-03-1) Das Roco und Sachsenmodelle Weis(s)buch Bd. 3: H0- und H0e-Güterwagen Roco Report, seit 1977
Sachsenmodelle	(ISBN 3-929159-02-3) Das Roco und Sachsenmodelle Wei(s)sbuch Bd. 2: H0- und H0e-Personenwagen (ISBN 3-929159-03-1) Das Roco und Sachsenmodelle Weis(s)buch Bd. 3: H0- und H0e-Güterwagen
Tillig	Club Reprints Mitteilungen
Trix	Ersatzteilbuch H0, N (69008) Selectrix Handbuch *(6610) Handbuch des Trix-Eisenbahnbetriebs*

Kursiv gedruckte Quellen sind nur noch antiquarisch erhältlich.

Kleine Zusammenstellung der häufigsten Verschleißteile im Modellbahnbetrieb

Triebfahrzeuge allgemein	Satz Kohlebürsten
	Satz Lämpchen für Beleuchtung Haftreifen in kleinen Mengen Überzählige Zurüstteile Dampföl
Lokomotiven Dreileiter	Mittelleiter- und Schienenschleifer
Ältere Wechselstrom-Triebfahrzeuge	Schaltschiebefeder für Motorumschalter
Wagen allgemein	Standardkupplungen/Kupplungsköpfe Ein paar *gängige* Radsätze Überzählige Zurüstteile Lämpchen für Beleuchtung
Ältere Wagen	Kupplungsrichtfedern aus Metall Blechkupplungen
Pflegemittel	Schmiermittel Reinigungsdestillat, Kontaktspray

daher auch bei Großserienmodellen die kontinuierliche Verfügbarkeit von Ersatzteilen sein. Erkundigungen bei Fachhändlern und Modellbahnkollegen über deren Erfahrungen mit einzelnen Firmen können nicht schaden.

Somit testet man neue Modelle – auch wenn sie nur für die Vitrine bestimmt sein sollten – unmittelbar nach dem Kauf, damit noch die Möglichkeit besteht, den eventuellen Schaden innerhalb der Gewährleistung (für in der EU gekaufte Produkte derzeit mindestens zwei Jahre) beheben zu lassen. Im Fahrwerks-

bereich störende, dem Sammler aber heilige Prüfetiketten haben Triebfahrzeuge aus aktueller Fertigung schon längst nicht mehr.

Ersatzteilbevorratung und Lagerung

Vor allem bei Triebfahrzeugen steht ab und zu die Erneuerung von Verschleißteilen an. Nicht jedes Modellbahnfachgeschäft liegt gleich um die Ecke und hat geöffnet, wenn die Ersatzteile fehlen. Auch die Direktbestellung beim Kundenservice kann vielleicht erst nach Wochen die begehrten Tütchen ins Haus bringen. Daher empfiehlt sich eine kleine Standardbevorratung der wichtigsten durch den Fahrbetrieb strapazierten Ersatzteile.

Für sehr intensiv genutzte Modellbahnen gilt der Grundsatz aus der professionellen Lagerbewirtschaftung, immer ein Teil mehr bereitzuhalten als unmittelbar verbraucht wird. So verbleibt genügend Pufferzeit für Nachkauf oder Nachbestellung, – dies bedeutet Anfangslagerbestand gleich zwei Stück.

Der Teileumfang ist abhängig vom Betriebssystem. Allen gemein ist der Bedarf an **Kohlebürsten** und **Haftreifen**. Beim Dreileiter-System kommen noch **Schienen-Schleifer** und bei älteren Märklin-Modellen **Schaltschiebefedern** des mechanischen Umschalters dazu. Seltener werden **Glühlampen** oder **Federn** für **Wagenkupplungen** oder **Pantographen** benötigt.

Alte Preiser-Figurenschachteln helfen in Materialschubfächern Ordnung zu halten.

Für Gemengelagen von unförmigen Spritzlingen oder vielen Ersatzteiltüten sind verschließbare Plastikdosen praktisch.

Kleine Detailvergrößerer: beleuchtete und unbeleuchtete Handlupen, Aufsetzlupe 8fach, Brillenvorsatzlupe, Uhrmacheraugenklemmlupe

Bei Arbeiten an Fahrzeugen ist die Noch-Schaumstofflokliege hilfreich. Man sollte die Lok mit einer Folie hineinlegen, damit Kleinteile nicht im Schaumstoff verhaken.

Viele Modelle muss der Modellbahner mit **Zurüstteilen** komplettieren. Überzählige Teile sollten sortiert und gesammelt werden. Es ist nach Jahren bisweilen schwierig, für eine nicht mehr produzierte Modellserie oder Farbvariante den auch in der Farbe passenden Spritzling nachzubestellen. Um so besser, wenn welche übrig bleiben. Einen benötigten Lüfter oder eine Griffstange bekommt man ohnehin selten einzeln geliefert.

Die Bevorratung von **Haftreifen** birgt ein besonderes Problem, denn sie können auch nicht aufgezogen je nach Materialbeschaffenheit altern. Ein über viele Jahre gehorteter Haftreifenbestand kann dann unbrauchbar sein. Unnützlich erscheint teilweise das ausschließliche Angebot in Sortimentspackungen. Wer Haftringe für eine große Dampfschnellzuglok benötigt, muss dann Reifen für Rangierloks mitkaufen.

Trotz Herstellerbemühungen, die eigene Modellpalette weitgehend mit standardisierten Verschleissteilen auszustatten, wächst die Menge der unterschiedlichen Kohlebürsten, Haftreifen etc. bei größeren, viele Marken umfassenden Sammlungen rasch an. Statt Tütenwirrwarr verbergender Pappkartons sind Ersatzteile und überzählige Zurüstteile übersichtlicher und beschädigungssicher mit in Baumärkten erhältlichen **Schubladenkästen** für Kleinteile organisiert.

Ausgediente Plastikschachteln von Figuren, Schienenschrauben oder Kupplungen eignen sich ebenfalls als nützliche Aufbewahrungshilfen in den Schubladen. Diese Sortierkästen können meist an der Wand aufgehängt werden oder sollten kippsicher in einem Regal stehen. Für große Spritzlinge oder Beutel sind einfache aber sicher verschließbare Plastikdosen sinnvoll. Teure tiefkühlfachtaugliche wären des Guten aber zu viel.

Spezielle Fahrzeugteile wie auswechselbare Bahnräumer, Kolbenschutzrohre oder Schürzenverkleidungen bleiben zweckmäßigerweise im Originalkarton des Modells, dann findet man sie sicher wieder. Außerdem laufen sie nicht Gefahr, versehentlich zweckentfremdet zu werden. Leider haben nur die wenigsten Lokschachteln ein verschließbares Fach für Kleinteile und Tauschkupplungen.

Praxis: Nützliche Werkzeuge

Die optimale Gestaltung des Arbeitsplatzes trägt zum raschen Gelingen der Modellbauarbeiten bei. Für kleinere Arbeiten zwischendurch sollte im Modellbahnkeller zumindest eine notfalls wegklappbare Platte mit ausreichender **Lichtquelle** vorhanden sein. Das Licht muss großflächig entweder von einer Lampe mit breitem Reflektor oder noch idealer von je einer Lampe rechts und links schattenfrei das Modell beleuchten.

Zwei 12-W-Leuchtstofflampen sind schon so grell, dass helle Tischplatten besser mit einer dunklen Arbeitsplatte abgedeckt werden. Um in verwinkelte Bereiche von Lokomotivunterteilen hineinzuleuchten, ist eine focussierbare Taschenlampe nützlich.

Die Miniaturisierung im Modellbau stellt hohe Anforderungen an die Sehschärfe. Lässt diese nach oder müssen z. B. Elektronikplatinen inspiziert werden, sollte man bei häufigen Arbeiten den Kauf einer beleuchteten **Standlupe** in Erwägung ziehen. Darauf achten, dass die Lupe vorne keine störende Fassung hat! Sie sind je nach optischem Qualitätsstandard zwar recht teuer, jedoch auf Dauer eine angenehme Arbeitserleichterung statt brennender Augen.

Von Modellbahnherstellern angebotene Werkzeuge

Werkzeug	Lieferant
Aufgleiser	Bemo H0m 4299000 Fleischmann H0 6480, 9480 N Märklin 7224 H0, 8974 Z Tillig 07910 TT Trix 66529 N
Gabelschlüssel	HAG Werkzeug-Set 594
Handentkuppler	HAG 596 Roco VT 11.05 Tillig 07920 TT
Kreuzschraubendreher	Hag Werkzeug-Set 594 Märklin 74999 Viessmann 4199
Ösen-Biegezange	Viessmann 4298, 4398
Pinzetten	Fleischmann Werkzeugsatz 6598 HAG 596 Märklin Werkzeugset 70900 Märklin Rauchgenerator Einbausatz 7226 Weinert 2325, 2326, 2327
Säge	Roco 10900
Schlitzschraubendreher	Fleischmann Werkzeugsatz 6598 HAG Werkzeug-Set 594 Märklin Werkzeugset 70900
Seitenschneider	Faller 688 für Plastik Post 02700 für Plastik
Staubpinsel	Faller 170686
Steckvierkantschlüssel	Roco 10903 für Gestänge Märklin Werkzeugset 70900 Hag Werkzeug-Set 594

Gutes Werkzeug ist die halbe Arbeit, dies gilt nicht nur beim Anlagenbau sondern gleichermaßen beim rollenden Material. Feinmechanische Qualitäten sind hier erste Wahl, denn splitternde Schraubendreherklingen, krumme Werkzeuge, wabbelige Pinzettenspitzen, holperige Feilen und Seitenschneider ohne Biss bergen beim Abrutschen und Brechen Verletzungs- und Beschädigungsgefahren für Modellbahner und Modell.

Für den Anfang genügen die von den Modellbahnherstellern angebotenen kleinen **Werkzeugsets**. Am reichhaltigsten ist derzeit jener von HAG. Mindestens sollten die Pinzetten nicht magnetisch sein, sonst lässt sich z. B. eine Unterlegscheibe einhändig nicht mehr platzieren. Mit schwach magnetisierbaren Werkzeugen kommt man besser in der Nähe von Motoren mit starkem Magnetfeld zurecht, ansonsten erfahren Schraubendreher oder Zange samt Schraube spontane Richtungsänderungen.

Schraubendreher und **Pinzetten** müssen vorne möglichst dünn und lang gebaut sein, damit sie tief unter dem Fahrwerk verdeckte Schrauben erreichen. Wegen ihrer dicken Spannfutter oder Magnethalterungen sind Schraubendreher und Schlüssel mit Wechselklingen nur eingeschränkt einsetzbar. Neben Schraubendrehern mit verschieden breiten und dicken Klingen werden öfters auch solche für Kreuzschlitzschrauben benötigt. Bequem ist das Arbeiten mit einem sogenannten Halteschraubendreher. Er hat an der Spitze eine Klemmvorrichtung, die die Schraube festhält, so dass man eine Hand frei hat. Schrauben kann man auch mit einer abgewinkelten Klemmpinzette (z. B. bei Weinert), die erst auf Druck die Schraube wieder freigibt, vor Ort bringen.

Dritte wichtige Werkzeuggruppe sind **Schraubenschlüssel** für die Gestängebefestigung bei Lokomotivfahrwerken. Deren Maul muss die Mutter direkt vorn packen können, sonst drehen die Schlüssel bei den im Modellbau üblichen kurzen Schräubchen durch.

Bei **Zangen** genügt zunächst eine feine Spitzzange und ein kleiner Seitenschneider.

Als Ergänzung sind eine Quetschzange zum Verklemmen von Achsen z. B. bei Pantographenumbauten und Justierzangen zum Geradebiegen und Glätten von Blechteilen und Federkontakten sinnvoll.

Ein Satz *hochwertiger* **Metallbohrer** in 1/10-Stufen von 0,2 bis mindestens 1 mm und Reibaalen helfen Löcher für Zurüstteile und Messingbauteile bei Bausätzen zu weiten. Größere Löcher am Lokrahmen lassen sich nach Vorbohren gerade bei härteren Materialien besser mit kleinen Kugelfräsern einbringen.

Eine elektronisch regelbare **Kleinbohrmaschine** mit Trafoanschluss zum Bohren, Fräsen, Sägen und Schleifen gehört ebenfalls zur Grundausstattung des fortgeschrittenen Modellbahners. Wichtig: das Bohrfutter muss auch die oben angeführten dünnen Bohrer halten können.

Für Lötstellen an der Verkabelung genügt ein ca. 30-W-**Lötkolben** mit Spitze. Bei häufigen Arbeiten lohnt sich eine nicht ständig unter Volllast heizende und temperaturkonstante Lötstation. Als geerdete Variante ist diese ohnehin Voraussetzung für Arbeiten an Digitalbausteinen. 60 W und 100 W werden nur für die Montage von Messingbausätzen benötigt. Sofern nicht flammengelötet wird, sind dann sogar 150 W für das Anlöten z. B. von Zylinderblöcken nötig.

Ein solides **Teppichbodenmesser** für kräftigere Schnitte in Plastik und ein kleines Messer mit Metallführung für Abbruchklingen gehören ebenfalls in den Werkzeugkasten.

Neben den erwähnten Sets der Modellbahnhersteller bieten Fohrmann, GW-Werkzeuge und Weinert Spezialwerkzeuge an. Auf den großen Publikumsmodellbaumessen sind meist weitere Händler mit Bastlerbedarf und Werkzeugen aus dem Medizinsektor vertreten.

Seit Jahrzehnten auf dem Markt und nach wir vor praktisch sind die **Schaumstofffliegen** von Mössmer/Noch. Sie halten ein Modell während Arbeiten an Drehgestellen oder Kupplungen sicher fest.

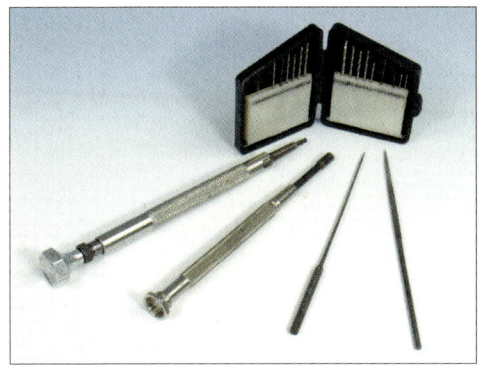

Wichtige Werkzeuge: Halteschraubendreher, Steckschlüssel, Reibaale, feine Schlüsselfeile, Satz dünner Bohrer

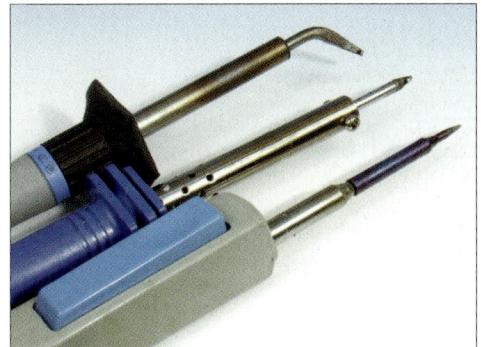

Fein müssen die Lötspitzen für Arbeiten an der Fahrzeugelektrik sein: 30-W-Kolben (außenbeheizt, abgewinkelt flach), 80-W-Station (außenbeheizt, spitz), 150/50-W-Schnelllöter (innenbeheizt, nadelspitz).

Häufig gebrauchte Fräser (Kugel, Zylinder, Stern) und Schleifscheiben bei Fahrzeugumbauten

Kleine, feine Zangen: Kneifzange, Seitenschneider, abgewinkelte Spitzzange, Mini-Kombizange

2 Von Motoren und Getrieben

Der Motor ist das Herz jeder Modellbahnlokomotive, ein Herz in vielen Variationen: Mal schlägt es in einem Drehgestell, mal mittig in einem Brückenrahmen gelagert, mal versteckt es sich im Tender einer Dampflokomotive. Dementsprechend individuell sind die Wege der Kraftübertragung vom Motor zu den angetriebenen Radsätzen. Die verschiedenen Bautypen von Motoren und Getrieben sowie deren Besonderheiten hinsichtlich der Wartung werden hier beschrieben.

Motorbauarten und ihre Eigenschaften

Passt der da überhaupt hinein?

Zum besseren Verständnis der Funktionsweise der kleinen Modellmotoren ist ein wenig Kunde der Elektrotechnik nötig (mehr dazu in AMP 4). Unabhängig von der Stromabnahme über Zwei- oder Dreileiter-Gleise oder Oberleitung unterscheiden wir zunächst zwei Motorfamilien: jene für Gleich- und jene für Wechselstrom. Ein Elektromotor besteht aus einem stehenden Teil (Stator) und einem sich drehenden Element (Rotor oder Anker). Bei den vorherrschenden Motorbauweisen bildet ein um den Rotor gegenüberliegend angeordnetes Magnetenpaar den Stator. Der Rotor weist mindestens drei sternförmig verteilte Feldwicklungen auf, das sind mit Kupferdraht umwickelte Eisenkerne. Werden die Wicklungen unter Spannung gesetzt, entsteht auf Grund des in den Spulen aufgebauten Magnetfeldes ein An- und Abstoßungseffekt ge-

genüber den äußeren umgebenden Magnetfeldern. Der Rotor dreht sich.

Aufbau von Standardmotoren

Den Strom für die Rotorwicklungen nimmt ein kupferner Ring auf dem Rotor von den Kohlebürsten ab, der genausoviel voneinander isolierte Felder hat, wie es Wicklungen gibt. Ist dieser Kommutator ein flacher Ring, nennt man ihn Scheibenkollektor, ist er um die Rotorachse gewickelt, wird er als Walzen- oder Trommelkollektor bezeichnet. Wird der Motor an eine Gleichspannung angeschlossen, so dreht sich der Rotor je nach angelegter Polarität, also nach rechts oder links. Beim Wechselstrombetrieb ist die Laufrichtungsänderung etwas komplizierter, da Wechselspannung durch die beständig alternierende Phase keine ausgeprägte Polarität hat. Hier erfolgt die Drehrichtungsbestimmung durch die äußeren Magneten, deren Kraftfeld nicht durch einen Permanentmagnetkern, sondern durch eine gegenläufig

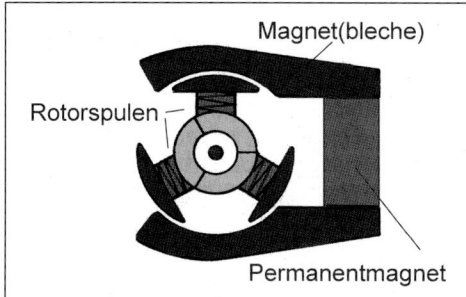

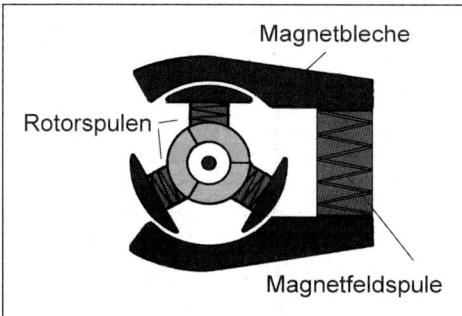

gen können. Dank der nachhaltigen Forderung der Modellbahner nach feinfühligerem Regelverhalten auch im unteren Geschwindigkeitsbereich und wegen der Anforderungen digitaler Regelelektronik sind die meisten hochwertigen Antriebe heutzutage mit einem fünffach gewickelten, zum Teil schräg genuteten Rotor ausgerüstet.

Glockenankermotor

Eine Sonderbauart des reinen Gleichstrommotors ist der sogenannte Glockenankermotor (auch Faulhaber-Motor genannt), wie er häufig bei Kleinserienmodellen und als Umrüstsatz für Großserienlokomotiven angeboten wird. Statt der sternförmig angeordneten Wicklungskerne des Rotors sind die Wicklungen in Form eine Zylinders um den Rotor herum gelegt. Da derartige Motoren gegenüber Erwärmungen sehr empfindlich sein können, sollten sie nur mit speziell ausgewiesenen Regeltrafos ohne Halbwelle betrieben werden. Ihre Vorteile sind die bisweilen extrem kleine und schlanke Bauform (Glockenankermotoren passen sogar noch in kleinste Dampflokkessel), die äußerst niedrige Ansprechempfindlichkeit beim Anfahren, die geringe Stromaufnahme, die sehr exakte Regelbarkeit, die geringen Gleichlaufschwankungen, der eigendynamische Auslauf und die geringe Geräuschentwicklung.

Links oben: Prinzip des Gleichstrommotors

Links unten: Prinzip des Wechselstrommotors

H0 – 3poliger alter Trix-Motor mit Kombination aus Stirnradgetriebe und nachgesetzter Schnecke

doppelt gewickelte Spule erregt wird. Ein Umschalter schließt jeweils nur eine Wicklung an den Stromkreis, so dass der Strom bildlich gesprochen einmal von rechts und einmal von links durch die Spule fließt und das Magnetfeld entsprechend ausrichtet. Dieser Motor ist sogar Allstrom tauglich, denn statt mit Wechselstrom funktioniert er auch mit Gleichstrom. Gegenüber einem Motor mit permanentem äußeren Magnetfeld begünstigt diese Bauform den längeren Auslauf des Rotors (und damit der Lok), denn nach Abschalten der Spannung bricht auch das äußere Magnetfeld zusammen.

Je mehr Wicklungen der Rotor hat, um so gleichmäßiger und kraftschlüssiger kann er sich auch bei niedrigen Spannungen drehen. Die Modellbahnindustrie baute jahrzehntelang vornehmlich auf dreifeldrige Rotoren, die je nach Getriebeuntersetzung die unangenehme Eigenschaft zu ruckartigen Bewegungen (sogenannte Ankersprünge) während des Anfahrens und im Kriechgang zei-

H0 – Märklin/Hamo: 3poliger Motor mit Scheibenkollektor für runde Kohle und Bürste mit Permanentmagnet

Diese Eigenschaften könnten eigentlich den idealen Modellbahnmotor beschreiben, doch sind die mechanischen wie elektrischen Charakteristika der Glockenankermotoren gegenüber den üblicherweise eingebauten Standardmotoren so verschieden, dass besonders bei Modellbahnanlagen mit automatisiertem Fahrbetrieb große Probleme bei der Harmonisierung der Geschwindigkeiten oder dem Einsatz von Anfahr- und Bremsbausteinen auftreten können. Auch benötigen Glockenankermotoren sehr sorgfältig berechnete und leichtgängige Getriebe, damit sie ihre volle Leistung entfalten. Werden sie nicht durch eine Spezialelektronik von der Lok- und Wagenbeleuchtung getrennt, arbeitet der Motor in Zusammenspiel mit den Birnchen nach Abschalten der Spannung gewissermaßen wie ein Bremsgenera-

tor, und das gewünschte Auslaufen des Motors unterbleibt weitgehend. Bei digitalen Mehrzugsteuerungen benötigen dieser Motortyp sogar speziell ausgelegte Decoder.

Sinus-Motor

Die neueste Entwicklung ist der Einsatz des sogenannten Sinus-Motors (Märklin), bei dem es sich von der Konstruktion her um Motoren handelt, mit denen z. B. Festplatten in Computern angetrieben werden. Bei diesem Bauprinzip werden die eingangs erläuterten Funktionen der Magneten zwischen Rotor und Stator getauscht. Den Rotor bildet eine spulenlose Metallglocke mit zwölf kleinen Permanentmagnetfeldern. Im Innern dieser Glocke ist ein feststehender Ring von neun kleinen einzeln ansteuerbaren Spulenmagneten angeordnet, die die Rotorglocke

H0 – Märklin: 3poliger Motor mit Walzenkollektor für eckige Kohlestifte und Spulenmagnet

H0 – Märklin/Hamo: 5poliger Hochleistungsmotor mit Permanentmagnet

antreiben. Für diesen Gleichstrommotor ist zwingend eine digitale Regelelektronik nötig, die die einzelnen Minispulen ansteuert. Da der Sinus-Motor weder Kohlebürsten noch einen Kollektor besitzt, gilt er praktisch als wartungsfrei. Mit diesem Motor vollzieht die Modellbahnindustrie analog zum Vorbild den Sprung zu moderner Antriebs- und Regeltechnik. Was daraus wird, bleibt abzuwarten.

Einbauformen

... quer zur Fahrzeugachse

Der klassische Antrieb, mit dem noch heute viele Lokomotiven ausgerüstet werden, besteht aus einem quer zur Fahrzeugachse liegenden Motor, dessen eine Gehäusehälfte samt Rotorlager Bestandteil des Lok- oder Drehgestellrahmens aus Metallguss oder Kunststoff ist (so zum Beispiel etliche Loktypen von Märklin, Fleischmann, HAG oder Lima). Der äußere Magnet – ggf. mit Erregungsspule versehen – und der Rotor werden eingesetzt und mit einem anschraubbaren Lagerschild inklusive Rotorlager und Kohlebürstenhalterung befestigt. Dieser Motor arbeitet immer mit einem nachgesetzten Stirnradgetriebe.

Vorteil: der Motoraufbau ist sehr robust, bildet fast eine mechanische Einheit mit dem Geriebe(kasten) und dank der vollständigen Zerlegbarkeit können alle Teile zur Reparatur ausgetauscht werden.

Nachteil: Seine meist große Bauhöhe benötigt viel Platz und er passt nicht in jede Lok hinein. Das übliche Stirnradgetriebe bestimmt seine Lage zum Fahrwerk und bei Allrad angetriebenen Drehgestelllokomotiven ist für jedes Drehgestell ein Motor nötig. Auch macht der auf einem Drehgestell befestigte Motor alle Seiten- und Höhenbewegungen des Fahrwerks mit und braucht entsprechenden Bewegungsfreiraum im Lokinnern. Sind Rotor und Zahnräder in einem Gehäuse vereint, besteht eine erhöhte Anfälligkeit gegenüber Verschmutzungen.

Eine Sonderform ist der im Monoblock gelagerte Rotor der Motoren von Z-Fahrzeugen, denn diese besitzen wegen ihrer Miniaturisierung nicht immer ein separates Motorgehäuse. Er ist aber mit einem Schneckenge-

H0 – Fleischmann: In den Rahmen integrierter, quer zur Lokachse liegender Motor

N – Monochassis mit mittig gelagertem Motor

triebe kombiniert und entspricht somit eher dem nachfolgend beschriebenen Typ.

...und längs zur Fahrzeugachse

Inzwischen verbreiteter ist der blockförmige Gleichstrommotor mit ein- oder beidseitigen Motorwellen, der als komplette Einheit parallel zur Fahrzeugachse entweder auf einem Drehgestell oder im Monoblockchassis montiert wird (verbreitete Bauform bei Trix, Kleinbahn, Roco, Liliput, Rivarossi, Arnold, Piko). Dann ist sogar bei Drehgestelllokomotiven der Antrieb auf alle Radsätze mit nur einem Motor möglich. Dieser Blockmotor ist seit jeher Standard in den N-Lokomotiven sowie den meisten Gleichstromfahrzeugen aller Baugrößen und kann sogar senkrecht stehend verwendet werden. Als Kuriosum

H0 – Rivarossi: 3poliger stehender Motor

hatte übrigens Liliput, Wien, seinerzeit den Märklin-Allstrom-Motor bei seinen Wechselstrom-Varianten ebenfalls senkrecht auf ein Drehgestell wirkend eingebaut.

In vielen Fällen werden diese Motoren entweder über eine Halterung an den Stirnseiten oder aber auch (verdeckter) mit Schrauben an der Unterseite des Motorgehäuses festgeschraubt. Bei modernen Lokkonstruktionen mit Monoblockunterteilen liegt der Motor meist unverrückbar fest in einer Wanne, die nach oben hin durch eine festgeschraubte Elektrikplatine verschlossen ist. Aber auch hier kann noch eine Schraube unten drunter den Motor zusätzlich fixieren.

Vorteil: Der Motorblock kann flach gebaut und nahezu beliebig in der Lok platziert werden. Bei beengten Platzverhältnisen ist dieser Einbau derart vorteilhaft, dass man ihn sogar in Wechselstrommodellen mit analoger Vorschaltelektronik antrifft.

Nachteil: Der Motor ist in der Regel nicht beschädigungsfrei zerlegbar und muss bei Defekten komplett (gegebenenfalls mit aufgezogenen Schnecken) ausgetauscht werden. Bei den meisten Motoren sind aber zumindest die Kohlebürsten erneuerbar.

Die Kühlung von Motoren

Modellmotoren sind grundsätzlich eigenbelüftet, das heißt: im Gegensatz zu einer großen E-Lokomotive mit Ventilatoren, Luftschächten und Düsengittern werden Motor und Geriebe keine kühle Luft zugeführt, schon gar nicht leistungsabhängig geregelt. Dennoch, wo elektrischer Strom zur Erzeugung von Licht oder Magnetismus benutzt wird, entsteht „Verlust-Wärme". Letztendlich können auch andauernd hohe Umdrehungen von Rotor und Getriebe zur Erhitzung beitragen. Überhitzt sich ein Antrieb, kommt es als Hauptschaden vor allem zu defekten Wicklungen, denn deren dünne Drähte sind nur mit einer hitzeempfindlichen Lackschicht isoliert. Schmilzt diese Isolierung, werden die Spulenwicklungen kurzgeschlossen, und der Aufbau des Magnetfeldes ist gehindert. Bei extremer Überlastung ist sogar das Durchschmelzen oder das Ablöten der Wicklungsdrähte vom Kollektor möglich. Ein zu schwach gebauter Kollektor kann sich bei übermäßiger Temperatur deformieren oder vom Rotor ablösen. Bei Blockmotoren fördert eine Überhitzung auch Schäden an den Sinterlagern der Motorwelle.

Ein Großteil der Wärme wird durch das Motorgehäuse direkt an den Rahmen der Lok weitergeleitet. Obwohl in Monoblockunterteilen der Motor meist wenig „Luft hat", kann er auf Grund des ihn weitgehend umschließenden Metallblockes auch viel Wärme an das Chassis abgeben. Viele Blockmotoren sind darüber hinaus mit einer beidseitigen Öffnung versehen. Der Rotor wirkt dabei gewissermaßen als Ventilator und kann sich so selbst belüften. Voraussetzung hierfür ist ein hinreichend voluminöses Lokgehäuse beziehungsweise ein Luftschlitz im Lokboden. Diese Öffnungen im Motor, Chassis und in Elektroplatinen dürfen daher keinesfalls zum Beispiel bei Montage von elektronischen Komponenten, Geräuschmodulen, beim Einbau von Schaltmagneten und bei Lokumbauten abgedeckt werden!

Getriebearten und ihre Eigenschaften

Neben der reinen Übertragungsfunktion, Motor und Räder miteinander zu verbinden, wird durch die Abstufung der Zahnräder zueinander auch das Drehzahlverhältnis be-

stimmt, das heißt, die Drehzahl des Motors wird zu den Rädern hin reduziert. Wie schnell oder wie langsam eine Lok fahren soll, ist ein unter Modellbahnern und Herstellern umstrittener Diskussionspunkt. Beim Vorbild fährt eine Güterzuglok zu Gunsten höherer Zugkraft langsamer als eine Schnellzuglok (bei Dampflokomotiven und Ellok-Oldtimern mit Stangenantrieb wird dies durch größere oder kleinere Räder erreicht). Im Modell stellt sich die Alternative, ob jede Lok bei voller Tafospannung nicht wesentlich schneller als ihre umgerechnete Höchstgeschwindigkeit fährt, oder ob alle Triebfahrzeuge bei gleicher Spannung gleich schnell agieren (siehe Empfehlung NEM). Mit zunehmender Verbreitung der digitalen Zugsteuerung wird diese Problematik abgemildert, denn über einen Lokdecoder lässt sich die Fahrcharakteristik der Lok individuell einstellen. Die aufwändigste Regelelektronik gerät aber auch dann an ihre Grenzen, wenn ein Getriebe für den Einsatzzweck der Lok völlig falsch berechnet wurde.

Stirnradgetriebe

Die eingangs beschriebenen Motortypen bestimmen die Getriebeanordnung. Das Stirnradgetriebe ist die einfachste und bei Lokomotiven traditionellste Form der Verbindung von Motor und Radsätzen. Es besteht ausschließlich aus Zahnrädern, die sich in gleicher Flucht wie die Lokräder drehen. Ist ein großer Weg zwischen Motor und Radsätzen zu überbrücken, sind viele Zahnräderreihen und -stufen neben- oder hintereinander notwendig. Die Zahnräder der angetriebenen Lokräder befinden sich auf einer Fahrzeug-

Motorbelüftungsschlitze wie in dieser Fleischmann-N-Lok dürfen nicht abgedeckt werden.

H0 – Märklin:
Das Stirnradgetriebe
reicht bis in den
Motorinnenraum
(links); die
Zwischenräder wer-
den durch die Treib-
räder und das
mittlere Zahnrad
gehalten (rechts).

seite hinter den Radscheiben, entweder als Vollrad oder, bei Speichenrädern, als Zahnkranz. Die Zahnräder sind nur einseitig gelagert und werden im Fahrwerksbereich meist von den Radscheiben der Räder oder mit einem Klemmring gegen ein Herausfallen gesichert. Ein Teil des Getriebes kann bis in das Motorgehäuse hineinreichen.

Vorteil: Dieses Getriebe ist nicht selbsthemmend und gibt bei Spannungsabschaltung den Rotorauslauf an die Räder mit geringem Widerstand weiter. Auch kann es in der Regel von der Seite der Räder her „durchgedreht" werden.

Nachteil: Das Getriebe ist oft von außen her sichtbar und kann auf Grund der vielen sich überlappenden Zahn- und Treibräder zu einem „singenden" Betriebsgeräusch neigen.

Auch verlangt es eine gute Schmierung an den Zahnradseitenflächen und ist, da es meist offen liegt, Staub und Flusen ausgesetzt.

Walzengetriebe

Aus mehreren Milimetern breiten und heute meist schrägverzahnten Zahnrädern mit kleinem Durchmesser bestehen die **Walzengetriebe**. Sie sitzen mittig auf der Lagerachse und sind beidseitig in einem Getriebekasten gelagert. Idealerweise sollte der Getriebekasten vollständig geschlossen sein, so dass weder Schmiermittel abgeworfen noch Schmutz von außen hineindringen kann. Diese Walzengetriebe liegen zwischen den Radscheiben der Antriebsachsen und können von außen weitgehend unsichtbar in Drehgestellen und Barrenrahmenimitationen von Dampflokomotiven untergebracht werden.

Vorteil: Walzenzahnräder benötigen weniger Bauhöhe, sind diskret im Fahrwerk einbaubar und haben eine breite Reibungsfläche.

Nachteil: Sie benötigen zwischen den Rädern viel Platz, sind mitunter vielteilig und können daher den Unterbau von Mittelleiterschleifern behindern oder sogar unmöglich machen. Auf Grund ihres geringen Durchmessers leisten sie keinen eigendynamischen Beitrag zum Auslauf der Lok.

H0 – Fleischmann:
Komplett außerhalb
des Motorraums
liegendes Stirnrad-
getriebe. Das
Rotorritzel aus
Messing ist deut-
lich zu erkennen.

Schneckengetriebe

Bei längs zum Fahrwerk liegenden Blockmotoren und dem Wunsch nach einmotorigen Allradantrieben von Drehgestelllokomotiven muss das Getriebe eine Winkelverbindung von 90 Grad mittels einer Schnecke zwischen Lok und Rädern herstellen. Die einfachste Form ist ein senkrecht nach unten stehender Motor, dessen Schnecke mittig zwischen den Rädern des Radsatzes liegt und in ein auf der Antriebsachse aufgezogenes Zahnrad greift. Die Wirkung dieses Antriebes ist sehr direkt, wenig gefühlvoll in der Drehzahlbemessung und begünstigt selten die maximale Leistungsentfaltung des Motors. Das Schneckengetriebe ist daher in der Regel eine Kombination aus Motorwelle mit Schnecke(n) und nachgesetztem Zahnradgetriebe für die Feinabstimmung. Im Bereich des Fahrwerkes erfolgt die Kraftübertragung entweder über ein klassisches kleines Stirnradgetriebe oder aber über die – inzwischen bei Neuentwicklungen üblichen – mittig in einem Getriebekasten verlaufenden Walzenzahnräder.

Vorteil: Der Motor kann recht variabel entlang der Fahrzeuglängsachse und fast unterflur platziert werden.

Nachteil: Schneckengetriebe sind bis auf einige sehr seltene Sonderbauformen selbsthemmend und können nicht von den Rädern her durchgedreht werden. Je nach Ausführung des gelenkigen Getriebeelements und der Lokkastenabstützung kommt es im Anfahrbereich bei Drehgestelllokomotiven oftmals zu einer seitlichen Nickbewegung des Lokaufbaues, bis das Drehmoment in die Vor- und Rückwärtsbewegung der Lok umgesetzt wird.

Von oben nach unten:
H0 – Roco: Walzengetriebe
Trix: Schneckengetriebe
Rivarossi: Schnecke stehend
Fulgurex: Direktantrieb der Blindwelle und echter Stangenantrieb der Treibräder

Weitere Bauformen

Ein sehr spezielle Form der Richtungsänderung von Getriebeachsen ist der Einbau von nicht selbsthemmenden Kegelzahnrädern. Ihre Zahnebene ist im Winkel von 45 Grad angeschnitten, so dass zwei benachbarte Zahnräder in einem Winkel von 90 Grad zueinander stehen. Ihre Verwendung ist im Lok-Modellbau aber sehr selten (z.B. Shay-Dampfloks). Eine weitere seltene Getriebevariante ist das sogenannte Planetengetriebe (Hobbytrain), bei dem ein äußerer Zahnkranz um ein kleines, auf einer Welle aufgezogenes Zahnrad läuft.

Verwendete Werkstoffe

Getriebe sind heutzutage aus unterschiedlichen Werkstoffen und deren Kombinationen aufgebaut. Neben den klassischen Materialien wie Messing und Stahl verwenden manche Produktionen ausschließlich Kunststoffzahnräder. Auch konnte man schon aus Pertinax ähnlichem Material gefräste Zahnräder vorfinden. Die Langlebigkeit von Zahnrädern und Schnecken hängt dabei in erster Linie von der optimalen Getriebeberechnung, dem präzisen Getriebebau, den angemessenen Materialqualitäten, einer regelmäßigen Wartung und einem schonenden Fahrstil ohne abruptes Anfahren und Anhalten vor Signalen ab.

Metallgetriebe bestehen oftmals aus einer Abfolge von härteren und weicheren Materialien, d.h. aus der Kombinationen von Stahl- und Messingelementen, oder von Metall- und Kunststoffzahnrädern und Schnecken. Zwar können Kunststoffzahnräder bei Fehlproduktionen nach Aufpressen auf die Metallachsen noch nach Jahren haarfein reißen, doch haben sie sich inzwischen millionenfach bewährt.

Bei Kleinserienmodellen und Bausätzen mit handgefertigten Getrieben sollte man den optimalen, nicht zu strammen Zahneingriff zwischen Schnecke und nachfolgendem Zahnrad kontrollieren, andernfalls kann eine Stahlschnecke ein Zahnrad aus Messing oder Kunststoff kurzum abfräsen.

Spezialelemente

Gelenkkupplungen

Drehgestelle verlangen eine gelenkige Verbindung mit einem fest im Lokchassis sitzenden Motor. Ist die seitliche Schwenkbewegung des Drehgestelles so gering, dass diese innerhalb des Eingriffspiels zwischen Schneckenwindungen und Zahnrad aufgefangen werden kann, wird, wie bei vielen N-Lokomotiven üblich, auf ein zusätzliches Getriebegelenk verzichtet. Bei größeren Modellen geht dies aber nicht mehr ohne weiteres, und so ist dieser elastische Punkt zwischen Motor und Schnecke seit jeher ein Experimentierfeld für Getriebebauer, und jeder Hersteller verfolgt seine eigenen Konzepte.

So gab es als einfachste Lösung auf die Achsen aufgezogene Schlauchkupplungen, die sich trotz geringer Vibrationsneigung wegen Alterung des Gummis und mangelnder Konstanz und Stabilität im Kraftschluss aber nicht durchgesetzt haben. Eine weitere, inzwischen eher historische Variante, ist die Metallspirale (früher bei Roco), die in je eine Kunststoffhalterung auf den Wellen eingehängt ist. Auch hier besteht das Problem, dass im Anfahrbereich zunächst ein gewisses Maß an Energie in der Spirale aufgefangen und dann impulsartig an das Fahrwerk weitergegeben wird. Außerdem neigen Spiralen naturgemäß zu Schwingungen. Am verbreitetsten ist heute als Verbindung zwischen Motor und Getriebe der Kardan (Roco, Lima, Fleischmann, Bemo, Kato). Mit ihm können sogar große Distanzen und damit verbundene Ausschläge (beispielsweise bei Triebwagen) gemeistert werden. Ist er sauber gefertigt, arbeitet er weitgehend schlupffrei. Bei zu dünnen, sehr langen oder auch zu locker gelagerten Verbindungsknochen kommt es zu einer markanten Vibration und der tyischen schnarrenden Geräuschentwicklung für derartige Getriebetypen.

Motorkupplungen

Sie verbinden den Motor mit der Hauptantriebswelle oder -schnecke. Dabei hat diese im Gegensatz zum Auto keine Schaltfunkti-

H0 – Roco: In den ersten Jahren baute Roco in seine Drehgestelllokomotiven kardanähnliche Gelenke mit einer Drahtspirale ein.

H0 – Roco: Hier ist die Schwungmasse gleichzeitig mit einer durch einen Gummiring hergestellten Getriebestufe kombiniert. Der Gummiring übernimmt dabei auch die seitenbewegliche Antriebsübertragung zwischen Lokmittelteil und dem Vorbau (was ansonsten üblicherweise mit einem Knochenkardan erfolgt).

H0 – Nur bei sehr wenigen Kleinserienmodellen wurde eine Schwungmasse werkseitig eingebaut. Bei diesem historischen Pocher-Modell ist deren technischer Aufbau gut sichtbar. Der Motor treibt über den Kardan die Antriebswelle an. Auf ihr liegen die beweglichen Kupplungsstücke, die bei größerer Drehzahl an den Außenzylinder gedrückt werden. Dieser treibt wiederum mit dem Zahnrad eine Schneckenachse im Drehgestell an.

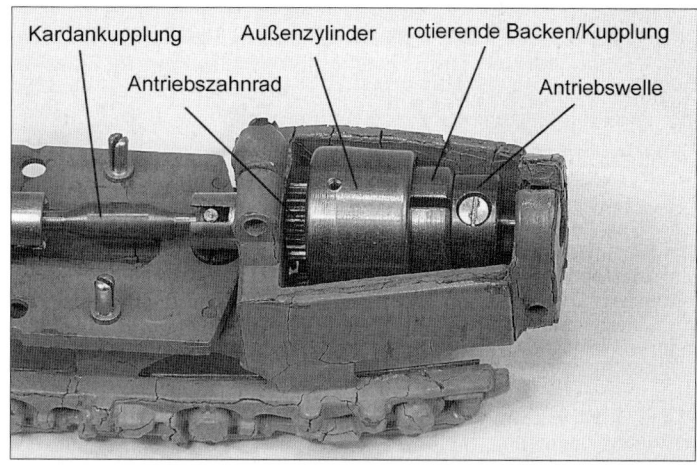

N – Kato: Moderne Kompaktbauweise mit Mono-blockchassis. Der Motor treibt über zwei Planetengetriebe die äußeren Schnecken an. Diese wirken direkt auf ein Zahnrad im Drehgestell.

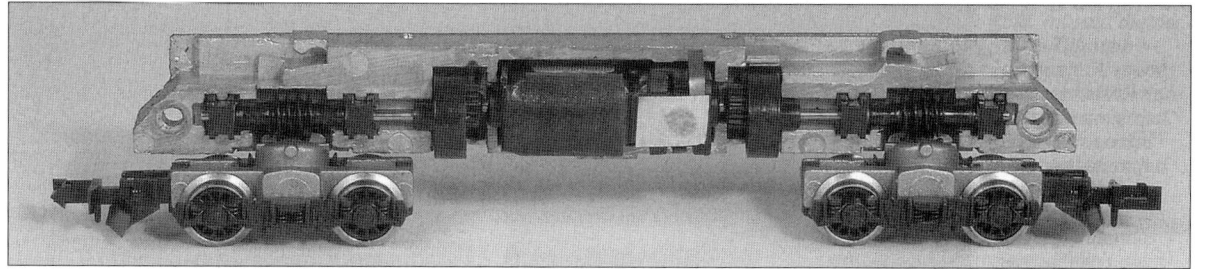

on. Man findet sie beispielsweise als Steckkupplung (früher bei Liliput, Wien), die den Motortausch erleichtert oder aber auch als Gummiring (Merker & Fischer). Ferner werden Gummiringe oder Zahnriemen als Getriebestufe verwendet (Roco, Jouef), die zwei Antriebswellen verbinden. Dies ist einerseits eine recht elegante und vibrationsentkoppelnde Lösung, da sie Zahnräder einspart. Andererseits unterliegen diese Ringe langfristig einer möglichen Alterung. Zudem sind sie ein sehr spezielles, somit schwierig zu beschaffendes Ersatzteil und haben Grenzen in ihrer Belastbarkeit und Kraftschlüssigkeit (Durchrutschgefahr). Sind sie sehr stramm aufgezogen, üben sie einen Druck auf die Wellen und deren Lager aus, da sie diese zueinander ziehen. Auch kann das Abspringen der Ringe nicht immer ausgeschlossen werden.

Um besonders bei Schneckengetrieben mehr Schwung zum Überbrücken von Kontaktschwierigkeiten während der Fahrstromaufnahme und Auslauf beim Anhalten zu bekommen, haben die meisten neueren Lokomotiven Schwungmassen ein- oder beidseitig auf der Motorwelle aufgezogen. Bei großen Schwungmassen setzt – je nach Motortyp – das Anfahren mitunter etwas verzögert ein, da durch die Inbewegungsetzung

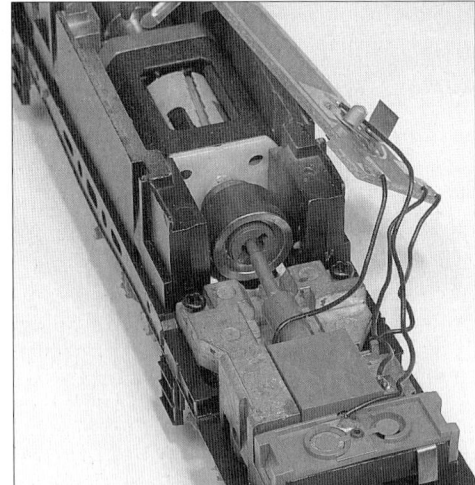

H0 – Roco: 5poliger schräggenuteter Blockmotor mit in die Schwungmasse integrierter Kardanwellenaufnahme

der Metallscheibe ein Trägheitsmoment besteht. Wieviel Auslauf diese tatsächlich bewirken, hängt weitgehend von ihrem Durchmesser ab, der mindestens so groß wie der Rotordurchmesser des Motors sein sollte. Damit keine Schäden an Motor- und Getriebelagern entstehen, müssen die Scheiben äußerst präzise gefertigt sein und einen einwandfreien Rundlauf aufweisen. Durch sie ausgelöste Vibrationen können zu einer merklichen Fahrgeräuscherhöhung beitragen.

Eine Variante ist der sogenannte Schwungmassenanker (Fleischmann), bei dem der dreifeldrige Rotor zu einer Scheibe aufgefüllt ist. Damit erhalten die Fahrzeuge zwar etwas mehr Schwung, die feine Ansteuercharakteristik eines fünffeldrigen Rotors ist damit aber nicht erreichbar.

Fliehkraftkupplung

Bereits seit den 1960er Jahren versucht man durch Einbau einer Fliehkraftkupplung den Lokomotiven ein gewisses, der Zugmasse des Vorbildes entsprechendes Trägheitsmoment mit langsamerem Anfahren und verzögertem Abbremsen zu verleihen. Bei einer Fliehkraftkupplung (Rutschkupplung) rotieren in einem Außenzylinder kleine Metallbacken auf einer inneren Achse. Mit Zunahme der Drehzahl der Innenachse werden diese Metallbacken durch die Zentrifugalkraft nach außen an den Zylindermantel gedrückt bis schließlich ein Kraftschluss entsteht und die Lok in Bewegung gesetzt wird. Beim Abschalten der Spannung löst sich die Getriebekupplung wieder und der Zug kann ungebremst vom Motor ausrollen. Dafür ist es bei Schneckengetrieben nötig, dass die Schnecke in einer speziellen Form geschnitten ist, um nicht zu sperren, das heißt, das Getriebe kann von der Räderseite her durchgedreht werden. Rivarossi hat daher seinen sogenannten „S-Drive"-Antrieb mit einer optionalen Abschaltung versehen.

Die Anzahl der mit Fliehkraftkupplungen serienmäßig ausgerüsteten Triebfahrzeuge ist an einer Hand abzuzählen. Als feinmechanische Kleinserie ist sie sehr teuer. Ihr Effekt kann heute in der Regel von digitalen Steuerbausteinen geleistet werden, das typische Fahrgefühl mit solchen Lokomotiven lässt sich so aber nicht reproduzieren.

Vorteil: Eine Fliehkraftkupplung bietet die einzigartige Möglichkeit, Getriebe und Motor mechanisch voneinander zu trennen. Je nach Bauart wirkt der Außenzylinder als große auslauftreibende Schwungmasse.

Nachteil: Die Fliehkraftkupplung benötigt – besonders wenn sie fahrdynamisch spürbar wirksam werden soll – relativ viel Platz. Sie muss feinmechanisch sehr präzise gefertigt werden, um keine Schäden am Getriebe und dem Fahrwerk zu verursachen. Für den Rangierbetrieb ist sie je nach Bauart nicht unbedingt feinfühlig genug, und Triebfahrzeuge werden bei großem fahrdynamischem Potenzial recht unberechenbar und benötigen vor Signalen und auf Abstellgleisen entsprechend lange Auslaufwege. Bei Anhalten an Steigungen kann es auf Grund der Entkopplung vom Motor zum Rückrollen des Zuges kommen. Im Gefälle kann der Zug die Lokomotive vor sich her schieben.

Praxis: Wartung des Antriebs

Alle beweglichen Teile des Antriebs und die Laufräder müssen von Zeit zu Zeit gereinigt und neu geschmiert werden. Bei fabrikneuen Lokomotiven sehen manche Hersteller sogar ein erstes Abölen wichtiger Lager (meist der Treibräder und der Dampflokgestänge) durch den Kunden vor. Nicht immer werden die Fahrwerke komplett vorgeölt, damit durch Transport und mögliche lange Lagerung kein Öl in die Verpackung fließt. Welche Teile speziell und an welchem Punkt geölt oder geschmiert werden sollen, ist der jeweiligen Betriebsanleitung zu entnehmen.

Eine fachgerechte Wartung beschränkt sich nicht auf die durch einfaches Auf-den-Kopflegen der Lok erreichbaren Achslager. Die Wartungsintervalle sind in den Bauanleitungen nach Betriebsstunden angegeben. Sie richten sich aber praxisgerechter nach der tatsächlichen Beanspruchung im Anlagenbetrieb. Spätestens wenn ein Triebfahrzeug deutlich an Zugkraft und Geschwindigkeit verliert, quietscht oder sonstige Reibungsgeräusche von sich gibt, gehört es in eine Werkstatt. Besonders markant ist die Geräuschentwicklung bei trockengelaufenen Rotorlagern des Motors. Dann liegt ein akuter Servicenotfall vor und die Lok muss sofort vom Gleis.

Sammler möchten ihre Schätze zur Werterhaltung möglichst unbespielt erhalten. Trotzdem sollten Fahrzeuge, die immer nur in der Vitrine oder im Karton eingelagert sind, mindestens jährlich in Bewegung gesetzt werden, um Lagerungsschäden vorzubeugen. Was rastet, das rostet zwar nicht immer, doch kommt es bei alten Modellen mitunter zum Verharzen der Schmiermittel, und kein Rad dreht sich mehr. Ebenfalls kann sich der Rotor festsetzen sowie der Kommutator oxydieren, so dass die Lok aus eigener Kraft nicht mehr anläuft.

Wenn Sorge um die Unversehrtheit der Radreifen besteht, fixiert man die geöffnete Lok in einer der bereits erwähnten Lokliegen, stellt mit Krokodilklemmen und Prüfkabeln vom Trafo eine Stromversorgung her und lässt sie einige Minuten in beide Richtungen durchlaufen. Ein kleiner Testkreis auf einem Tisch oder einer stabilen Holzplatte macht das Ganze allerdings doch etwas komfortabler und kurzweiliger.

Ölen und Fetten

Schmiermittel mindern die Reibung zwischen beweglichen Teilen und sorgen so für leichteren Lauf, geringeren Materialverschleiß und ein leiseres Betriebsgeräusch der Getriebe. Für Modelleisenbahnen kommen nur feinmechanische Schmiermittelqualitäten in Frage. Dies erscheint eigentlich selbstverständlich, doch sei nochmals gesagt: „Olio extra virgine" gehört nur in den Modellbahner und nicht in die Lok. Zu unterscheiden ist zwischen Ölen und Fetten mit ihren spezifischen Verwendungszwecken. Öle dienen zum Schmieren von Rad-, Zahnrad-, Rotorachsen- und Schneckenwellenlager.

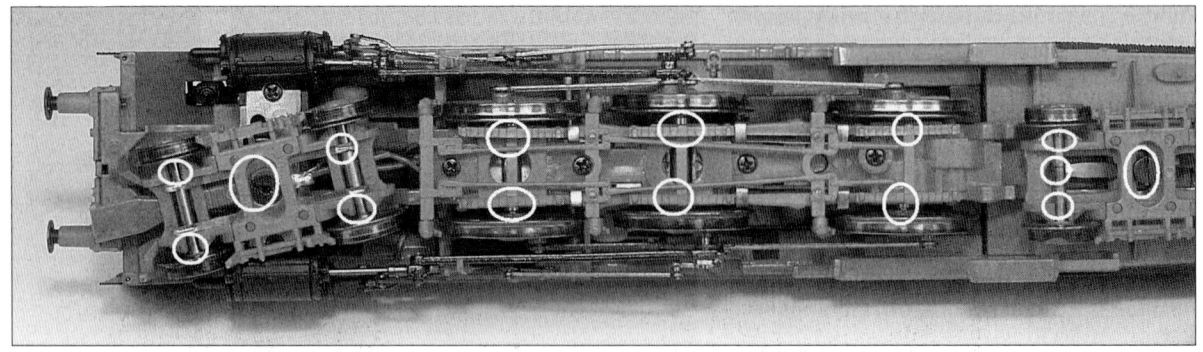

Schmierstellen am Dampflokfahrwerk

Außerdem ist ein dünner Ölfilm auf den Seitenflächen von Stirnradgetrieben nützlich. Metallzahnräder werden in der Regel ebenfalls geölt. Hierzu gibt es je nach Hersteller aber auch unterschiedliche Viskositäten. Aber, für manche „trockenlaufende" Kunststoffzahnräder ist ohnehin keine Ölung vorgesehen. Daher immer auf die Betriebsanleitung achten.

Bei Schnecken- und Walzengetrieben sind herstellerseitig oft Spezialfette vorgeschrieben. So laufen die gekapselten Roco-Getriebe in einer Fettmasse und Rivarossi hat ein spezielles Graphitfett im Programm.

Schmierstellen sind: Radlager, Zahnrad- und Schneckenlager, Rotor(Sinter)lager des Motors, Zähne der Zahnräder und die Zahnradseiten bei Stirnradgetrieben. Normalerweise

nicht geölt werden Kardangelenke, keinesfalls geölt werden dürfen Fliehkraftkupplungen im Innern. Bei Dampflokomotiv-Modellen werden die Kreuzkopfgleitbahn, die Schwingenaufhängung und die Kuppelstangen im Bereich der Kurbelbolzenaugen minimal geölt.

Innen-Reinigung

Ein Auswaschen von Fahrwerken, Getrieben und Motoren ist immer dann erforderlich, wenn sich Staub, Dreck und Lackreste im Ölfilm angesammelt haben oder auf ein anderes Schmiermittel umgestellt werden soll. Zur Reinigung eignen sich in erster Linie die üblichen angebotenen Reinigungsdestillate und Sprays (siehe Tabelle). Nach Demontage von Lokunterteil und Gehäuse werden Räder, Zahnräder und Motor so weit mög-

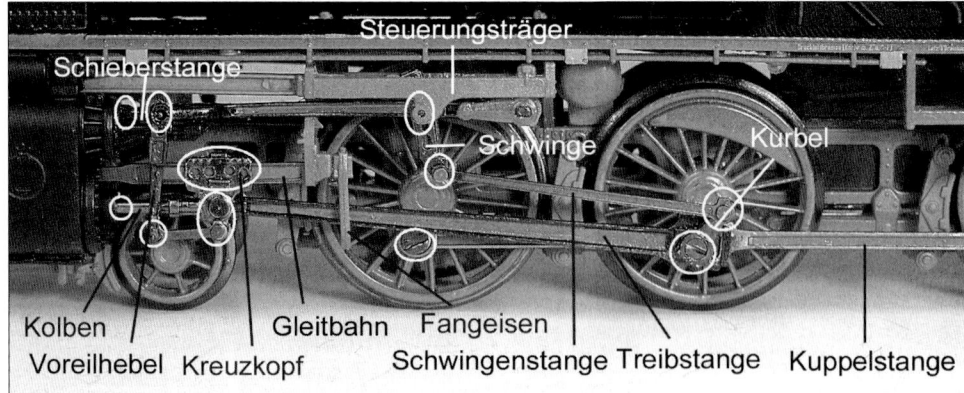

Schmierstellen an Gestänge und Bezeichnung der wichtigsten Gestängeelemente

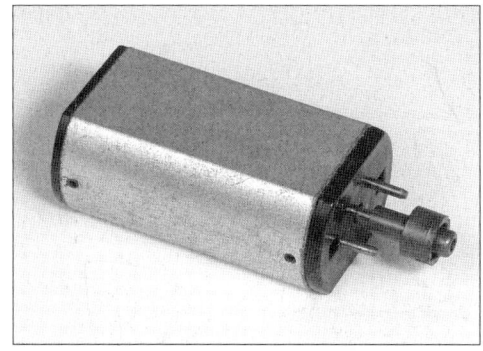

lich ausgebaut bis idealerweise nur noch der nackte Fahrwerksrahmen übrig bleibt. Bei Dampflokomotiven müssen Treib- und Schwingenstange von den Rädern gelöst sein, um die Treibräder gesamthaft herauszunehmen.

Grobe Schmutzschichten und Fettschichten werden zunächst mit einem getränkten Haushaltstuch abgewischt, dann können alle Getriebeteile in mit Reinigungsflüssigkeit gefüllten kleinen Plastikdosen (zum Beispiel Filmdosen) oder kleinen Marmeladegläsern gebadet werden. Sind die Räder fest im Rahmen gelagert, stellt man das Lokunterteil in eine kleine mit Reinigungsmittel gefüllte Wanne (oder einen umgedrehten Deckel) und bewegt es hin und her oder lässt die Räder sogar motorgetrieben laufen.

Eine besondere Problemzone sind die eingangs beschriebenen, quer zur Fahrzeugachse liegenden Motoren mit nicht hermetisch gekapselten Motorgehäusen (Märklin). Ragt ein Teil des Getriebes in die Rotorkammer, kommt es nach vielen Betriebsstunden zu einer den ganzen Innenraum und Rotor bedeckenden Schmutzschicht aus Getriebeöl und Kohlebürstenabrieb des Kollektors. Hier sind nicht nur der Motorraum und die Rückseite des Lagerschildes sondern auch der Rotor selbst auszuwaschen. Nachher lässt man alle Teile und den Lokrahmen auf einem Haushaltstuch abtropfen.

In den meisten Fällen sorgen die Graphitkohlebürsten für eine Schmierung der Motorkollektoren. Allerdings gibt es auch hierfür spezielle Fette. Die Kohlebürsten reiben sich am Kollektor mit der Zeit auf. Um diesen zu schonen, wartet man nicht solange bis fast nichts mehr von ihnen übrig geblieben ist, sondern stellt durch eine periodische Erneuerung einen beständig festen Andruck auf den Rotor sicher. Vereinzelt können auch Kohlebröckchen absplittern und schon ist die optimale, vollflächige Auflage zum Kollektor nicht mehr gegeben. Bei Scheibenkollektoren soll die Kohle mit der Stirnseite plan aufliegen, bei Walzenkollektoren sind sie rund geformt und umschließen die Kontaktfläche. Typische Anzeichen für verschlissene Bürsten sind ein stotternder Motorlauf und große Funkenbildung.

Sofern es sich nicht um einen Wegwerfmotor handelt, zeigen gute Betriebsanleitungen die notwendigen Handhabungen auf. Konnte man bei Vorkriegsmodellen die Bürsten noch von außen(!) durch seitliche Öffnungen im Gehäuse austauschen, so muss seit langem hierzu das Gehäuse abgenommen werden. Bei zerlegbaren Motoren ist der Bürstenwechsel recht einfach. Diese werden entweder mit einem gefederten Draht gehalten (Märklin) oder von einer abziehbaren Blechkappe mit einer darin sitzenden Spiralfeder (Fleischmann, Trix) angedrückt. Bei älteren Blockmotoren und vielen N-Modellen sind die Kohlen auf einem länglichen Träger montiert (Trix), der in einer schlitzförmigen Halterung sitzt und durch einen Federdraht angepresst wird. Andere Motoren besitzen her-

H0 – Roco: Blockmotoren werden an beiden Sinterlagern leicht geölt (links).

H0 – Märklin: Ältere Motoren haben auf den Rotorlagern kleine Schmiergefäße (rechts).

Empfohlene Schmiermittel

Hersteller	Produkt
Bachmann	99986 Conductive contact lube 99987 Fett 99988 schweres Getriebeöl 99989 leichtes Getriebeöl
Faller	170 387 Öl + Teflon 488 Schmiermittel 489 Öler
Fleischmann	6599 Öl
HAG	515 Öl für Getriebe und Räder
Klein	4920 TOTAL LUBRA metallic Pflegeöl, sehr dünnflüssig
Labelle	101 leichtes Öl für Motorlager aus Metall 102 Getriebeöl für Zahnräder 104 Mehrbereichsöl für Metallgetriebe 106 Fett + Teflon für Kunststoffgetriebe 107 mittelschweres Öl für Motore 108 Öl für Motore 134 Teflon-Pulver (z.B. KK-Kinematik, Plastik-Weichenantriebe)
LGB	51010 Graphitfett 51020 Getriebefett 50019 Öl
Märklin	7149 Öl für Getriebe und Achsen
Rivarossi	6211 Öl für Zahnräder 6213 Fett für Schnecken
Roco	10905 Fett für Kunststoffzahnräder 10906 Öl für Sinterlager und Motor
Trix	66625 Öl für Räder und Motorwellenlager 66626 Fett für Getriebe
Wilesco	Dampfmaschinenöl, gut haftend

Die Trix-Reinigungsbürste eignet sich besonders zum automatischen Reinigen von Loks ohne Haftreifen.

ausziehbare Metallbuchsen, in denen eine Spiralfeder und die Kohle sitzen (Mabuchi).

In der Regel sind die Kohlen für beide Pole identisch. Märklin hat in seinen Scheibenkollektormotoren jedoch auf einer Seite eine Bürste aus rundgewickeltem Messinggewebe. Man erkennt die entsprechende Buchse an dem um 90 Grad umgebogenen Haltefederdraht. Die Form und Härte der Kohlen ist nach Hersteller und Motortyp verschieden. Durch Einbau fremder Kohlen lässt sich die Motorcharakteristik mitunter etwas beeinflussen. Mechanisch passen muss die Kohle aber in jedem Fall: bei runden Buchsen sollte sie ohne großes Seitenspiel sitzen, um nicht zu verkanten. Ebenso beeinflusst eine abweichende Länge den mehr oder weniger starken Andruck auf den Kollektor. Bei eckigen oder auf Trägern befestigten Kohlen ist man meist auf eine kontinuierliche Ersatzteilbelieferung des Herstellers angewiesen.

Die verbrauchten Bürsten lösen sich nicht in Wohlgefallen auf, sondern setzten je nach verwendetem Material die Kollektoren mit der Zeit zu. Es bildet sich nicht nur eine Schmutzschicht auf der Kontaktoberfläche, sondern die Isolationsnuten zwischen den einzelnen Kommutatorfeldern werden mit leitfähigem Abriebstaub aufgefüllt. Dies kann zu vermehrter Funkenbildung, geringerer Motorleistung und zu Beeinträchtigungen in der opitmalen digitalen Ansteuerung des Motors führen. Neben der erwähnten Nassreinigung im Bad oder mit einem Wattestäbchen ist es bei hartnäckigen Placken, Oxydation, Riefenbildung oder Abbrandschäden nötig, den Kupferring mit feinem Nassschleifpapier abzuziehen und mit einem Glasfaserradierer schonend blank zu polieren.

Wichtig: Niemals mit scharfen Werkzeugen wie Messerklingen und Schraubendrehern auf der Oberfläche herumschaben, weil sie kontaktstörende Kratzer hinterlassen. Die Nuten zieht man mit einer feinen Nadel aus: Vorsicht, damit die feinen Anschlussdrähte der Spulen nicht abreißen!

Modellbahnen kleiner als Baugröße 0 sind eigentlich nicht für den dauerhaften Fußbodenbetrieb geeignet, da sich besonders bei nicht gekapselten Getrieben mit der Zeit Hausstaub, Teppichfasern und eventuell Tierhaare in den kleinen Zahnrädern und Steuerungen verfangen, die Zahnlücken zusetzen und sich um die Achsen wickeln. Doch die Praxis im Kinderzimmer ist bekanntermaßen eine andere. Kleine, unter dem Bett oder auf dem Schlafzimmerschrank gelagerte Anlagen sollten daher vor Inbetriebnahme abgesaugt werden, denn Schlafen ist textiltechnisch eine recht staubige Angelegenheit. Hier hilft in schweren Fällen nur das langwierige Herausziehen der Fasern mit Nadel und Pinzette. Werden diese Fremdkörper nicht entfernt, kann es besonders bei Schmalspur- und N-Modellen zum Blockieren des Getriebes mit daraus bedingtem Durchbrennen des Motors kommen!

Eine professionelle Alternative, um Ölschlamm und verharzte Öle auch aus den feinsten Lagerstellen heraus zu entfernen und Block-Motoren zu reinigen, ist ein Ultraschallbad. Hier wird das gesamte Lokunterteil in eine mit Reinigungsmittel gefüllte Schüssel gesetzt und die Flüssigkeit sonar in Schwingungen versetzt. Da diese Geräte jedoch recht teuer sind, lohnt sich deren Anschaffung nur bei sehr intensivem Wartungsbedarf von Großanlagen. Fachwerkstätten führen derartige Arbeiten ebenfalls aus.

Fahrwerke robuster Betriebsmodelle badet man direkt in Reinigungsflüssigkeit. Für Kleinteile eignet sich eine verschließbare Filmdose.

Reinigungsmittel

Hersteller	Produkt
HAG	509 Gehäusereiniger
Klein	4910 Schienenreinigungsöl
Lencoclean	Super Fluid, Schallplattenreiniger
LGB	50010 Reinigungsmittel/Dampföl
Minitrix/Trix	66623/66602 Radreinigungsbürste
Roco	10909 Reinigungsspray für elektrisch leitende Teile
SEUTHE	108 H0-Fit Reinigungsdestillat
Trix	66624 Reinigungsöl
Hans Weiss	SR24 Reinigungsöl

Laufräder können mit einem Wattestäbchen und Reinigungsmittel gesäubert werden.

Kollektoren werden mit Glasfaserradierern poliert (links) und die Nuten mit einer feinen Nadel ausgezogen (rechts).

Die vorstehende Tabelle führt derzeit erhältliche Öle und Fette der Modellbahnhersteller auf. Die amerikanische Firma LaBelle führt seit Jahrzehnten ein auf unterschiedlichste Einsatzwecke und Getriebetypen ausgerichtetes Sortiment an Spezialölen. Es ist allerdings hierzulande nur bei dem auf US-Artikel spezialisierten Handel erhältlich.

Praxis: Reparaturen am Antrieb

Eine Reparatur von Motor oder Zahnrädern infolge Abnutzung ist nur bei sehr intensivem Fahrbetrieb nötig. In allen anderen Fällen beruht der Defekt meist auf Beschädigungen durch Überlastung, Kurzschluss, unsachgemäße Wartung oder mechanische Einwirkungen durch Fallenlassen des Modells. Seltener sind Produktionsfehler des Herstellers die Ursache, sie kommen aber vor. Bei Modernisierung wie dem Einbau von speziellen Digitalmotoren (Märklin) oder der Umrüstung auf einen Schwungmassenanker (Fleischmann) ist ein Zerlegen der hierfür geeigneten Motoren ebenfalls nötig.

Bei **zu öffnenden Motoren** (Märklin, Fleischmann, Lima) können sowohl die Rotoren als auch die äußeren Spulen (Märklin) ausgebaut werden. Die Schritte im einzelnen:

1. Zunächst werden die beiden Kohlebürsten ausgebaut und bei gutem Zustand sicher beiseite gelegt.

2. Dann werden die Halteschrauben des Motorschildes gelöst und herausgezogen.

3. Das Lagerschild kann abgenommen werden.

4. Der Anker lässt sich jetzt herausnehmen.

5. Bei Bedarf wird bei Märklin-Lokomotiven der äußere Magnet samt Spule ausgebaut und erneuert oder gegen einen Permanentmagnet für den „Fünf-Sterne-Antrieb" oder den Hamo-Betrieb ausgetauscht.

6. Der neue Anker wird mit einer leichten Drehbewegung zum Einklingen des Rotorritzels in das nächste Zahnrad eingesetzt.

7. Das alte oder geeignete neue Lagerschild wird mit den Anschlusskabeln montiert und angeschraubt. Das Getriebe samt Rotor muss sich nun leicht drehen lassen. Die Rotorlager werden leicht geölt.

8. Die Kohlebürsten werden eingesetzt.

9. Der Probelauf kann stattfinden.

Bei **Blockmotoren** wird der komplette Motor samt aufgezogenem Zahnrad bzw. Schwungmasse oder Antriebswelle mit Schnecken ausgebaut und getauscht. Bei älteren, auf einem Drehgestell sitzenden Motoren (Trix, Kleinbahn) genügt das Abschrauben von der Halterung. Bei modernen Konstruktionen mit in das Chassis eingebetteten Motoren fallen jedoch umfangreichere Arbeiten an:

1. Zunächst muss die Elektroplatine abgehoben werden. Diese ist mit einigen Schrauben an der Chassis befestigt oder wird z. B. bei N-Modellen mit Klemmbügeln gehalten. Bei einigen Modellen lassen sich manche elektrische Zuleitungen mit einem Stecker abziehen. Auch können Kontakt- und Haltefederbleche für die Stirnbeleuchtung am Platinenende befestigt sein, so dass die Birnchen beim Abheben der Platine ebenfalls gelockert werden können.

2. Nun kann der Motor herausgenommen werden. Zuvor sollte man dessen Oberseite ggf. mit einem Filzstiftpunkt markieren. So weiß man beim Wiedereinbau, wie er seitenrichtig wieder eingebaut wird. Wenn sich der Motor überhaupt nicht lockert, muss man zunächst nach einer eventuellen Fixierungsschraube an der Chassisunterseite suchen. Dazu kann es erforderlich sein, Detaillierungsblenden vom Rahmen abzuziehen. Sitzt der Motor sehr stramm, muss man ihn mit Zangen aus seiner Wanne ziehen oder mit kleinen Schraubendrehern aus seiner Wanne hebeln.

3. Der Wiedereinbau erfolgt in umgekehrter Reihenfolge. Wird der Motor verkehrt herum nach unten eingesetzt, läuft die Lok gegen die Norm in falscher Richtung.

4. Beim Aufsetzen der Platine muss man darauf achten, das sowohl die Verbindungslaschen zu dem Motorkontakten anliegen (und nicht versehentlich nach außen an das Chassis gedrückt werden) als auch eventuelle Kontaktbleche zur Stirnbeleuchtung kurzschlussfrei wieder in korrekter Position sitzen und die Lämpchen sich in einwandfreier Lage befinden.

Arbeiten am Getriebe

Je nach ihrer Konstruktion gestalten sich die an Getrieben ausführbaren Reparaturarbeiten recht unterschiedlich. Bei bestimmten Bauarten sind den eigenen Reparaturmöglichkeiten bei fehlendem Spezialwerkzeug auch Grenzen gesetzt.

Problemlos zu tauschen sind in der Regel die meisten Walzenzahnräder und, bei Lokomotiven mit nach unten herausnehmbaren Achsen, die Stirnzahnräder. Hier ist das eigentlich Knifflige, den richtigen Ansatzpunkt zum Öffnen der Getriebegehäuse zu finden. Bei Metallrahmen ist dies einfach, da die Getriebeschalen und Achslagerhalteplatten verschraubt sind. Bei Plastikfahrwerken halten Rastnasen die Teile zusammen. Hier sind ein bis zwei feine Schraubendreher und Modellbahners Feingefühl gefordert. Entweder wird die Getriebeschale von zwei federnden Rastnasen gehalten, oder es gibt eine Kombination aus auf einer Seite einhakenden Plastikdornen oder Laschen und einer federnden Rastnase auf der anderen Seite. Kunststoff kann mit den Jahrzehnten altern und seine ursprüngliche Elastizität und Spannkraft verlieren. Daher besteht ein gewisses Risiko, dass Deckel nicht mehr so fest schließen, besonders wenn sie einmal geöffnet worden sind.

Zum Öffnen wird die Rastnase zunächst auf einer Seite mit Hilfe eines Schraubendrehers ein- oder herausgedrückt und versucht, den Deckel soweit anzuheben, dass die Rastnase nicht wieder einklinkt. Ist die Getriebeabdeckung auf der anderen Seite mit einer Einsteckhalterung versehen, besteht nun die Möglichkeit, das Gehäuse zu zerlegen. Sind jedoch zwei Rastnasen vorhanden, kann ein

zwischengesteckter dünner Schraubendreher die Schließe offen halten, und man beginnt die gegenüberliegende Rastnase mit einem weiteren Schraubendreher in gleicher Manier zu lösen. Manche Metall- oder Kunststoffgetriebekästen sind auch mit einer U-förmigen Halteklammer aus Plastik zusammengepresst. Diese muss ebenso aus ihren Rastnasen mit einem Schraubendreher herausgehebelt werden, ohne sie zu überdehnen! (Siehe Fotos auf folgender Seite)

Eine Besonderheit bei N-Lokomotiven ist die gleichzeitig als Haltestift für die Drehgestelle genutzte Zahnradachse des Schneckenzahnrades. Zum Ausbau dieses Zahnrades muss diese kleine Achse seitlich herausgedrückt werden, gleichzeitig löst sie dabei auch das Drehgestell.

Nach Öffnen der Getriebekästen und/oder Abheben der Achslagerdeckel können die Zahnräder entnommen bzw. seitlich abgezogen werden. Bei Stirnradgetrieben halten sich einige Zahnräder durch Überlappen gegenseitig in Position, so dass man sich bei deren Ausbau die umgekehrte Einbaureihenfolge einprägen muss. Manche Stirnzahnräder sind mit einem angeschnittenen Federring gehalten, der in einer Nut des Zahnradlagerdorns steckt. Er kann mit einer Flachzange oder einem spitzen Gegenstand abge-

Trix-N-Lok: Nach Herausziehen des Haltestiftes (Zahnradachse) kann das Drehgestell nach unten abgezogen werden.

H0 – Zerlegen eines Roco-Drehgestells in Klipstechnik
Oben links: Lösen der Bodenschraube;
oben rechts: Aushebeln der Rastnase an der Drehgestellblende

Mitte links:
Aushebeln der
Plastikklemme

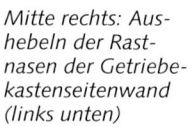

Mitte rechts: Aus-
hebeln der Rast-
nasen der Getriebe-
kastenseitenwand
(links unten)

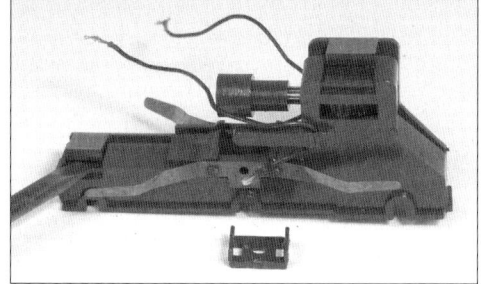

Zerlegter Getriebe-
kasten. Im Quer-
schnitt ist die Ge-
triebekonstruktion
mit Schneckenan-
triebswelle und
nachgesetzten
Walzenzahnrädern
zu erkennen.

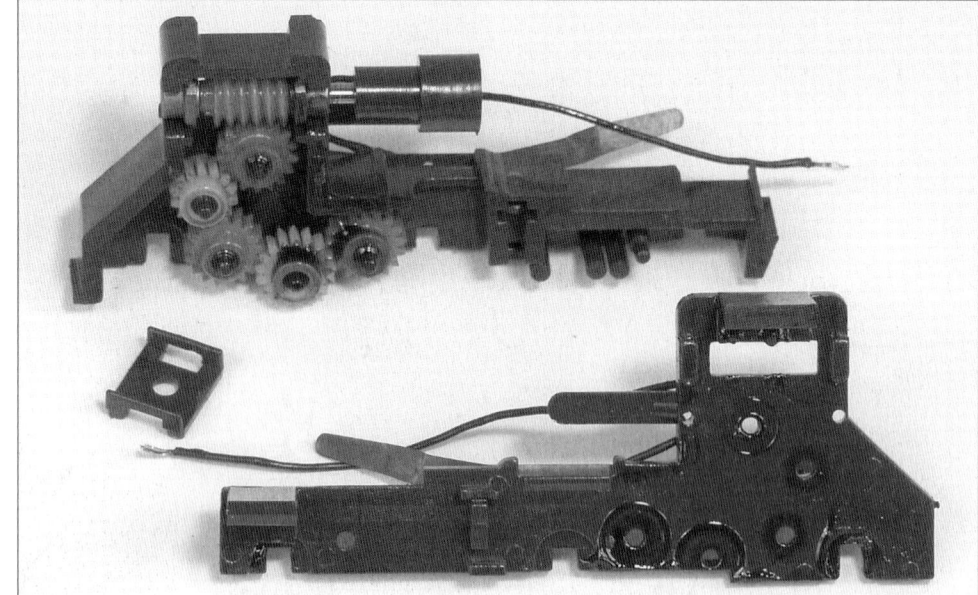

drückt werden. Umgekehrt wird er mit einer Zange wieder aufgepresst.

Problematischer auszubauen ist ein zwischen festeingebauten Radsätzen liegendes Stirnzahnrad, von deren Radscheiben es gehalten wird. Dieses ist nur nach Ausbau der benachbarten Radsätze zu entfernen. Hierzu muss der Radsatz zerlegt, das heißt ein Rad von der Achse abgezogen und nach Getriebereparatur wieder aufgepresst werden. Damit die Radsätze später wieder einwandfrei rund laufen, benötigt man spezielle Radabzieher und Radpressen mit passendem Zentrierfutter (siehe hierzu auch Kapitel Räder). Ungünstigenfalls kann sogar ein neues Rad oder ein Radsatz als Ersatzteil nötig sein. Wer keinen Pfusch riskieren möchte, muss dann den Herstellerservice in Anspruch nehmen. Erfreulicherweise werden derartige Konstruktionen bei Modellneuentwicklungen seltener.

Wer keinen Radabzieher besitzt, kann hilfsweise zum Wechseln von Zahnrädern auf einer Achse einen Schraubstock benutzen. Bei schmal geöffnetem Schraubstock wird die Achse senkrecht nach unten eingesteckt, so dass das Zahnrad plan auf dem Schraubstock aufliegt. Leichte Schläge eines kleinen Hammers treiben die Achse nach unten heraus. Ist die Achse bündig bis zum Zahnrad durchgeschlagen, wird zwischen Hammer und Achsenkopf ein kleiner Metallstift oder ein alter Körner gehalten. In gleicher Weise wird eine Achse durch ein neues Zahnrad getrieben bis das Zahnrad die gewünschte

Position auf ihr eingenommen hat (mit Schieblehre prüfen!). Mehrmaliges Auf- und Abziehen eines Zahnrades hat meist eine derartige Aufweitung der Bohrung zur Folge, dass das Zahnrad nicht mehr hinreichend festsitzt.

Lose Plastikzahnräder können je nach Kunststoffart mit Cyanoacrylat-Kleber fixiert, Messingzahnräder mitunter angelötet werden. Ein Trick für besonders festen Sitz ist das Aufschrumpfen von Getriebeelementen auf eine Welle. Hierzu wird das aufzuziehende Teil an einer Wärmequelle vorsichtig dosiert erwärmt und gegebenenfalls zusätzlich die Achse im Gefrierfach heruntergekühlt. Das erwärmte Zahnrad dehnt sich geringfügig aus, die Achse dagegen „zieht sich zusammen". Beide Teile müssen nun sehr schnell zusammen montiert werden. Dies funktioniert aber nur bei optimalem Zusammenspiel von Maßtoleranzen und geeigneten Werkstoffen.

Schwierigkeiten kann das Wechseln von Schnecken bereiten, da deren Durchmesser oft so klein ist, dass man kein übliches Werkzeug zum Abziehen ansetzen kann. Auch sitzen besonders Metallschnecken wegen ihrer Länge schier unverrückbar fest, so dass sie mit den meist bescheidenen häuslichen Hilfsmitteln des Modellbahners nicht mehr ohne Beschädigungsgefahr für den Motor oder Verbiegen der Welle entfernt werden können. Hier bleibt nur noch das Abfeilen oder Abschleifen der Schnecke übrig.

Links: Anpressen der Achse in das Zahnrad

Mitte: Durchschlagen der Achse

Rechts: Ausschlagen eines Zahnrades unter Zuhilfenahme einer dünneren Stahlachse

3 Fahrwerk

Ein Modellfahrzeug ist nur so betriebstauglich wie es „gut zu Fuß" ist. Über Bauarten von Rädern, Achsen, Achslagern, Drehgestellen, deren Pflege und Reparatur sowie den Haftreifenwechsel informiert dieses Kapitel.

Radsätze

Wer das Triebwerk liebt, der schiebt!

Die Entwicklung der Modelleisenbahnen war lange Zeit nicht durch enge Kooperation unter den Herstellern geprägt. Fast jede Marke mit Anspruch auf ein Komplettsortiment stellte sein eigenes Schienensystem und auf dessen Feinmaße abgestimmte Radsätze vor. Die von den Modellbahnerverbänden initiierten **Normen** NEM für Europa und NMRA in den USA haben die freizügige Einsetzbarkeit der Fahrzeuge verbessert. Dennoch gibt es aktuell etliche verschiedene Radsätze vor allem in der Spur H0 (vergleiche AMP Spezial – Fakten für die Modellbahn).

Ihre Unterschiede betreffen den Innenabstand zwischen den Radscheiben, die Breite der Lauffläche sowie die Höhe und das Ausrundungsprofil des Spurkranzes. Das gröbste Profil hat Trix Express, gefolgt von Märklin. Selbst innerhalb der Zweileiter-Bahnen bestehen deutliche Abweichungen zwischen dem allgemein verbreiteten Standardradsatz und den seinerzeit von ade eingebauten mit niedrigerem Spurkranz und schmälerer Lauffläche.

Der serienmäßig zierlichste Spurkranz mit dem RP 25 Profil kommt aus den USA. Leider hat er sich bei den europäischen Modell-

eisenbahnen angesichts des vorhandenen Fahrzeugbestandes und der Notwendigkeit, auf ein passendes Gleissystem umsteigen zu müssen, nur bei Kleinserienmodellen durchsetzen können.

Die Radsatzmaße bestimmen das Gleissysteme, auf welchem ein Fahrzeug verkehren kann oder nicht (siehe AMP – Fakten für die Modellbahn). Ist das Schienenprofil für den Spurkranz zu niedrig, laufen die Räder auf den Kleineisen auf. Ist der Spurkranz zu niedrig, kann der Radsatz auf den Weichenherzstücken einsinken und kippeln. Sind Radsatzinnenmaße zu schmal oder zu breit, klemmt es beim Befahren von Weichen.

Um so kleiner der Spurkranz, desto geringer wird vor allem in der Kurve der Rollwiderstand des Fahrzeuges. Wagen mit höheren Spurkränzen sind nicht von vornherein entgleisungssicherer. Hier hängt vieles von der Elastizität der Fahrwerkskonstruktion ab.

Neben den lauftechnischen Auswirkungen der Raddimensionierung spielen die Einflüsse auf die Modelloptik und die umsetzbare Maßstäblichkeit von Radabständen und -durchmessern eine wesentliche Rolle. Umso größer der Spurkranz, umso kleiner muss der

Verschiedene H0-Radsätze:
1. *RP 25 CONCOR/ Liliput, Wien,*
2. *ade,*
3. *Fleischmann,*
4. *00-Hornby-Plastikradsatz mit Metallradreifen,*
5. *Märklin/Hamo alte nichtgeschwärzte Ausführung,*
6. *Trix Express*

Raddurchmesser ausfallen, sonst passt das Rad ungünstigenfalls nicht mehr in das Fahrwerk. Bei Dampflokomotiven ist dies besonders gravierend sichtbar. Noch Einzelfälle sind Großserienfahrzeuge, die am gleichen Modell hohe und niedrige Spurkränze je nach den maximal gegebenen Einbaumaßen für Treib- und Laufräder und deren Entgleisungsanfälligkeit aufweisen (Roco).

Systeme mit elektrisch voneinander getrennten Schienenprofilen benötigen **isolierte Radsätze**. In den Anfängen hatten viele Wagen zunächst auf Metallachsen aufgezogene Plastikradscheiben (Arnold, Fleischmann, Trix). Eine weitere Variante sind einschließlich der Achsen aus Kunststoff gespritze Räder (Kleinbahn). Manche haben aufgezogene dünne Metallradreifen (Hornby).

Kunststoffvollräder laufen leise sammeln jedoch rasch Staubkrümelchen und allerkleinste Hinterlassenschaften von Haftreifen auf, so dass sich ein dicker festsitzender Schmutzring auf der Lauffläche bildet. Werden die Achsen mitgespritzt, ist es mit dem

Rundlauf wegen Materialverformungen des Plastiks schon mal nicht allzu weit her. Für Personenwagen mit Innenbeleuchtung sind sie unbrauchbar, es sei denn man benutzte separate Schienenschleifer für die Stromabnahme.

Links: N – Große Höhendifferenzen beim Spurkranz gibt es zwischen diesem alten Piko-DDR-Güterwagen und der BLS Ae 6/8 von Fulgurex.

Rechts: N – Um die Wagen beleuchten zu können, hatte Arnold statt der gewohnten beidseitigen Plastikräder hier einen Mischradsatz mit einem Plastik- und einem Metallrad eingebaut.

H0 – Verschiedene Achsisolierungen:
1. Plastikradkörper mit angespritzter Achsbuchse, Metall-radreifen und durchgehender Metallachse (Rivarossi),
2. Metallvollräder mit eingepresster Halbachse und Plastikverbindungs-hülse (Roco),
3. Metallspeichen-rad mit eingepresster Halbachse und kleiner Verbin-dungshülse (Roco),
4. monolitischer Vollplastikradsatz (Kleinbahn).

Daher haben hochwertige Modelle Räder und Achsen aus Metall. Sie zu isolieren erfolgt auf verschiedene Weise:

1. Die verbreitetste Form ist eine kleine Plastikhülse, die in die Achsbohrung der Radscheibe gepresst wird (Fleischmann, Roco, Trix u. a.).

2. Statt der Isolierhülse besteht die Radscheibe mit aufgezogenem Metallradreifen samt Hülsenansatz aus Plastik. Diese Einheit wird beidseitig auf eine Stahlachse geschoben (Rivarossi).

3. Die zwei Metallräder werden mit aufgepressten Achsstummeln durch ein Plastikröhrchen auf Distanz gehalten (Roco).

4. Eine hierzulande seltenere Form ist die Verwendung von Isolierlack zwischen Achse und Radscheibe (US Modellbahnen).

5. Bei der Ringisolierung trennt ein hauchdünner Isolierring den Metallradkörper vom aufgepressten Radreifen (Fulgurex).

Metallräder waren, je nach Hersteller, lange Zeit blank. Noch heute werden teure Kleinserienmodelle mit stählern glänzenden Rad-

H0 – Speichenradkörper aus Plastik mit Metall-radreifen. Der Blechstern auf der Rückseite macht das Rad einseitig leitend für die Innenbeleuchtung (Roco).

Links: H0 – Lackisolierter RP 25 Radsatz (Central Waley). Rechts: H0 – Deutlich ist auf der Rückseite die rote Ringisolierung zu erkennen (Fulgurex SBB Ee 6/6).

reifen geliefert. In der Großserienfertigung herrscht nach anfänglichen Versuchen mit einer Brünierungsschicht die Schwarzvernickelung vor. Durch die dunklen Radreifen fällt deren unmaßstäbliche Überdimensionierung nicht mehr so sehr ins Auge. Auch umgeht diese Oberflächenbehandlung das Problem des möglichen Abblätterns von Neusilber-Legierungen.

Bei Wagenachsen bieten alle Markenfabrikate Tauschradsätzen für Gleich- oder Wechselstrombahnen an. Problematischer ist das Umrüsten auf Trix Express, da die klobigen Räder nicht überall hineinpassen.

Lokomotiven von Gleich- auf Wechselstrom und umgekehrt umzubauen, geht nur leicht von der Hand, wenn entsprechende Räder, Schleifer, Getriebeteile und Elektrik des Herstellers als Ersatzteil verfügbar sind. Diese können in der Summe jedoch recht teuer werden. Steht eine bereits werksseitig auf das gewünschte System adaptierte Lok in Aussicht, sollte man daher auf deren Auslieferung warten.

Auf Grund weniger Anbieter und der jüngeren Entstehungsgeschichte erscheinen vor allem in den Baugrößen Z, N und TT die aktuellen Radnormen etwas einheitlicher. Problematisch sind in TT alte Rokal-Fahrzeuge, in 0m der gemeinsame Betrieb von Roco-alpine-Line- (Fama, Utz) und Ferro-Suisse-Modellen und in den großen Spurweiten die Unterschiede zwischen Spielbahnradsätzen (Märklin, LGB) und Fine-Scale-Radprofilen.

H0 – Echte Achslagerabfederung wie bei diesem SNCF-Corail-Liegewagen (Mougel) gibt es wenn überhaupt nur bei Kleinserien. Die große Drehgestellfeder ist jedoch ohne Funktion.

Lagerung von Drehgestellen und Radsätzen

Funktionen des Fahrwerkes sind das Gewicht des Fahrzeugs gleichmäßig auf die Schienen zu verteilen, den Wagenkasten möglichst waagerecht zu halten als auch sicher im Gleis zu führen. Der Idealzustand wird als Allradkontakt bezeichnet oder mechanisch gesehen als Dreipunktlagerung. Maßstabs-, konstruktions- und kostenbedingt kann man Vorbildfahrwerke nicht einfach verkleinern. Überdimensionierte Spurkränze, unproportionale Wagengewichte, zu enge Radien, andere Kupplungstechnik und technische Probleme bei miniaturisierten Federmechanismen verlangen vereinfachte, modellbahntaugliche Lösungen. Echte Einzelachslagerfederung oder funktionsfähige Drehgestellwiegelager- und -dämpfer sind mindestens bis zur Baugröße H0 hinauf daher die Ausnahme.

Die Elemente des Modellfahrwerks gliedern sich in folgende Baugruppen:

Achslager

Die Ausgestaltung der Achslager ist abhängig von der Form der Achsenden. Es können folgende Typen unterschieden werden:

Lochlager

Die älteste Bauform sind einfache Löcher in Blechachslagern. In sie werden Achsen mit an den Enden verjüngten Achsstummeln durchgesteckt (Fleischmann, Märklin).

Stummelachsen

Neuere Konstruktionen haben geschlossene Kunststoffachslager, in die die Stummelachsen gedrückt sind (Trix).

Spitzenachsen

Die derzeit verbreitetsten Achslager sind solche aus Kunststoff für spitzengelagerte Radsätze. Dank der konisch zulaufenden Achsenden folgen die Radsätze Gleisunebenheiten in größerem Maße. Bei Lagern mit reichlich Spiel können die Wagenkästen jedoch tendenziell quer zur Gleisachse ver-

1. H0 – Stummelradsatz (Trix), 2. H0 – Spitzenradsatz (Roco),
3. H0 – verschiebbarer Innenrahmenradsatz (Röwa)

4. H0 – Spitzengelagerte Achse mit mittigem Achshalter (Märklin),
5. N – Spitzenradsatz mit mittigem Blechachshalter (Arnold rapido),
6. H0 – als Metallbügel konstruierter Achshalter (Fleischmann)

H0 – Metalldreh-
gestell mit beweglich-
en Seitenwangen
garantieren eine
ständige Allrad-
auflage (HAG).

H0 – Deutlich ist
die für die
Dreipunktlagerung
nötige Beweglich-
keit der schräg-
stehenden Achse
erkennbar (Piko).

rutschen. Es kommt daher immer darauf an, die richtigen Achsen einzubauen. Wichtig ist nicht nur die Achslänge sondern auch die Ausformung der Achsspitze, die zur Achsaufnahme passen muss. Flach angeschrägte und verrundete Spitzen passen nicht vollständig in ein spitzes Lager, nadelspitze Achsen können ein ungeeignetes Kunststofflager zerstören. Bei einigen Kleinserien und aufwändigen Industriemodellen laufen die Achsen in separat eingesetzten Metallbuchsen oder -halbschalen (ade, Roco, Fleischmann).

Innenrahmenachslager

Diese finden hauptsächlich bei Triebfahrzeugen Verwendung, siehe auch Kapitel 1. Die Achse wird zwischen den Radscheiben im Rahmen durch eine Buchse oder eine halboffene (mit Deckel verschließbare) Mulde gehalten. Die Achse ragt nicht nach außen über die Radscheibe hinaus. Eine Sonderbauform hat sich bei Wagen entwickelt. Hier werden die Achsen in Innenrahmenhalter aus Plastik oder mit Metallbuchse geklipst (BRAWA, Märklin). Eine weitere Bauform hat normale Achsen mit Spitzen, die in nach unten offenen Achslagern laufen. Damit sie nicht herausfallen, sind sie durch einen mittigen Plastikhalter gesichert (Märklin). Bei nicht optimaler Lagerausgestaltung und Schmierung können sie einen höheren Rollwiderstand aufweisen.

Achslagerhalter

Beim Vorbild sind die Achslager samt Federung bei zwei- und dreiachsigen Wagen am Langträger befestigt. Im Modell sind aus fertigungstechnischen Gründen und zur Erzielung einer Dreipunktlagerung die beiden Achslagerseiten durch eine Metall- oder Kunststoffbrücke verbunden und daher oft ein Teil. Durch entsprechende Anschläge und Anschrägungen auf der Wagenbodenunterseite kann der eine Radhalter fixiert und der am anderen Wagenende liegende nach den Seiten hin neigbar gelagert werden, um eine echte Allradauflage sicherzustellen. Leider wird bei vielen Modellen aus Kostengründen auf diese eigentlich notwendige Mechanik verzichtet. Statt dessen soll das lose Spiel der

Radsätze in den Achslagern Gleisunebenheiten komplett auffangen, was aber nicht immer gelingt. Fahrzeuge mit extrem niedrigen Spurkränzen sollten immer über eine Dreipunktlagerung verfügen.

Eine Besonderheit sind die zum Befahren enger Modellradien notwendigen seitenverschiebbaren Mittelachsen von Dreiachsern und drehbare Endachshalter bei längeren Achsständen. Aufwändige Konstruktionen haben auf der Wagenbodeninnenseite einen Hebelmechanismus, der bei Bogeneinlauf das gesamte Fahrwerk radial anlenkt.

Drehgestelle

Die ersten Drehgestelle bestanden aus umgebogenen geprägten Blechen. Eine Verfeinerung und eine bessere Gleislage brachten horizontal bewegliche Seitenwangen aus Blech oder Druckguss (Pocher). Ihnen folgten Blechdrehgestellrahmen mit Kunststoffblenden. Ab den 1950er und 60er Jahren setzten sich schließlich die komplett aus Plastik gespritzten meist einteiligen Drehgestelle durch, in die die Achsen hineingedrückt werden (Kleinbahn, Liliput, Rivarossi, Trix, Roco, Sachsenmodelle u. a.). Die Feindetaillierung der Drehgestellblenden und Bremsen erfolgt mitunter durch Zurüstteile.

Mehrfache Anforderungen kommen der Drehgestellhalterung zu. Sie muss dafür sorgen, dass der Wagenkasten waagerecht über dem Gleis steht und sich das Drehgestell leicht zur Seite drehen lässt. Besitzt das Drehgestell keine beweglichen Wangen, muss es sich außerdem nach allen Seiten hin neigen können, damit der Wagen nicht auf dem Gleis kippelt. Dies bedeutet, um so weniger die Achslager oder der Drehgestellrahmen selbst an Bodenunebenheiten auffangen, desto neigbarer fällt die Drehgestelllagerung aus. Entsprechend vielfältig sind die Befestigungsarten mit Nieten, Schrauben, gefederten Stiften, mit einem Bezingring, als Druckknopf oder in Kunststoffklipstechnik.

Letztere ist inzwischen die Verbreiteteste. Die Rastnasen ragen entweder aus dem Wagen-

N – Gut sichtbar ist hier die radiale Anlenkung der auf der Wagenbodeninnenseite mit einem Hebelmechanismus verbundene Achshalter (Roco).

H0 – Vorbildabweichend zum Befahren kleiner Radien in einem Innenrahmendrehgestell beweglich gelagerte Radsätze (BRAWA)

H0 – Dieses Motordrehgestell wird einfach durch Zusammendrücken der Plastikblenden herausgenommen (Fleischmann).

   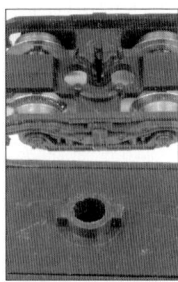  

Drehgestellbefestigungen: 1. N – Schraube (Arnold rapido), 2. N – Metallsteckbolzen (Tibidabo), 3. H0 – Druckknopf (Central Valey), 4. N – Rastnasen am Drehgestell (Lima), 5. H0m – Rastnasen am Wagenboden (Bemo), 6. N – Plastik-steckbolzen (Graham Farish)

   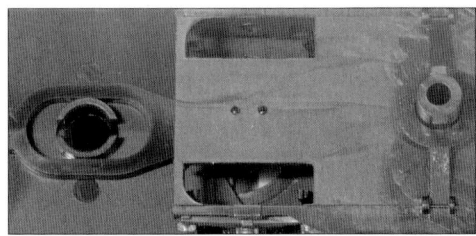

7. N – Steckbolzen mit Spiralfederung (Piko), 8. H0 – Metallachse mit Bezingsicherung (Trix), 9. H0 – Drehteller mit höhen-beweglicher Klipshalterung und Stromkontakt (ade), 10. H0 – Bajonetthalterung mit Federung (Liliput Wien)

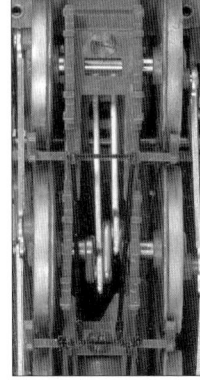

H0 – Selten wird das Innentriebwerk wie bei dieser BR 18 (Liliput Wien) funktionsfähig nachgebaut. Gut zu erkennen ist die gekröpfte Achse des Treibrades.

boden hervor und greifen in ein Loch im Drehgestell, oder aber das Drehgestell wird in eine Buchse eingedrückt. Manche Halterungen sind in Form eines Bajonettverschlusses (Liliput Wien) ausgeführt. Hier muss das Drehgestell um 90 Grad zur Demontage gedreht werden. Generell gilt, geklipste Drehgestelle niemals mit Gewalt aus der Halterung herausreißen. Sicherer ist es, in hartnäckigen Fällen den Wagen zu öffnen, und die Rastnasen auf der Wagenbodeninnenseite zusammenzudrücken. Einmal an- oder abgebrochene Rasten lassen sich materialbedingt in der Regel nicht mehr kleben, und es muss ein neues Drehgestell gekauft werden, wenn man es dann noch bekommt!

Das Gestänge

Der Stangenantrieb ist die älteste und über viele Jahrzehnte verbreitetste Antriebsform für Dampf-, Diesel- und Elektrolokomotiven mit mehreren Treibachsen gewesen. Vorteil: man braucht wenige Motore, und die Räder können nur gemeinsam durchrutschen oder gar nicht. Nachteil: Der Antrieb ist besonders bei Dampfloks kompliziert, wartungsintensiv und bruchgefährdet. Außerdem brauchen Schnellzugloks große Räder. Erst die Entwicklung leistungsstarker Einzelachsmotoren und feinfühligere Motoransteuerungen führten zur Abkehr von der Stange bei E- und Dieselloks.

Bei Modellen wird das Gestänge nur teilweise für den Antrieb verwendet. Oft ist es eine mitlaufende Attrappe. Dient es der Kraftübertragung, muss es robuster ausgestaltet sein; ist es antriebstechnisch „Dekoration", ist Leichtläufigkeit gefragt. Wie auch immer, keinesfalls darf es an irgendeiner Stelle klemmen. Die Güte eines Modellgestänges zeigt sich also besonders deutlich beim Anfahren. Zieht eine Stangenlok nicht im unteren Geschwindigeitsbereich stotterfrei durch, kann dies an der Steuerung oder den Kuppelstangen liegen.

Die Stangenantriebe bestehen aus folgenden Hauptelementen (zu Dampfloks siehe auch Kapitel 2):

Dampflokomotiven

Dampflokomotiven haben auf jeder Seite ausser der Kuppelstange zwischen den Triebrädern mindestens eine Treibstange, die über den Kreuzkopf mit den Kolben verbunden sind und auf einen Radsatz direkt wirken. Neben Zweizylindertriebwerken gibt es auch solche mit drei und vier Zylindern. Diese liegen mittig unter der Rauchkammer und werden in Modell meist nur durch die Nachbildung der Zylinderdeckel und der nach vorne ragenden Kolbenschutzrohre angedeutet. Nur wenige Modelle haben bewegliche Treibstangen zwischen dem Lokrahmen eingebaut, denn man sieht sie kaum von der Seite. Auch wird der Platz oftmals für das Modellgetriebe benötigt.

Die weiteren Bauteile wie Schieberschubstange, Voreilhebel und Schwinge dienen eigentlich nicht der unmittelbaren Kraftübertragung, sondern bilden die Steuerung, mit der neben der Kolbenbewegung und Fahrtrichtung auch die Leistung eingestellt wird. Die Steuerung hat mit Ausnahme von Echtdampflokomotiven im Modell keine Funktion, sie ist aber nach Modellqualität mehr oder weniger beweglich. Beim Vorbild wurden verschiedene Steuerungstypen entwickelt. Die bekannteste Sonderbauform ist die sogenannte Exentersteuerung, die in Modell aber ebenfalls nicht immer funktioniert.

Elektrolokomotiven

Auch elektrische Oldtimer tragen Treib- und Kuppelstangen. Je nach Bauart sind diese jedoch anders ausgebildet. Statt Zylinder haben sie eine vom Motorzahnrad angetriebene Vorgelegewelle, oder eine Blindwelle, die mit einer Stange von der Motorwelle gedreht wird. Eine Steuerung braucht es natürlich nicht.

Modellmechanik

Vor allem für den Spielbetrieb bestimmte Lokomotiven haben gestanzte und geprägte Blechstangen. Bei hochwertigen Modellen

H0 – Bei dieser BLS-Lok wird nur das mittlere Rad direkt über Zahnräder angetrieben. Da die Kuppelachsen einzeln abgefedert sind, ist auch die Kuppelstange vorbildgetreu in mehrere Glieder geteilt.

H0 – Ein Vergleich: oben die original Röwa E 91 mit Kunststoffgestänge, unten das Roco-Modell mit geprägten Blechstangen

H0 – Antriebs- und Kuppelstange sind bei diesem Oldtimer als Dreieckrahmen vereint (Trix).

H0 – Bei diesem Metallgussgestänge sind die Befestigungsschrauben sogar mit Blechkappen abgedeckt (Fulgurex).

HO – 1. Steckbolzen aus Plastik (Piko),
2. Schraubbolzen aus Metall (Roco),
3. Haltemutter auf der Treibachse (Märklin)
4. Schraubbolzen werden mit dem passenden
Schlüssel herausgedreht.

sind sie aus geätzten Blechen und aus gegossenen Metallteilen zusammengesetzt. Bereits in den 1970er Jahren hatten Röwa und Piko (DDR) komplette Gestänge aus Kunststoffspritzgussteilen entwickelt, die noch heute in der Detaillierung überzeugen. Diese eignen sich jedoch nicht sehr für einen echten Antrieb, da sie durchbiegen oder auch altern können.

Gestängeteile, die nicht zum An- und Abbau zerlegt werden müssen, sind mittels feiner Nieten aus Metall und seltener aus Plastik zusammengehalten. Bei Großserienmodellen werden diese Teile oft als zusammenhängendes Ersatzteil geliefert. Bei Bausätzen kann es vorkommen, dass man die Teile selbst zusammennieten muss (Weinert bietet hierfür ein Werkzeugset an).

Befestigt werden die Kuppel- und Treibstangen mit kleinen Bolzen oder Schrauben. Steck- oder einklebbare Bolzen haben sich bei Betriebsmodellen wegen begrenzter Belastbarkeit und Wartungsunfreundlichkeit im Vergleich zu in das Rad einschraubbaren nicht immer bewährt. Zum Schrauben der Bolzen benötigt man die exakt passenden Imbusschlüssel. Der Bolzen muss immer bündig bis zum Anschlag eingedreht werden. Bleibt ein Spalt kann sich möglicherweise eine dünne Stange in ihm verhaken. Bei hilfsweiser Benutzung von Spitzzangen o.ä. besteht die Gefahr, das man abrutscht, die Bolzen verbiegt oder das Gewinde überdreht. Am Triebrad werden wegen der meh-

reren aufeinanderliegenden Stangen und der notwendigen Winkelfixierung der Kurbel auch Muttern benutzt.

Damit Güterzugloks mit vier bis sechs Kuppelachsen modellmäßige Radien befahren können, müssen sich ihre Radsätze seitlich verschieben. Aus diesem Grunde sitzen verschieden lange Bolzen an den Rädern, die bei Wiederzusammenbau eines Fahrwerkes nicht vertauscht werden dürfen, sonst klemmen die Treibstangen in der Kurve. Ein weiteres Zugeständnis an die engen Platzverhältnisse sind abgewinkelte Treibstangen. Damit die Räder seitlich ausrücken können und das Gestänge ungehindertes Spiel hat, sitzen die Zylinderblöcke weiter nach außen abgerückt, als es maßstäblich der Fall wäre. Zur Überbrückung der Distanz wird die Stange zweimal geknickt. Beim Vorbild ist sie natürlich gerade.

Die Kuppelstangen sind beim Original mehrteilig durch Gelenke verbunden, damit sie dem Federweg der Achsen folgen können. Da viele Modelle jedoch feste Radlager haben, wird das Gestänge oft einteilig ausgeführt. Eine weitere Vereinfachung ist, die Kuppelstange nicht mit allen Rädern zu verbinden, sondern daran vorbeistreichen zu lassen.

Fehlersuche

Warum hakelt ein Gestänge? Von einer serienmäßig erworbenen Lok kann man erwarten, dass sie einwandfrei läuft. Schwieriger wird die Fehlersuche bei Reparaturen oder Bausätzen:

1. Gravierendste Ursache ist das Wandern eines Rades auf der Achse, so dass der Versatz zwischen rechtem und linkem Trieb-

HO – Wegen der engen
Platzverhältnisse ist
die Treibstange geknickt
(Roco DB 50).

werk nicht mehr fluchtet. Ein Grund: Durch Materialalterung und rauhen Spielbetrieb können sich die Räder lockern. Auch kann ein Radsatz beim Einbau falsch in die Zahnradabfolge eingeklingt sein. Hat man bei Bausätzen oder Austauschrädern die Wahl, sollte man immer die fertig montierten Radsätze kaufen. Das völlig synchrone Ausrichten der Radhälften auf der Achse ist ohne eine entsprechende Montagelehre eine der nervigsten Arbeiten im Fahrzeugmodellbau. Bei sehr filigranen Gestängen kommt es dabei auf jeden 1/10 Millimeter an!

2. Gestängeteile sind durch Fall oder zu beherzten Zugriff verbogen und scheuern aneinander.

3. Durch Fehlmontage oder Beschädigung sitzt eine Radscheibe oder ein Bolzen schief. Dadurch ändert sich während des Radumlaufes der Abstand zum benachbarten Radsatz.

4. Die Kuppelstangen liegen zu dicht an den Rädern und können diese berühren, was auch zu Kurzschlüssen führt.

5. Die Räder haben zu viel Seitenspiel, so dass sich die Kuppelstangen verkanten.

6. Die Augen der Kuppelstangen sind im Durchmesser falsch oder ihr Abstand stimmt nicht exakt. Eine Notlösung ist hier das Einfeilen von Langlöchern. Allgemein sollten größere Augen niemals aufgebohrt werden, da sich bei einem Festsetzen des Bohrers die ganze Stange verzieht. Bei zu großen Löchern kann die Kuppelstange sogar mit dem Bolzen verkanten oder abspringen. Zuviel Luft im Gestänge schadet also – eine wackelige Niete ebenso.

7. Die Kuppelstangen sind im Bereich der Augen auf der Vorder- und Rückseite nicht sauber entgratet. So kann ein erhöhter Reibungswiderstand zum Bolzen entstehen.

8. Der Kreuzkopf schleift an Gussgraten der Gleitbahn oder verkantet sich.

9. Das Längsspiel des Kolbens ist eingeschränkt. Ursache. Falsche Montage des Steuerungsträgers, der Gleitbahn oder von Kolbenschutzrohren, die in den Zylinder ragen.

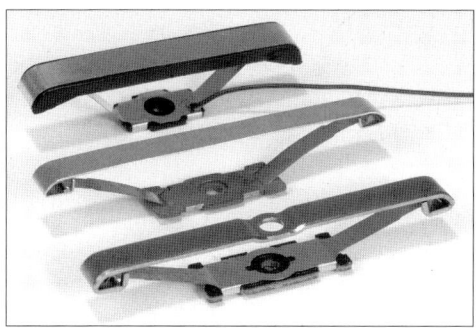

10. Bei einzeln abgefederten Antriebsachsen sind die Achslager nicht austariert oder klemmen, so dass die Räder nicht gleichmäßig belastet abrollen, das Fahrwerk kippelt und die Radsätze zueinander und zur Steuerung verkanten. Einen ähnlichen Effekt haben ausgeschlagene Radlager.

Die Stromabnahme

Ein altbewährte Form der Stromabnahme ist der Einbau von Schienenschleifern. Geht es um robusten Spielbetrieb größerer Spurweiten, vertrauen Hersteller noch heute zusätzlich darauf (LGB, Magictrain). Statt dieser recht klobigen und in der Radebene wenig dekorativen Teile fährt man bei Zweileiterbahnen ansonten ausschließlich mit Radstromabnahme. Im einzelnen gibt es folgende Varianten:

Schienenschleifer

Bei Mittelleiter-Systemen kommt man allerdings nach wie vor nicht um Schienenschleifer herum. Wegen der Punktkontakte in Gleismitte benötigen Fahrzeuge für das

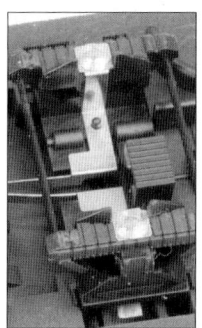

Links: H0 – Roco-Flüsterschleifer, Brawa Silencio, Märklin-Standardschleifer

Rechts: H0 – Als Magnetschienenbremse getarnte Schienenzusatzschleifer (Fleischmann DB VT 95)

Links: Oe – Magic-Train-Schienenschleifer

Rechts: N – Schienenschleifer (Atlas/ Rivarossi FS Di)

1. N – „polarisiertes", geteiltes Lokchassis zur Stromübertragung (Kato)
2. N – Eine Spiralfeder nimmt den Strom von der Achse ab (Arnold)
3. H0 – Pilzkontakt zur Radkranzstromabnahme (Rivarossi)

4. H0 – Zweipolige Radscheibeninnenschleifer (Liliput Wien)
5. H0 – Achsschleifer für einseitig isolierte Radsätze (Trix international)
6. H0 – Angeschraubte Schleifer für ein Schlusslicht (Weinert)

7. H0 – Metallachslager übernehmen die Allradstromaufnahme (Roco)
8. H0 – Gefederte Achslagerschalen für einseitige Stromabnahme (ade)
9. H0 – Lokdrehgestell mit Stromabnahme über die Achslager (Brawa)

10. N – Mit Spiralfedern an die Achsen gedrückte Blechstreifen nehmen den Strom beidseitg ab (Lima)
11. H0 – Hier sind die Spurkranzschleifer seitlich angeordnet (Roco)
12. H0 – Schmutzempfindliche sichtbare Laufflächenschleifer (Fulgurex)

Märklin-System einen länglichen Schleifer. Bekanntlich sind diese eine aufdringliche Schallquelle. Neuen Entwicklungen gelingt es, durch Abkehr vom traditionellen starren Metallblech das Schleifgeräusch zu minimieren (BRAWA, Roco).

Ein Tipp zur Montage von Märklin-Schleifern: Die Halteschraube lässt sich leichter montieren, wenn sie vor Ansetzen des Schleifers mit einer Pinzette in den Schleifer gesteckt und mit dem Schraubendreher gehalten wird.

Beim Trix-Epress-System ist der Mittelleiter durchgängig, so dass kurze einseitig befestigte Löffelschleifer genügen, die bei älteren Modellen auch auf den Außenschienen benutzt wurden.

Masseschluss

Nichtisolierte Radsätze leiten den Strom über die Achse auf das Achslager. Sind Achslager und Chassis aus Metall, entsteht ein Masseschluss, und einer der Motorpole braucht nur noch am Rahmen abgegriffen zu werden (Märklin). Diesem Prinzip folgend haben einige moderne Zweileiter-Modelle nicht nur isolierte Radsätze sondern auch längsgeteilte, durch Plastikdistanzstücke elektrisch getrennte Chassishälften (Hobbytrain/Kato). Kabelverbindungen zum Fahrwerk entfallen hier ganz. Völlig ohne Radschleifer kommen Lokmodelle aus Übersee aus (BRAWA, Amerikan GK).

Für Innenbeleuchtung vorgesehene Personenwagen aus Kunststoff haben öfters Metallachslagereinsätze hinter den Plastikachslagerblenden (Fleischmann, Röwa, ade, Roco exklusiv). Dies ist zwar kein direkter Masseschluss, da der Wagenboden selbst nicht leitet, doch sind hier ebenfalls Schleifer überflüssig.

Radsatzschleifer

Die meisten Fahrzeuge sind mit Radsatzschleifern in unterschiedlichen Bauformen unterwegs. Schleifer sollen von außen möglichst nicht zu sehen sein, einen soliden Kontakt gewährleisten ohne den Lauf der Räder spürbar abzubremsen, wenig verschmutzen und langlebig sein.

1. Besonders bei Drehgestellen oder Vorläufern werden **Achsschleifer** benutzt. Sie können pro Drehgestell üblicherweise nur eine Schienenseite übertragen.

2. **Radinnenschleifer** sind je nach ihrer Halterung ein- oder beidseitig verwendbar. Fährt man immer nur im Kreis, müssen (je nach Materialbeschaffenheit und Federkraft) diese Schleifer vor allem bei Lokomotiven mitunter nachgestellt werden. Grund: Bei engen Radien können die auf der Bogeninnenseite liegenden Schleifer auf Dauer derart an den Rahmen gedrückt werden, dass sie in der Gerade oder einer gegenläufigen Kurve nicht mehr kontaktsicher anliegen.

3. **Lauflächenschleifer** sind ebenfalls für beide Pole an einem Radsatz einsetzbar. Sie haben sich aber betrieblich wegen der raschen Verschmutzung nicht sonderlich bewährt, denn jeglicher Dreck von den Rädern wird an ihnen abgelagert.

4. Ihre Weiterentwicklung sind **Spurkranzschleifer**, die vor allem bei Triebfahrzeugen anzutreffen sind. Bei zu strammem Andruck und ungünstiger Materialbeschaffenheit kann der Spurkranz bei intensivem Fahrbetrieb eine Riefe bilden.

5. **Drahtschleifer** oder **Blechstreifen** nehmen bei Lokomotiven von einem Schleifring mit Nut den Strom an der Achse ab (Lima).

Kontaktpilze

Eine aufwändige Variante sind gefederte Kontaktpilze, die hinter den Rädern in die Rahmenseitenwand eingelassen sind und auf die Radscheibeninnenseite drücken (Rivarossi, Günther, M+F). Sie sind eine elegante Alternative zu sonst störend sichtbaren Spurkranzschleifern bei Rädern mit Plastikstern.

Spiralfedern

Selten, aber auch dies gibt es. Arnold hat bei seinem Rheingold Spiralfedern in die Drehgestelle eingelassen, die den Strom von den Achsen abnehmen.

Schaltelemente am Fahrzeug

Lokomotiven und Wagen können automatisierte Stellwerksfunktionen auslösen. Je nach Baugröße und Betriebssystem stehen hierzu verschiedene Techniken bereit:

Schaltstrecke

Dem Vorbild der Gleisüberwachungsstromkreise ist die Schaltstrecke (Märklin) entlehnt. Beide Schienenseiten haben den gleichen Pol. Zwischen zwei aufeinanderfolgenden einseitigen Trennstellen entsteht auf einer Gleisseite ein stromloser Schienenabschnitt, an den ein (Signal)Relais angeschlossen ist. Fährt eine Lok oder nur ein Wagenrad in diesen Abschnitt, überbrückt jeder nichtisolierte Radsatz die Gleisisolierung. Der Strom fließt von der einen Gleisseite über die Achse in die andere und löst einen Schaltimpuls aus.

Spezielle Ein- oder Umbauarbeiten fallen bei Fahrzeugen, die der Dreileiternorm entsprechen nicht an. Beim Kauf gebrauchter Wagen ist darauf zu achten, dass nicht vielleicht isolierte Tauschradsätze eingebaut sind. Die Laufflächen der Räder müssen sauber gehalten werden.

Stromflussüberwachung

Ebenfalls elegant über einseitig isolierte Gleisabschnitte arbeitet man beim Zweileiter-System mit der Stromflussüberwachung.

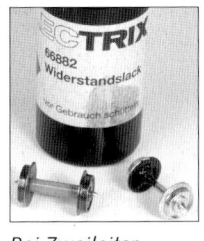

Bei Zweileiterbahnen müssen Wagen ohne Licht mit Widerstandsachsen (links) oder Widerstandslack (rechts) stromdurchgängig gemacht werden.

Links: Bei der Märklin-Schaltstrecke sind keine Veränderungen an den Fahrzeugen nötig, sofern sie über nichtisolierte Radsätze verfügen.

Rechts: N – Bei Minitrix genügt ein leitendes Rad zum Schalten auf dem Kontaktgleis.

Links: Das Fleischmann-System benötigt eine spezielle Schaltschiene im Gleis. An der Lokunterseite ragt der gefederte Pilzkontakt hervor.

Rechts: Berührungslos erfolgt das Schalten mittels an der Lok montierter Magneten und Schutzgasrohrkontakten am, neben oder im Gleis.

Allerdings muss hier ein Kurzschluss durch die Radsätze vermieden werden. Lokomotiven und Wagenbeleuchtungen sind diesbezüglich unproblematisch, da der Strom von der einen Schiene durch Motor und Lämpchen hindurch auf die andere Gleisseite fließt.

Um mit Personen- und Güterwagen ohne elektrischem Innenleben schalten zu können, müssen deren Radsätze stromdurchgängig aber nicht kurzließend gemacht werden. Hierzu hat Roco in H0 komfortabel sogenannte Widerstandsachsen. Passen diese nicht in den gewünschten Wagen oder sind sie bei anderen Baugrößen nicht verfügbar, gibt es weiteres Widerstandslack (Trix 66882, Uhlenbrock 40410) zum Überbrücken der Kunststoffisolierungsbuchsen an den Radscheiben. Um so mehr Lack zwi-

schen Radscheibe und Achse aufgetragen wird, desto geringer wird der ohmsche Widerstand des Radsatzes. Vor dem Aufpinseln sollte die Achse in diesem Bereich gründlich gesäubert, entfettet und bei sehr kräftiger Brünierung angeschliffen werden.

Zum eigentlichen Schalten ist ferner eine Elektronik erforderlich, die den schwach fließenden Strom zum Schalten verstärkt. Auch hier sind saubere Räder die Grundvoraussetzung für eine einwandfreie Funktion.

Pilzkontakt

Ein völlig eigenes Schaltsystem hat Fleischmann seinerzeit für H0 entwickelt. An der Unterseite der Lokomotiven ist ein gefederter Pilzkontakt angebracht, der elektrisch mit den linken Lokrädern verbunden ist. Er schleift an einer im Schienenzwischenraum liegenden Schaltschiene mit Kabelanschluss entlang und schliesst diese mit der ihr gegenüberliegenden Außenschiene kurz.

Ursprünglich waren spezielle Schaltgleise notwendig, heute gibt es die Kontaktschiene als nachträglichen Einbausatz, den man mit etwas Geschick auch in andere Gleissysteme einfügen kann. Allerdings ist dieses System nicht allgemeinverbindlich für alle H0-Zweileiterbahnen und deren Fahrzeuge. Daher fehlen die benötigten „Schaltpilze" an den meisten Fremdfabrikaten (Ausnahme alte Hamo-Loks!) und sind recht schwierig nachzurüsten. Saubere Laufflächen und Radschleifer sind Voraussetzung für einen zuverlässigen Betrieb.

Schutzgas-Rohr-Kontakte

Ein seit den 60er Jahren des vergangenen Jahrhunderts verbreitetes System verwendet im Gleis eingelassene Schutzgas-Rohr-Kontakte (SRK), die ein am Fahrzeugboden angeklebter Magnet bei Überfahrt aktiviert. Der Vorteil liegt in der vollständigen Trennung zwischen Fahrstrom und Schaltstrom. Fahrstromspannungsschwankungen und Wackelkontakte sind wirkungslos. Andererseits besteht durch parallele oder rechtwinkelige Anordnung der SRKs und der entsprechenden Magneten eine selektive

Schaltmagnete	Abmessungen
Fleischmann 9426	7 x 7 x 5 mm
Fleischmann 9427	5 Ø x 3 mm
Märklin 7556	10 x 5 x 1,5 mm
Märklin 7557	13 x 7 x 2,5 mm
Märklin 7558	10 x 10 x 3 mm
Roco 42256	8 x 6 x 2,2 mm
Trix 66557	7 x 6 x 3 mm

Schaltimpulsauslösung. Beispiel: Mit entsprechend präparierten Fahrzeugen kann ein Zug eine nachfolgende Weiche auf Abzweigung, der nächste Zug jedoch diese auf Gerade stellen.

Der Nachteil besteht in der nicht freizügigen Einsetzbarkeit der Fahrzeuge, denn wo kein Magnet untergeklebt ist, kann auch nichts schalten. Außerdem muss eine diskrete Stelle für den Magneten am Lokrahmen gefunden werden. Alternativ kann man „Schaltwagen" mit Magneten ausstatten. Auf eine solide Verklebung der Magnete am Wagenboden ist zu achten, sonst führen abfallende zu Fehlfunktionen, Entgleisungen oder Kurzschlüssen.

Scanner

Die jüngste Entwicklung sind Lesegeräte für **Strichcode- oder Funk/Transponder Zugnummernmeldung** bei computergesteuerten Modellbahnen (Helmo, Holtermann). Jede Lok oder jeder Zug hat eine Identifizierungsnummer, die auf einem am Fahrzeug angebrachten kleinen Etikett als Strichkodierung oder über einen elektronischen Baustein gesendet wird. Bei Vorbeifahrt gibt ein Lesegerät im Gleisbereich die Nummer an das Steuerprogramm weiter.

Praxis: Reparaturen am Fahrwerk

Über die regelmäßige Reinigung des Antriebes und damit der Räder hat bereits Kapitel 2 informiert. Bei pfleglichem Umgang mit den Modellfahrzeugen und unter durchschnittlicher Nutzungsintensität ist die Notwendigkeit einer wirklichen Reparatur an Teilen des Fahrwerks seltener.

Bekannte Mängel sind Abnutzungen der Spurkränze bei Dauerbetrieb, das Lösen von Radscheiben von der Achse und taumelnde Räder. Unrunder Radlauf und abnorme Spurweiten sind bei aktuellen Modellen in der Regel aber Produktionsmängel, die man unmittelbar beim Kauf überprüfen und nicht akzeptieren sollte. Dies gilt gleichermaßen bei Wagentauschradsätzen auf ein anderes

Betriebssystem. Weniger eine Reparatur als eine Wartungsarbeit ist das Wechseln verschlissener Haftreifen.

Der Haftreifenwechsel

Kleine Lokomotiven, leichte Tenderantriebe oder teilmotorisierte Drehgestelllokomotiven können mehr ziehen, wenn einige Räder mit Haftreifen griffiger sind. Verbreitet sind diese Gummis vor allem bei E- und Diesellokomotiven mit in das Drehgestell integrierten Motoren (Märklin, HAG, Trix, Fleischmann). Trotz allfälliger Metallgehäuse steht ihnen im Vergleich zu einer allradangetriebenen Lok lediglich die Hälfte des möglichen Adhäsionsgewichtes zur Verfügung. Die andere auf dem Laufdrehgestell lastende Hälfte muss sogar als „totes Gewicht" mitgeschleppt werden und mindert die Anhängelast.

Ring- und scheibenförmiger Haftreifen

Nachteil: Der Rundlauf der Radsätze ist nicht ganz so perfekt wie bei einem Vollmetallradsatz, das Rad taugt nur noch eingeschränkt über den Spurkranz zur Stromaufnahme und der auf den Schienen und Wagenradreifen abgelagerte Haftreifenabrieb beschäftigt nachhaltig die „Putzkolonne".

Daher ist man besonders auf dem Zweileitersektor bemüht, so wenig Haftreifen wie nötig aufzuziehen. Bemo kommt beispielsweise inzwischen ganz ohne sie aus. Kleinserienmodelle und exklusive Großspurfahrzeuge haben traditionell selten Gummibelag.

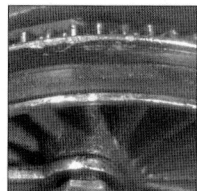

Deutlich ist die Delle im Haftreifen vom Schienenabdruck einer über viele Jahre ausgestellten Lok zu sehen.

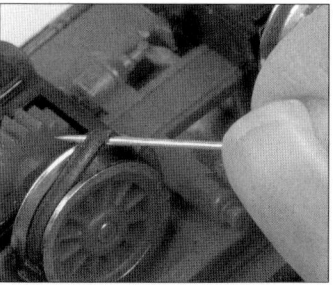

Links: Mit einer Nadel wird der alte Haftreifen vom Rad gezogen. Rechts: Während der Daumen der linken Hand den Haftreifen an der Radunterseite festhält, zieht man ihn mit einer Pinzette oben über das Rad in die Nut.

Links: Der Daumen der einen Hand drückt das Achslager nach außen, während der andere das Rad nach oben herauskippt.

Mitte: Stramm sitzende Radsätze werden mit Hilfe eines Schraubendrehers ausgehebelt. Er soll so tief am Boden angesetzt werden, dass er einerseits das Achslager nach außen abspreizt und gleichzeitig das Rad von unten herausdrückt.

Rechts: Bei Märklin-Achsen mit mittiger Halteklaue wird ein Schraubendreher in die Halterung geschoben und anschließend durch eine Drehbewegung die Klaue auseinandergespreizt.

Es gibt dicke und dünne, breite und schmale Haftreifen. Manche sind aus Gummi andere aus Kunststoff. Je nach Materialbeschaffenheit werden sie ringförmig geschnitten oder kreisförmig ausgestanzt. Ihre Färbung ist außer schwarz auch rot, grün, silbrig bis transparent weißlich.

Damit die Haftreifen während der Fahrt nicht abspringen, liegen sie in einer flachen Nut. Fehlen die Haftreifen, sind die Radlaufflächen durch die nun nicht mehr ausgefüllte Vertiefung defekt, und die Lok kann über Gleise und Weichen nur noch taumeln oder entgleist sogar. Hier wird ein über Jahrzehnte hinweg verlässlicher Ersatzteildienst für die Einsatzfähigkeit des Fahrzeuges unverzicht- und manchmal unersetzbar, denn nicht immer passen Haftreifen anderer Hersteller in den Abmessungen optimal.

Wann werden Haftreifen gewechselt? Zum einen, wenn sie am Rad fehlen. Das selbsttätige Aufklettern aus der Lauflächennut und Abscheren vom Radreifen geschieht einerseits wegen Nachlassens der Spannkraft, aber auch durch häufiges Überschreiten des maximalen Kraftschlusses bei zu schweren Zügen. Da der Radsatz nicht so frühzeitig wie ein Metallrad durchdrehen kann, wirft er den Haftvermittler von sich. Man findet ihn irgendwann im Gleisbereich wieder, oder er verfängt sich im Lokgestänge.

Zum anderen verhärten Haftreifen und bilden Buckel. Schlimmstenfalls müssen sie mit einem kleinen Schraubendreher oder ähnli-

chem Klingenwerkzeug aus der Nut herausgeschabt werden. Wichtig: Es dürfen dabei nicht die geringsten Rückstände verbleiben, sonst schließt sich der neue Haftreifen schon von Anfang an nicht rund um das Rad. Noch elastische, abgenutzte Reifen zieht man mit einer Stecknadel ab.

Wie kommt der Reifen auf das Rad? Treibräder sind im Modell in der Regel in einem Innenrahmen gelagert, so dass die Achse nicht zwingend ausgebaut werden muss. Ausnahme, der Abstand zwischen Radscheibe und Achslagerblenden ist derart knapp, dass man nicht mehr dazwischen kommt. Bei stangengetriebenen Loks muss mindestens der Bolzen herausgedreht werden, um den Haftreifen unter dem Gestänge hindurchschieben zu können.

Ringförmige Reifen (Märklin) sind sofort aufziehbar, gestanzte (Roco) müssen umgeklappt werden. Mit einer Pinzette oder einem Fingernagel wird der Ring auf einer Seite an der Radaussenkante fixiert und mittels einer stabilen Nadel oder wiederum einer Pinzette über die Radscheibe auf die andere Seite hingezogen. Ist der Reifen hinreichend gedehnt, fährt man mit dem Werkzeug unter dem Ring der Radkontur entlang und hebelt ihn in die Nut. Hat sich dabei ein dünner Reifen verdreht, muss er anschließend noch gerichtet werden.

Wurde der Haftreifen nicht überdehnt, in ihn kein Loch gestochen, sitzt er gleichmäßig bündig nach oben und seitlich in der

Nut, kann das Fahrwerk zusammengebaut werden; eine Probefahrt zeigt, ob die Lok wieder ruhig läuft.

Noch ein Nachsatz: Haftreifen und Spezialradsatz sollten sehr genau aufeinander abgestimmt sein. Einen gewöhnlichen Radsatz mit einem Haftreifen „nachzurüsten" führt daher immer zu unbefriedigenden Ergebnissen: 1. Der Haftreifen wandert auf einer glatten – geneigten – Lauffläche nach außen ab, 2. durch den Gummiring wird der Raddurchmesser vergrößert, so dass die Laufwerkabmessungen nicht mehr stimmen, was zum Kippeln der Lok führt, 3. der Gummiring überdeckt die Ausrundung zwischen Lauffläche und Spurkranz, was das Radsatzzentrierungsverhalten stört, 4. der Spurkranz wird faktisch niedriger, was die Spurführung beeinträchtigt, 5. das Aufkleben des Gummis reduziert seine Elastizität und bereitet Probleme in der chemischen Verträglichkeit von Kleber und Haftreifenmaterial.

Statt noch mehr Haftreifen kann das Vertauschen oder Versetzen von Haftreifenradsätzen – sofern möglich – mitunter eine Verbesserung der Zugleistung oder Laufruhe bringen. Und nicht immer sind die Lokomotiven schuld, wenn der Zug nicht mehr eine Zahnradbahnähnliche Steigung hochkommt. 2,5 bis 3,5 % sind für eine Vollbahn in H0 des Guten genug!

Der Radsatzaustausch

Die Umrüstung von Wechsel- auf Gleichstrom, die Umstellung auf niedrige Spurkränze, der Einbau einer Innenbeleuchtung, Arbeiten an der Kupplung, das Reinigen von Laufflächen und Stromabnehmern sowie Beschädigungen machen den Ausbau von Radsätzen erforderlich.

Wagenradsätze sind in der Regel nur in ihre Lager gesteckt. Grundsätzlich gilt, erst dann

Links: Bei ausgebauten Radsätzen können Radabzieher benutzt werden.

Rechts: Mit Sekundenkleber kann eine lose Radscheibe wieder fixiert werden.

Links: Das geht schief! Räder müssen zum Aufdrücken immer vollflächig und plan (wie rechts zu sehen) eingespannt werden.

Werkzeuge einzusetzen, wenn man mit den Fingern nicht mehr weiter kommt. So ist die Beschädigungsgefahr für Räder und Achsen am geringsten. Mit dem Fingernagel des Daumens der einen Hand wird die Achslagerblende nach außen gedehnt und gleichzeitig mit der Daumeninnenseite der anderen das Rad durch Druck auf die Radscheibe herausgehebelt. Bei Drehgestellwagen besteht außerdem die Möglichkeit, nach Abnehmen des Drehgestelles den Radsatz von der Drehgestelloberseite herauszudrücken.

Vielfach ist die Radhalterung jedoch so massiv oder verwinkelt, dass man ohne den Einsatz von Schraubendreher oder Pinzette nichts ausrichtet. Das Werkzeug wird zwischen Radscheibe und Achslagerblende möglichst bis zum Boden gesteckt. Drückt man nun gegen die Blende, entsteht gleichzeitig eine Hebelwirkung gegenüber dem Radsatz. Bei Zweileiterradsätzen sollte man dies nach Möglichkeit auf der nichtisolierten Seite machen, denn allzu schnell können sich auf Kunststoffisolierbuchsen aufgezogene Radscheiben verschieben, so dass die Spurweite nicht mehr stimmt. Das Wieder-

Problematisch beim Einspannen ist dieses Speichenrad mit gewölbter Fläche.

Mit einer kleinen Wasserwaage für Fotoapparate lässt sich die waagerechte Lage von Fahrzeugen überprüfen.

einsetzen der Achsen erfolgt bei beiden Techniken in umgekehrter Reihenfolge.

Das Zerlegen von Lokomotivrahmen und -drehgestellen wurde bereits im Kapitel 2 beschrieben. Nach Öffnen der Getriebeabdeckungen und Abschrauben etwaiger Gestänge sind die Achsen herauszunehmen. Probleme bereiten hingegen fest in Innenrahmen gelagerte Radsätze. Um diese entfernen zu können, muss ein Rad abgezogen beziehungsweise beim Einbau neu aufgepresst werden. Manche Modellbahner und Werkstätten behelfen sich hier mit einem Parallelschraubstock. Besonders bei Dampflokomotivfahrwerken ist eine präzise neu-

wertige Reparatur meist nur durch Einschicken an den Hersteller gesichert.

Der Radwechsel

Auf der Achse gelockerte Radscheiben können gut mit Sekundenkleber fixiert werden. Man muss die Klebestelle aber vorher von möglichen Schmiermittelrückständen säubern. Manche Vollmetalltreibräder nichtisolierter Radsätze sind mit etwas Flüssiglot anlötbar. Nicht alle Legierungen und vor allem Lackierungen vertragen jedoch die notwendige Erhitzung mit dem Lötkolben. Bei Betriebsmodellen aus aktueller Fertigung empfiehlt sich daher, lieber gleich einen kompletten neuen Radsatz einzubauen.

Vorausgesetzt ein Radsatz lässt sich in einen Schraubstock einspannen, ist er – wie schon bei der Getriebewartung beschrieben – zerlegbar. Achsen mit hervorstehenden Achsstummeln und -spitzen dürfen keinesfalls ausgeschlagen werden, da ihre Lagerabrollfläche damit zerstört wird. Selbst bei Verwendung eines Radabziehers muss dieser ein passende Ansatzbuchse haben, die die empfindliche Spitze schützt. Gleiches gilt sinngemäß beim Aufpressen der Radscheiben im Schraubstock. Bei Treibrädern mit hervorstehenden Gegengewichten muss mindestens ein Distanzplättchen aus Metall oder druckbeständigem Kunststoff auf die Speichen gelegt werden. Andernfalls verkantet der Radsatz zwischen den Backen des Schraubstocks, und das Rad sitzt schief.

4 Kupplungssysteme

Wenn Kupplungen nicht zueinander passen oder hakeln, ist es mit dem Fahrbetrieb nicht weit her. Die Besonderheiten der einzelnen Systemköpfe, ihrer Befestigungen, elektrisch leitende und fernbedienbare Kupplungen, Kurzkupplungskinematiken und ihr Einbau werden nachfolgend beschrieben.

Kupplungshalterungen, Richtfedern und der NEM-Schacht

Wohl kaum ein anderes funktionales Bauteil wie die Kupplung hat so viele Entwicklungen und Varianten durchlaufen. Wer heute neu in das Modellbahnhobby einsteigt, hat es dank wechselbarer Kupplungsköpfe oder sogar einheitlicher Kupplungen in N oder Z leicht in der freien Auswahl der Fahrzeuge.

Dies war nicht immer so. Vielen Herstellern galt die hauseigene Kupplung als „Markenbindungsinstrument" und manche Diskussion über die Bestfunktionierendste wird bis heute geführt. Seitens der Modellbahner-(verbände) brauchte es jahrelangen guten Zuredens bis schließlich mit der Einführung der Kurzkupplungskinematiken eine branchenweite Normierung vordringlich in der Baugröße H0 einsetzte.

Der Kompromiss ist dabei nicht ein einheitliches Kupplungssystem, wie man es aus den USA kennt, sondern die standardisierte NEM (Normen Europäischer Modelleisenbahnen) Kupplungskopfaufnahme oder -halterung. Inzwischen sind alle wesentlichen Modellsortimente umgerüstet. Bei älteren Fahrzeu-

gen stößt der Sammler aber nach wie vor auf viele verschiedene Konstruktionen.

Bei alten Modellen sind der Kupplungskopf und dessen Befestigungsansatz ein gemeinsames Teil, das am Wagenboden oder Drehgestellrahmen angeschraubt oder eingesteckt wird. Eine Kupplung darf jedoch nicht starr befestigt sein, um bei Kurvenfahrt seitlich ausschwenken zu können. Bei Drehgestellwagen geschieht dies durch die Bewegung des Fahrwerks selber.

Bei zwei- und dreiachsigen Wagen muss die Kupplung seitlich abgefedert sein. Diese Feder hat die Aufgabe, die Kupplung auf geradem Gleis wieder auszurichten. Andernfalls wäre ein (rangier)mäßiges Ankuppeln unmöglich, da sich die Kupplungsköpfe aneinander vorbei drückten. Im Rahmen dieses Buches können nicht alle Kupplungshalterungen vorgestellt werden. Es gibt aber einige generelle Konstruktionsmerkmale.

Was nicht passen will, muss weichen!

H0 und H0m/e Kupplungshalterungen

Spiralfeder

Mit die älteste Bauform ist die am Boden oder Drehgestell angeschraubte und durch eine unter dem Wagen gespannte Spiralfeder ausgerichtete Metallkupplung (Märklin,

H0 – Fleischmann-Halterung
mit Metallgehäuse

H0 – Fleischmann-Halterung
im Plastikboden

H0 – Gegen eine Kurzkupp-
lung auswechselbare Roco-
Kupplung mit seitlichen
Federbeinchen

H0 – Fleischmann geöffnete
Kupplungshalterung,
deutlich ist das Federblech
zu erkennen.

H0 – Märklin-Plastikhalte-
rung mit seitlichen Federn

H0 – Roco-Kunststoffkupp-
lung mit rückwärtiger Feder

H0 – Trix-Halterung mit
Federblech

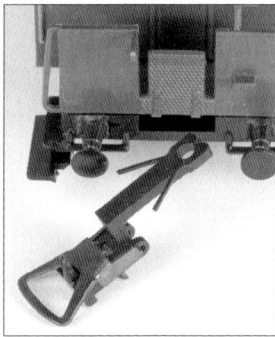

H0 – Röwa/Trix-Steckkupp-
lung mit Plastik-Federbeinchen

H0 – Liliput-Befestigung
mit Federring

H0 – Trix-Halterung mit
seitlichen Federblechen

H0 – Vor Umbau alter Wagen
auf Kurzkupplungskinematik
behelfen sich die Hersteller
mit dem Anbau provisori-
scher NEM-Adapter, hier mit
Plastikfedern (Liliput Wien).

H0 – Bei diesem US-Wagen
(Bachmann) wird die Kupp-
lungshalterung durch die
Bewegung des Drehgestelles
über einen Hebelmechanis-
mus angelenkt.

Pocher). Damit sie sich durch Federkraft wieder gerade stellt, müssen die sie haltenden Ansatzschrauben oder Distanzringe klemmfrei sitzen. Andererseits darf die Halterung nicht so locker sein, dass die Kupplung herunter hängt. Sonst ist die Kupplungsfunktion nicht mehr einwandfrei oder bei Dreileiter-Systemen kann es sogar zur elektrischen Berührung des Mittelleiters und bei Metallwagen zum Kurzschluss kommen.

Federbleche und -draht

Eine ebenso weit verbreitete Kupplungsabfederung benutzt Federbleche oder einen Federdraht. Die Kupplung wird hierbei in ein kleines Gehäuse am Wagenende oder in einen Schlitz der Pufferbohle gesteckt und drückt mit seinem abgerundeten Ende gegen ein Metallfeder (Trix, Fleischmann). Die optische Beeinträchtigung des Wagenboden ist wesentlich geringer. Das Ein- und Ausbauen gerät bisweilen zur fummeligen Angelegenheit, da die dünnen Federn gerne ins Wageninnere oder auf den Fussboden entschwinden und ein häufig nachgefragtes Ersatzteil sind.

Ringfeder

Seltener ist der Einbau einer Ringfeder, die wie ein Sicherungsring die Kupplung auf einem Lagerbock unter dem Wagenboden festhält und gleichzeitig ausrichtet (Liliput Wien, Piko DDR, Mougel).

Plastikfeder

Die jüngste Variante sind an die Kupplung angespritzte Plastikfedern. Diese können als schwanzförmige Verlängerungen an Zapfen im Wagenboden anschlagen oder doppelseitig neben der Kupplung angesetzt sein (Roco, Trix, Bemo). Die einfach zu montierenden Kupplungen werden meist durch einen dicken Kunststoffstöpsel und bei Lokomotiven mit eine Schraube gehalten. Jedoch besteht prinzipiell die Gefahr, dass die Federkraft des Plastik nachlässt, die Federbeinchen abbrechen oder durch unsachgemäße Lagerung verbiegen. Sitzt der Haltestöpsel zu locker, kann die Kupplung herunterhängen oder sogar abfallen.

NEM-Schacht

Er ist der aktuelle Standard. Um in Altfahrzeuge die neuen Kurzkupplungsköpfen einzustecken, wurden einige Adapter entwickelt, die in die oben beschriebenen traditionellen Halterungen passen.

TT Kupplungskopfhalterungen

Für die Verbreitung der TT-Spur stehen die Namen Rokal, Zeuge bzw. Tillig. Dazu haben sich in den 1990er Jahren einige Klein-

Links: H0 – Die amerikanische Kadee-Klauenkupplung wird mit einem Gehäuse unter den Wagenboden geschraubt (LaBelle).

Rechts: H0 – Bei Kleinserien wurden Versuche mit längenverstellbaren Kupplungen unternommen (France Trains).

H0 – Auch bei Drehgestellen kann die Kupplung mit einer Feder gehalten werden (Pocher).

H0 – Die traditionellen Metallfedern wie bei diesem Pocher-Modell wurden ab den 1970er Jahren vielfach durch Plastikfedern ersetzt.

serienanbieter eingefunden. Mit der erst vor wenigen Jahren begonnenen Einführung der KK-Kinematik wurde ein N-ähnlicher Kopf mit schmalem Einsteckschlitz entwickelt, der nunmehr nach und nach auch bei überarbeiteten Modellen anzutreffen ist.

N-Kupplungskopfhalterungen

Die Funktion der N-Standardkupplung unterscheidet sich grundlegend von den voran beschriebenen Baugrößen. Bei der einteiligen N-Klauenkupplung gibt es konstruktiv keine Trennung zwischen dem Kopf und ei-

N – Arnold-Halterung mit umgebogenem Federblatt, der Metalldeckel ist Teil der Achslagerbodenplatte

N – Lima-Halterung mit Spiralfeder und mit durch zwei gesteckte Blechfahnen gehaltenem Metalldeckel

N – Fleischmann-Halterung mit Federblech und durch zwei innere Rastnasen gehaltenem Plastikdeckel

N – Eriam offene Halterung mit Sicherungsbügel und als Feder gefaltetem Blechstreifen

N – Arnold-Halterung mit Spiralfeder und durch seitliche äußere Blechfahnen gehaltenem Metalldeckel

N – Roco, Drehgestell angelenkte Kupplungsdeichsel, Halterung mit Spiralfeder, zwei äußere Rastklammern für Plastikdeckel

N – Antiquarischer Sonderfall Tibidabo mit direkt am Drehgestell befestigter H0-ähnlicher Bügelkupplung

N – Arnold ausschwenkbare Halterung an einem langen zweiachsigen Güterwagen

N – Roco-Halterung an drehbar gelagerter Achse mit Zugfeder

H0m – In das Drehgestell eingeklipste Bemo-Standardkupplung

H0m – D+R-Halterung mit Federdraht und ansteckbarem Kupplungskopf

TT – KK-Kinematik mit N-Steckhalterung für alternativen KK-Kopf

nem separat beweglichen kuppelnden Haken oder Bügel (wie in H0). Folglich hat die kleine Feder sowohl die Aufgabe der Stabilisierung der Seiten- und Höhenlage wie der Schließfunktion. Auch wirkt der längsgefederte Kupplungskopf als Puffer, der die Zuglast und Zugkraft aufnehmen muss.

So kommt es bei holperiger Fahrstrecke, primitiven Fahrwerken, Neigungswechseln sowie abruptem Anfahren- und Bremsen zu starken Dehnungen und Stauchungen zwischen den eingehakten Kupplungen, worauf die Klauen tendenziell mit Ausweichen vor allem nach oben reagieren. Liegt eine Kupplung ohnehin nicht ganz waagerecht kann dies außerdem beim Einfahren in eine Steigung an die Grenze des Zusammenhalts führen. Trotz der auf den ersten Blick eleganten Konstruktion ist die N-Standardkupplung somit nicht ganz unproblematisch.

Blechfeder

Die kürzere Bauform benutzt eine Blechfeder, um den Kupplungskopf auszurichten. Bei den ersten Arnold-Modellen war diese nochmals umgebogen.

Spiralfeder

Sehr verbreitet ist die Kopfstabilisierung mit einer Spiralfeder. Die Kupplungshalterung ist deutlich länger als bei der Blattfeder. Daher kann der Kopf viel tiefer nach hinten zurückweichen, was seine Position unter Belastung eher wabbelig macht. Der schweizerische Kleinserienhersteller Eriam hat aus Blech einen ziehharmonikaförmigen Ersatz für die Spiralfeder gefaltet.

NEM-Kupplungskopfaufnahme

Auch in N ist die Umrüstung auf die serienmäßige Kurzkupplungskinematik weit fortgeschritten. Die NEM Kupplungskopfaufnahme ist so konstruiert, dass einerseits der neue Kurzkupplungskopf ungefedert, aber auch die alte Klauenkupplung gefedert eingeklipst weden können. Hierzu ist eine winzige Plastikfeder an der Aufnahme angespritzt, die auf den rückwärtig angeschrägten Ansatz der Standardkupplung drückt und so die Schließfunktion ausführt. Zum Umrüsten alter Wagen ohne Kinematik werden Adapter für den KK-Kopf angeboten, die in die alten Kupplungskästen passen.

Kurzkupplungskinematiken – serienmäßige Bauformen

Neben der Digitaltechnik ist die das Puffer-an-Puffer-Fahren ermöglichende Kurzkupplungskinematik die weitreichendste Neuerung in der modernen Modellbahnproduktion. Allerdings ist sie eine kontinentaleuropäische Besonderheit, weil britische und amerikanische Modellbahnen auch auf Grund anderer Vorbildeigenheiten bis heute kaum von dieser Technik berührt sind.

1972 von Röwa für H0 vorgestellt und später von Roco zunächst als Umbausatz für entsprechend vorbereitete Wagenserien übernommen, hat dieses Kinematikprinzip inzwischen alle namhaften Fahrzeugsortimente in H0 und N modernisiert.

In der Baugröße N hatte Roco vorab als Behelfslösung in die vorhandene Aufnahme einsteckbare Kurzkupplungsköpfe angeboten. Diesen folgte 1988 die echte KK-Kinematik von Fleischmann samt neu konstruiertem KK-Kopf, der inzwischen Standard ist. In den anderen Baugrößen hat sich dieses pfiffige Technikdetail bisher nicht generell durchgesetzt.

Ob mit Kurzkupplung ausgerüstet oder nicht, ist zu einem der entscheidenden Kaufkriterien geworden. Wer als Hersteller bei Neuentwicklungen zu lange auf seinen überkommenen Kupplungen beharrte, musste mit teuren Formenänderungen an den Wagenunterteilen über Jahre hinweg nachbessern oder erkennen, dass seine Wagen zunehmend unverkäuflicher wurden. Selbst auf dem Gebrauchtwarenmarkt haben Modelle alter Kupplungstechnik unter den Betriebsbahnern kaum mehr Interessenten.

Dank der KK-Kinematik können Wagen in der Geraden bündig aneinander stehen ohne dass bei der Kurvenfahrt radienmäßige Einschränkungen bestehen. Durch eine schwalbenschwanzähnliche Führung der Kupplungsdeichsel ist sichergestellt, dass die Kupplungen in der Bogenfahrt auseinander rücken und damit eine Berührung der Puffer oder Gummiwülste verhindert wird.

Ein weiterer wesentlicher und im Anlagenbetrieb sehr spürbarer Vorteil ist die Abkoppelung der Zugkraftübertragung von den Drehgestellen. Bis dahin war es üblich, die Kupplung an den Drehgestellen zu montieren. Die ist aber nicht nur vorbildwidrig sondern führt auch zu Betriebsproblemen. Bei der alten Konstruktion musste die Drehgestellhalterung sowohl die seitlichen Führungskräfte für das Fahrzeug im Gleis übernehmen als auch die gesamte Traktionskraft für den Zug auf den Wagenboden übertragen und von diesem wieder weiterleiten. Missliche Folge waren Entgleisungen durch auftretende Hebelwirkungen der langen Kupplungsdeichseln zwischen den Wagen.

Links: H0 – Röwa-Kinematik mit Drehgestellanlenkung und Plastikfeder

Mitte und rechts: H0 – Alte Roco-Nachrüstkinematik mit Drahtfedern

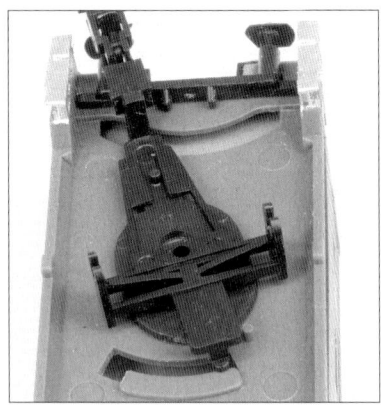

So ist die KK-Kinematik optisch und nicht minder aus Gründen der Betriebssicherheit ein außerordentlicher Fortschritt.

Die H0-Kinematiken

Die Bauformen der Kurzkupplungskinematiken unterscheiden sich in drei Varianten:

1. Die ersten Röwa-D-Zug-Wagen hatte eine durch den Ausschlag des Drehgestells und eine Plastikfeder **angelenkte Wegverlängerung** der Kupplungsdeichsel. Bei den einstigen ade Modellen sind die Rückstellfedern als **Plastikbeinchen** an der Kupplungs-

deichsel angespritzt. Hier muss besonders während langfristiger Lagerung darauf geachtet werden, dass die Kupplung in mittiger Lage steht. Andernfalls sind irreparable Deformationen die Folge. Auch Liliput Wien benutzte Plastikfedern im Wagenboden.

2. Neben den alten KK-Nachrüstsätzen von Roco gibt es bis heute eine Reihe von Kinematiken, deren Ausschlag und Rückführung über **Drahtfedern** erfolgt (Fleischmann, Roco, Märklin). Wer alte Roco-Wagen aus den 1970er Jahren gebraucht kauft, sollte darauf achten, dass die Kurzkupplung komplett ein-

H0 – Märklin-Kinematik mit seitlicher Drahtfeder

H0 – Märklin-Kinematik mit Spiralfeder auf der Wagenbodenoberseite

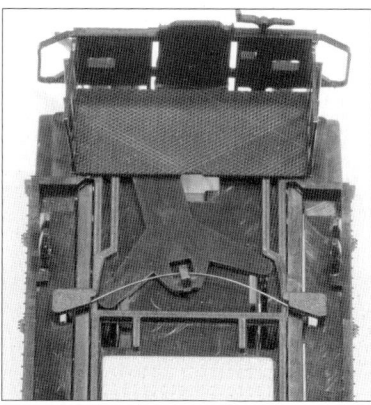

H0 – Fleischmann-Kinematik mit gebogener Drahtfeder

H0 – ade-Kinematik mit Plastikfedern und zusätzlichem Haltebügel

H0 – Liliput-Wien-Kinematik mit Plastik-Rückstellfeder

H0 – Trix-Kinematik mit doppelter Drahtfeder und angelenkter Deichsel

Links: N – Kinematik (Minitrix) mit NEM-Aufnahme und Kurzkupplungskopf

Rechts: N – Hobbytrain-Güterwagen mit spezieller Kinematik für Standardkupplungskopf, jedoch ohne NEM-Aufnahme für Kurzkupplungskopf

gebaut ist, denn die entsprechenden Umrüstsätze sind schon seit längerem nicht mehr erhältlich.

3. Die im Augenblick bewährteste Konstruktion benutzt **Spiralfedern** zur Rückstellung der KK-Kupplungsdeichsel (Roco, Märklin, Sachsenmodele, Rivarossi u. a.). Damit die Kurzkupplungskinematik wirklich einwand-

H0 – Rivarossi-Zwischenlösung mit kinematisch ausschwenkenden Drehgestellen

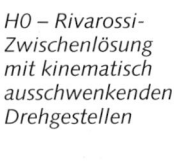

frei läuft, ist es wichtig, dass sie klemmfreies Spiel im Führungsschlitz hat. Bei Neuerwerb von entsprechenden Modellen daher zunächst deren Funktion testen. Die Kupplungsdeichsel muss sich immer aus eigener Federkraft wieder in die mittlere Position zurückstellen. Andernfalls sind oft Grate in der Schwalbenschwanzführung Ursache für hackelige Dysfunktion. Neben kunststoffgeeignetem Öl bietet sich teflonhaltiges Schmiermittel als Gleitverbesserer an. Die KK-Kinematik hat standardmäßig eine Kupplungsaufnahme nach NEM wie sie zunächst nur an den ersten Roco-Fahrzeugen anzutreffen war. Bei Modellen von Röwa und der Nachfolgefirma ade findet man einen wesentlich kleineren Aufnahmekopf für den hauseigenen Kurzkupplungskopf, der sich aber nicht allgemein durchsetzte. In ihn passen die üblichen NEM-Wechselköpfe nicht hinein. Dieser mangelnden Kompatibilität abzuhelfen hat ade seinerzeit zusätzlich eine Deichsel mit großem NEM-Schacht geliefert und Roco einen höhenverstellbaren Kopf mit kleinen Rastnasen im Programm.

N-Kinematiken

Da die Entwicklung zur KK-Kinematik in der Baugröße N erst recht spät zu Ergebnisse führte, ist hier die Variantenvielfalt gering. Standardmäßig gibt es eine im Wagenboden integrierte Kinematik mit Metallfeder. Eher ein Kuriosum ist die 1988 kurz vor Erscheinen der heutigen Normausführung von Hobbytrain installierte Kinematik für die alte Klauenkupplung.

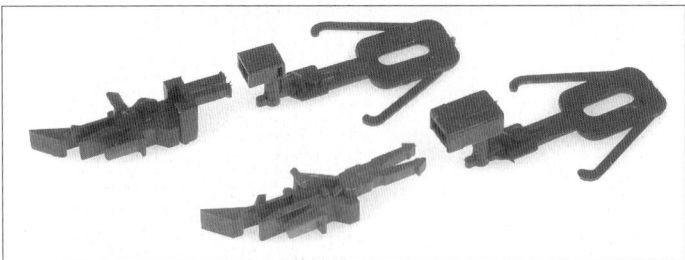

H0 – ade-Deichseln mit kleiner und großer Kupplungsaufnahme und den entsprechenden Roco-Köpfen.

Praxis: Nachträglicher Einbau von Kurzkupplungskinematiken

Da sich ältere Wagen optisch nur unbefriedigend zwischen kurzgekuppelte Modelle einreihen und lauftechnisch ins Hintertreffen geraten, werden einige Kinematiken zum Nachrüsten angeboten.

Auch hier gibt es drei Typen: jene mit Plastikfedern (Ribu), jene mit Drahtfeder (Fleischmann, Bemo) und jene mit Spiralfeder (Symoba, Roco). Einbaufertig sind die Fleischmann KK-Pärchen für H0 und N und die Roco-H0-Kinematik im 12er Pack erhältlich. Die Roco-Einbaukurzkupplung entstand aus der Notwendigkeit, vor allem zweiachsige Güterwagen des Herstellers umzurüsten. Sie ist daher auf deren Unterteile angepasst, kann aber auch anderswo Verwendung finden.

Vorrangig für Fahrzeuge der schweizerischen Schmalspurbahnen bietet Bemo seit 1994 einen vierer Kurzkupplungs-Umbausatz an, doch sind derzeit nur einige Wagen serienmäßig vorbereitet.

Kleinserienhersteller Weinert hat einige H0-Spezialkinematiken für extrem kurze oder schmale Einbausituationen und für Schlepptenderlokomotiven als Bausätze im Programm.

Ribu- und Symoba-Kupplungen wird man nur noch an gebrauchten Fahrzeugen antreffen.

Der Arbeits- und Kostenauwand für den Umbau alter Modelle ist mitunter höher als deren Zeitwert. In diese Kosten/Nutzen-Rechnung fließen auch Zusatzarbeiten wie die Umrüstung auf ausgezogene Faltenbälge oder das Verspachteln nun hinfälliger Kupplungsschlitze in der Pufferbohle ein. Mit dem serienmäßen Einbau der Kurzkupplung geht oftmals eine Verbesserung der Lackierung und Beschriftung des Fahrzeuges einher, was das Vorgängermodell nicht attraktiver macht. Markensammler wünschen die alten Wagen selbstverständlich im Originalzustand. Ungeachtet dessen gelingt mancher betagten Zuggarnitur so wieder den Anschluss an den aktuellen Modellbahnstandard.

Der Einbau der Kinematik

Bei Neuentwicklungen ist die Kinematikaufnahme meist direkt in den Wagenboden integriert. Nachträglich hinzugefügte Kurz-

H0 –Gerade noch passt die Roco-Kinematik unter diesen älteren bayerischen Packwagen (Trix). Die Kupplung ist mit Messingschrauben am Wagenboden befestigt.

Unten links: H0 – Bei diesem DB ETA (Kato) ist die Fleischmann-Kinematik unter den Wagenboden geklebt.

Unten Mitte: H0 – Bei Bausätzen (Perlmodell) sind nachrüstbare Kinematiken (hier alte Symoba) ebenfalls einsetzbar. Die Pufferbohlengriffe müssen wegen der Kupplung entfallen.

Unten rechts: H0m – Bemo liefert diese einbaufertige Kinematik. Nur die Wagenböden neuerer Fahrzeuge sind für die Umrüstung vorbereitet.

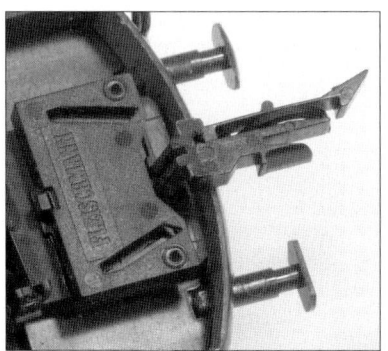

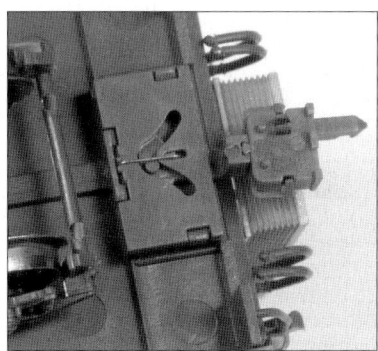

Derzeit lieferbare Kunststoffkinematiken

Fabrikat	Kulissen-kasten B x L x H	Stiftlänge ab Kastenhöhe	Kupplungs-halterung
Bemo 5450000	12 x 6,5 x 2,5	2,5	Steckprofil
Fleischmann 6574 H0	17,5 x 11 x 3,2	10,4	Steckprofil
Fleischmann 9574 N	11,9 x 7,5x 2,1	4,7	Steckprofil
Roco 40343	20,6 x 20,5 x 5,5	4	fest, NEM 362

Unten links: H0 – Bei Drehgestellwagen mit kurzem Wagenkastenüberhang muss wie bei diesem Mitropa WR (Fleischmann) der Drehgestellrahmen für den NEM-Schacht der Kinematik ausgeschnitten werden.

Unten Mitte: H0 – Durch ein großes Loch ragt der NEM-Schachtbefestigungsdorn nach unten heraus (Liliput Wien DB Aüm).

Unten rechts: H0 – Die alte Symoba-Kinematik musste bei diesem DB-Aüm (Liliput Wien) aus Platzgründen zwischen Wagenboden und Inneneinrichtung eingeklebt werden.

kupplungen finden entweder auf der Wagenbodenunterseite oder aber hilfsweise auf der Innenseite zwischen Wagenboden und Inneneinrichtung Platz.

Passt sie oder passt sie nicht? Diese Frage stellt sich angesichts jeder Wagenserie neu. Wichtigstes Bezugsmaß ist der Längenauszug der Kinematik in der Bogenfahrt. Ist er zu kurz, hebeln Puffer oder Gummiwülste die Wagen in engen Kurven gegenseitig aus dem Gleis.

Zweitens muss sie in der Breite zwischen den – angedeuteten – Langträgern oder Tritten passen, was bei Personenwagen mit Türnischen knapp werden kann.

Drittens setzt die Einbaulänge des Kupplungskastens zur Wagenmitte hin Grenzen. Drehgestellhalterungen, Achslager, Bremsanlagen und auf das KK-Gehäuse anstoßende Spurkränze erschweren die Umrüstung. Ist auf der Wagenunterseite zu wenig Platz, besteht eine andere Möglichkeit, auf die Wagenbodenoberseite als Montageort auszuweichen (nicht mit Roco-Kinematik möglich!). Zur Durchführung des Kupplungsbe-

festigungsstifts muss dann ein großes Loch in den Wagenboden gebohrt oder gefräst werden. Ein weitgehend bündiges Versenken der Kinematik in eine konturengenaue Öffnung im Wagenboden ist ebenso überlegenswert.

Leider gibt es Fälle, wo auch dieser Trick nicht weiterhilft. Dies gilt beispielsweise für Wagen mit offenen Bühnen oder mit Gehäusebefestigungsschrauben, die genau unter der Kinematik zu liegen kämen.

Zur Ermittlung der exakten Position der Kinematik dient eine der angebotenen Einbaulehren, die auf die Kupplung aufgesteckt und dann an die Puffer gedrückt wird. Zu beachten: In sich höhenverschiebbare Kurzkupplungsköpfe (z. B. Roco) sind gute 2 mm länger im Ansatz als die einteilige Normalausführung. Bei geringer Umbauroutine ist die probeweise Montage mittels eines Teppichklebebandes nützlich.

Damit die Kinematik völlig eben zum Wagenboden liegt, sind alle störenden Streben und Reste der alten Kupplungshalterung plan zu schleifen. Gleiches gilt für etwaige Firmenschriftzüge auf dem Kinematikdeckel bei Einbau im Wageninnern, sonst kippelt die Kinematik und die Klebefläche ist uneinheitlich.

Bis auf die Roco-Kinematik sind die Kulissengehäuse ausschließlich zum Ankleben gedacht. Dünne Plastikdeckel (Ribu, Symoba) werden – wenn überhaupt – nur ganz vorsichtig angeklebt. Andernfalls kann Kleber in die Mechanik eindringen und diese ruinieren. Außerdem wird eine etwaige Reparatur erschwert oder unmöglich. Je nach Kunst-

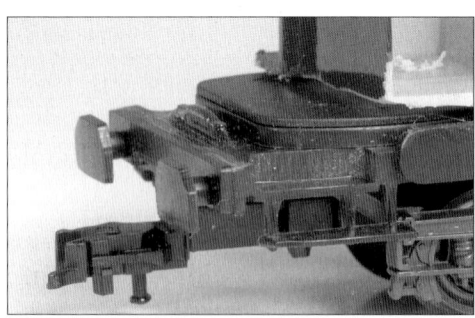

stoffqualität von Kinematik und Wagenboden(!) eignen sich Plastik- und Cyanokleber sowie schnell abbindender Zweikomponentenkleber für Metalle.

Die Justierung

Als letzter Schritt folgt die Justierung der Kupplungshöhe mit Hilfe der Kupplungslehre. Je nach Bauart kann man entweder den NEM-Schacht auf dessen Befestigungsdorn verschieben oder der Kupplungskopf ist in einer kleinen Steckprofil (H0 und N sind verschieden!) justierbar, wie es auch von den serienmäßigen Kinematiken her bekannt ist. In letzterem Fall gehen einfache Bügelkupplungen und die Märklin-Standardkupplung nicht zu montieren.

Wagen und Lehre werden gemeinsam auf ein ebenes Gleis gestellt. Die Kupplung (oder -shalterung) muss nun gegenüber der Lehre in der korrekten Höhe fluchten. Bei häufigem Kinematikeinbau erleichtert die Fixierung der Lehre an einem Holzblock oder einem alten Prellbock das Arbeiten. Nun können die Probefahrten mit möglichst vielen unterschiedlichen Wagen- und Kinematiken beginnen.

Standardkupplungsköpfe

Von der Zuverlässigkeit einer Kupplung hängt im Anlagenbetrieb alles ab: Ihre permanente Schließkraft ist Voraussetzung für einen reibungslosen Verkehr. Der beständige Zusammenhalt ist das eine, leichtgängiges Rangieren das andere zu vereinende Anforderungsprofil. Hierbei soll das Ankuppeln ohne notwendige hohe Anfahrstöße, die Wagen davon rollen lassen, erfolgen. Trennen mittels diskret einzubauender Entkupplungsleise muss ebenfalls möglich sein. Letztendlich verlangt die Modelloptik nach einem mehr oder weniger gefälligem Funktionsdesign der Kupplungseinrichtungen.

H0- und H0m/e-Kupplungsköpfe

Bis zur Einführung der wechselbaren NEM-Kupplungen hatte so gut wie jeder Hersteller seine eigene Kupplungsform oder -unter-

H0 – Mit der Abstandslehre wird die korrekte Position der Kinematik geprüft (Trix DRG Pwi3).

bauart. Zu Unterscheiden ist zwischen drei Hauptgruppen:

1. Die Verbreitetste ist die **Bügelkupplung**. Hier greifen die übereinandergeschobenen Metallbügel zweier gegenüberstehenden Kupplungen jeweils hinter einen Haken der anderen Kupplung (Märklin, Trix, Roco, Liliput, Kleinbahn, HAG, Rivarossi, Bemo und viele andere mehr). Sonderbauformen sind von Märklin die Vorentkupplung und die Kurzkupplung, von Roco die Standardkupplung mit angespritzter Schließfeder und die kurzkuppelbare Universalkupplung, von ade der Kurzkupplungskopf mit Plastikbügel sowie von Trix die eigenständige Express-Systemkupplung.

Die Größe und Form der Bügel reicht von O-förmig oval bis hin zu länglichen Ösen. Nicht weniger verschieden sind die Kuppelhaken in ihrer Breite, Höhe und rückwärtigen Neigung.

2. Die zweite kleinere Gruppe der **Hakenkupplungen** funktioniert nach dem umge-

Links: Kampf gegen den Kupplungssalat der 1960er Jahre: Alte H0-Universalkupplung für Fleischmann, Trix Express und Märklin

Rechts: Eigentümliche Bügelkupplung aus vergangenen Modellbahnzeiten, durch die breiten abgebogenen Flansche konnte das Längsspiel in der Kupplungsverbindung verhindert werden.

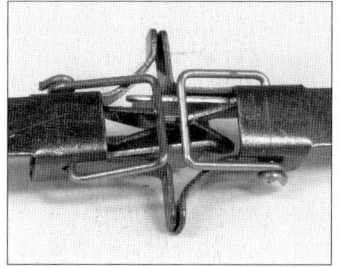

kehrten Prinzip, indem zwei nebeneinander-liegende Langhaken wechselseitig in den als Öse ausgebildeten Kupplungskopf greifen (Fleischmann, Hornby). Ein Verbinden mit Bügelkupplungen ist nur im einen oder anderen Einzelfall möglich. Außerhalb des britischen Marktes wird die Hakenkupplung serienmäßig nicht mehr eingebaut, ist aber als Tauschkupplung nach wie vor verfügbar.

3. **Klauenkupplungen** findet man hauptsächlich bei den speziellen nur mit dem eigenen Fabrikat kompatiblem Kurzkupplungsköpfen (Roco, Fleischmann, D+R) und an amerikanischen Fahrzeugen. So kann nicht mal die alte Roco-Kurzkupplung mit der aktuellen vorentkuppelbaren Version vereint werden.

Nicht unerwähnt bleiben sollen für ständig als Zugverband zusammenhängende Wagen die starren **Kupplungsdeichseln**, die beidseitig in die NEM-362-Schächte eingesteckt werden. Neben einem einfachen Verbindungsstück (Fleischmann) haben BRAWA eine als Schraubenkupplungssimulation ausgebildete Deichsel und Fleischmann eine Scharfenberg-Deichsel für den Schienenbus.

TT-Kupplungsköpfe

Nachdem das Rokal-Programm aus der BRD eingegangen war, führte die Modellbahn im Maßstab 1:120 ein Inseldasein in der DDR. Erst die 1990er Jahre entfachten eine Diskussion um eine einheitliche Normierung des TT-Kupplungskopfes für alle Anbieter neu. Eingebaut wurde von manchem Hersteller auch der N-Standardkopf und TT-Union hat 2001 einen neuen zierlicheren vorgestellt. Die meisten Fahrzeuge kommen derzeit noch

mit der eher klobigen Bügelkupplung daher. Ihr Funktionsprinzip ist jedoch gegenüber der HO-Bauform umgedreht, indem der Einrasthaken von oben in die Kuppelöse des Nachbarwagens aus eigener Schwerkraft fällt. Da der Schließmechanismus nicht durch eine zusätzliche Feder unterstützt wird, hat die Kupplung gegen ungewolltes Öffnen wenig entgegenzusetzen. Bei neuen Fahrzeugen mit N NEM-Aufnahme und KK-Kinematik kann der N-Kurzkupplungskopf eingesteckt werden.

N-Kupplungsköpfe

Im N-Markt ist alles übersichtlicher, denn bereits zur Markteinführung in den 1960er Jahren hatten Arnold und Trix das gleiche Kupplungssystem. Neben dieser Klauenkupplung gibt es seit 1988 den filigraneren Kurzkupplungskopf. Ein Kuriosum am Rande ist die N-Bügelkupplung des ehemaligen italienischen Herstellers Tibidabo.

Z-Kupplungskopf

Bei Z ist es wegen der Monopolstellung von Märklin in Sachen Kupplung übersichtlich. Seit Erscheinen der ersten Züge fährt man mit einer recht großzügig dimensionierten Klauenkupplung.

Montage von NEM-Köpfen

Kupplungen alter Bauart sind, wie bereits vorangehend beschrieben, fest mit ihrer Deichsel verbunden. Bei deren Beschädigung kann es unter Umständen sogar nötig sein, das gesamte Drehgestell mit integrierter Kupplung auszuwechseln, was bei sehr alten Fahrzeugen mangels Ersatzteilen zum Problem erwachsen kann.

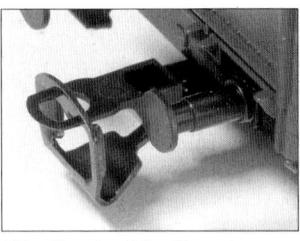

TT – Standardbügelkupplung

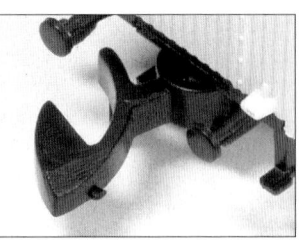

Z – Klauenkupplung

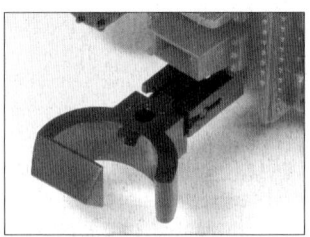

0e – Klauenkupplung Magic Train

   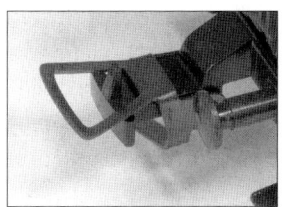

H0 – Besonders variantenreich ist die Bügelkupplung: 1. und 2. Märklin, 3. Trix international, 4. Fleischmann

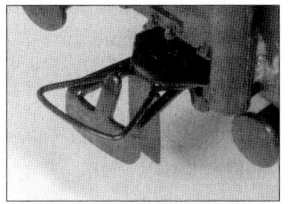  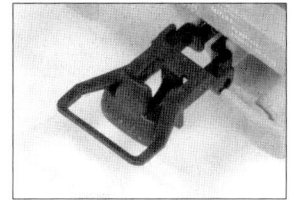 

5. Piko DDR, 6. Roco mit Plastikfeder, 7. Brawa, 8. Liliput Wien H0e

9. Trix-Express-Bügelkupplung, 10. Fleischmann-Hakenkupplung neu, 11. Airfix-Hakenkupplung, 12. Hornby-Hakenkupplung

13. Liliput Wien vereinfachte amerikanische Klauenkupplung, 14. H0m-D+R-Kurzkupplung, 15. Roco-Universal(kurz)kupplung, 16. Märklin aktuelle Standard(kurz)kupplung

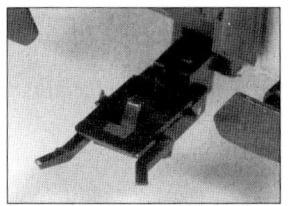 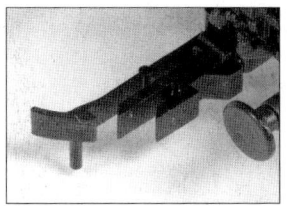  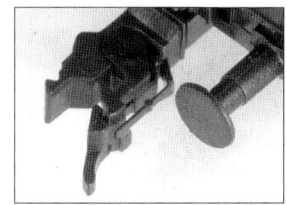

17. ade Kurzkupplung, 18. Roco alte Kurzkupplung, 19. Roco neue Kurzkupplung mit Vorentkupplung, 20. Fleischmann-Kurzkupplung

Links: H0 – Mit einer passenden Lehre wird die korrekte Höhe der Kupplung geprüft.

Mitte: H0 –Stramm sitzende NEM-Köpfe werden mit Hilfe eines Werkzeuges herausgelöst.

Rechts: H0 – Passt ein Kopf nicht in den NEM-Schacht, kann er vorsichtig mit einem Messer verschmälert werden.

Kupplungsköpfe nach NEM sollen beliebig auszutauschen sein. Zu beachten ist jedoch, dass die einzelnen Markenhersteller mit Rücksicht auf ihre alten Kupplungssysteme unterschiedlich hohe Pufferbohlen aufweisen. So liegen die Puffer von Fleischmann, Trix Express und Märklin traditionell etwas höher oder die Pufferbohle ist mitunter an der Unterkante verschmälert. Daher können Kupplungsköpfe anderer Hersteller an den Pufferbohlen verhaken.

Eigentlich sollte der Kupplungskopf ohne größeren Kraftaufwand ein- und ausgesteckt werden können. Durch Fertigungstoleranzen und Grate an den Schächten und Köpfen gelingt dies aber nicht immer. Niemals rabiat an einem Kopf ziehen, denn im ungünstigen Fall kann der NEM-Schacht an der KK-Deichsel abbrechen. Zum Herausziehen wird der Wagen auf das Dach gelegt und mit einer Pinzette oder spitzen Zange die kleinen Halteklauen an der Rückseite des Schachtes zusammengedrückt. Nun lässt sich der Kopf nach vorne mit den Daumen herausziehen.

Gleichermaßen darf ein Kopf nicht mit Gewalt in den Schacht gepresst werden. Neben der Bruchgefahr besteht dann das Risiko, dass ein extrem festsitzender Kopf kaum mehr beschädigungsfrei zu ziehen sein wird. Passt eine Kupplung nicht in den Schacht, muss dieser zunächst mit einer feinen rechteckigen Feile besonders an den inneren Ecken versäubert werden. Außerdem kann man mit einer flach geführten Messerklinge die Seiten der Kopfes abschwächen.

In N ist dies weniger problematisch, da die Kupplungsaufnahme nur einen kleinen Rastschlitz hat. Auf der Oberseite der Halterung befindet sich ein winziges Plastikfähnchen, dass als Feder für den optionalen Standardklauenkopf dient.

Zum Überprüfen der korrekten Höhenlage einer Kupplung bieten manche Hersteller auf die Schienen aufzusetzende Lehren an. Für NEM-Schachtkupplungen gibt es außerdem höhenverstellbare Varianten.

Mit der höhenverstellbaren Kupplung kann man desweiteren auch das ungenaue Kupplungsspiel leicht schräg nach unten hängender Köpfe nachjustieren. Da sie 2 mm länger als die einteiligen Köpfe sind, lässt sich mit ihnen ferner der Kuppelabstand bei zu knapp bemessenen Kinematiken erweitern.

Spezialkupplungen

Außer den vorgestellten Standardköpfen gibt es eine Reihe von Spezialkupplungen für Sonderfunktionen, die über die einfache Vorentkupplung hinausgehen:

Elektrisch leitende Kupplungen

Dass schon einfache Metallkupplungen eine stromleitende Verbindung zwischen Loks und Wagen herstellen können, ist ein durch sporadische Funkenbildung offensichtlicher Nebeneffekt. Er tritt auf, wenn an Metallmodellen das Chassis nicht gegen die Metallräder und die Kupplungshalterung isoliert wird. Typischerweise ist dies bei alten Blechwagen (Märklin) sowie bei manchen

Kleinserienmodellen aus Messingblech oder Weißmetall der Fall.

Die Notwendigkeit, eine isolierte Leitung von Wagen zu Wagen zu verlegen, entstand zunächst bei mehrteiligen Triebwagen. Hierdurch wird es möglich, den Fahrstrom selektiv jeweils in Fahrtrichtung abzunehmen, so dass der Zug immer vor einem haltzeigenden Signal mit Zugbeeinflussung zum Stehen kommt. Eine weitere Funktion ist der rot/weiße Lichtwechsel für den Steuerwagen. Für alle diese Anwendungen haben die Hersteller unterschiedliche Spezialkupplungen oder Stecker entwickelt, die am normalen Wagenpark jedoch nicht anwendbar sind und hier ausser Betrachtung bleiben.

Wollte man zum Beispiel eine kleine Gleichstromlok mit Hilfe eines die Umschaltelektrik aufnehmenden „Geisterwagens" auf Wechselstrom umbauen, oder für eine in der Lok eingebaute analoge Geräuschelektronik die Batteriestromversorgung im nachfolgenden Wagen unterbringen, mussten lange Zeit Kabel gezogen werden. Möglich ist dies mit den feinen Microsteckerleisten und den sehr dünnen Litzen von BRAWA. Derartig empfindliche Kabelverbindungen erfordern beim Einbau wie in der Handhabung ein gewisses Fingerspitzengefühl und binden die beiden Fahrzeuge im Betrieb ständig aneinander.

Mit Aufkommen der digitalen Zugsteuerung wuchsen die Anforderungen an eine mehrpolige durchgehende Zugleitung, denn alle schaltbaren Lämpchen, Rauchgeneratoren oder Geräuschmodule müssen vom Decoder

einzeln anzusteuern sein. Statt Sonderlösungen bieten einige Hersteller in die NEM-Schächte einsteckbare stromleitende Kupplungsdeichseln oder sogar trennbare Kupplungsköpfe an. Die derzeit verfügbaren haben ein, zwei oder vier getrennte Leitungen.

Der einpolige Umbausatz von Märklin lässt sich in die bereits vorhandenen NEM-Halter der Kurzkupplungen einbauen. Durch Einziehen eines schmalen Metallstreifens wird diese quasi „elektrifiziert". Die wageninterne Strombrücke soll dann über das Beschwerungsblech erfolgen. Als Kupplung dient eine steckbare Plastikdeichsel mit aufgesetztem Metallstreifen. Märklin setzt die leitende Kupplung im analogen Betrieb ein, um die komplette Zugbeleuchtung über einen einzigen Mittelschleifer zu versorgen.

Bemo, Fleischmann und Roco haben Kupplungsköpfe mit rückseitig angelöteten Kabeln. Bei Wagen mit Kurzkupplung dürfen die dünnen Litzen natürlich nicht den Ausschlag der KK-Kinematik behindern, noch von dieser abgerissen werden können.

Links: H0 – Eine optisch wie betrieblich eingeschränkende Notlösung anstelle stromleitender Kupplungen sind Kabelsteckverbindungen zwischen Lok und Wagen.

Rechts: H0 – Am Lokboden sind die BRAWA-Microstecker zu erkennen. Ist der Wagen nicht mit der Lok gekuppelt, werden die Kabel an Buchsen in der Wagenbodenmitte nach hinten gesteckt.

Elektrisch leitende Kupplungsköpfe H0 für NEM-Schacht

Fabrikat	Pole	Typ
Fleischmann 381438	2	Kopf
Märklin 7319	1	Deichsel
Tams	2	Kopf
Roco 40345	4	Kopf
RTS für Märklin	1	Kopfpaar

H0 – Roco digitale Rangierkupplung

H0 – Märklin TELEX Rangierkupplung

N – Arnold rapido alte mechanische Simplex-Rangierkupplung

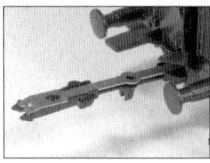
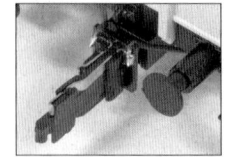

Fernsteuerbare Rangierkupplungen

Züge und Wagen nicht an beliebiger Stelle an- und abkuppeln zu können, trübt schon immer das Fahrvergnügen der Rangierspezialisten. Getüftelt wird an diesem Problem seit Jahrzehnten. Dabei ist es vor allem aus Kostengründen bisher nur gelungen, einzelne an einer Hand abzählbare Lokomotiven mit fernsteuerbaren Kupplungen auszustatten. Universelle Nachrüstsätze gibt es bis heute nicht.

Das Entkuppeln und Abdrücken funktioniert – ebenso wie beim Vorbild – zuverlässig in der Geraden und in leichten Bögen, aber nicht mit den Kurzkupplungsklauenköpfen (Fleischmann, Roco). Zum Abkuppeln einzelner Wagen und Zugteile benötigt man nach wie vor im Gleisfeld gezielt verteilte Entkuppler.

Die Modellbahnhersteller haben je nach den Möglichkeiten ihres Betriebssystems unterschiedliche Techniken in die Praxis umgesetzt.

Märklin TELEX-Kupplung

Die älteste Konstruktion stammt von Märklin aus den 1960er Jahren. Die TELEX-Kupplung nutzt die Ansteuerbarkeit der Lokomotiven über den Fahrtrichtungsumschaltimpuls. TELEX-Lokomotiven haben daher einen zweistufigen Umschalter, der bei einmaligem Schalten den Entkupplungsmechanismus aktiviert. Dieser besteht aus einem durch eine kleine Magnetspule in der Kupplung hochgedrückten Lasche, die den Bügel des angekuppelten Wagens anhebt. Ihre Mechanik ist auf Bügelkupplungen ausgelegt.

Pro Trafo konnte bis zur Einführung der digitalen Zugsteuerung jeweils eine Lok unter Strom gesteuert werden. Statt des Umschalters übernehmen heute die Funktionsaus-

H0 – Elektrisch leitende Kupplungen von Märklin, Fleischmann und Roco gänge des Lokdecoders die Kupplungsauslösung.

Roco Digital

Als Folge der Digitalisierung hat Roco 2000 eine fernsteuerbare Rangierkupplung für H0 vorgestellt. Sie arbeitet ausschließlich mit speziellem Decoder, der das Durchbrennen der Spule verhindert. Hier hebt eine impulserregte Minispule einen kleinen Mitnehmer, der wiederum den Kupplungsbügel über den Haken hebelt. Diese Kupplung entspricht in der Ausgestaltung der Roco Universalkupplung, kann aber auch mit einigen anderen Bügelkupplungen funktionieren.

Arnold rapido Simplex

In der Baugröße N wählte Arnold 1974/75 einen rein mechanischen Weg. An den jeweils äußeren Radsätzen war eine Plastikscheibe mit einer schneckenförmigen Nut hinter einem Rad aufgepresst. In dieser Nut läuft ein Draht, der wiederrum eine Hebelwirkung auf den Standardkupplungkopf ausübt.

Wechselt die Lok die Fahrtrichtung, wird der Draht durch die Führung in der Scheibe angehoben und die Klaue an der in Fahrtrichtung liegenden Stirnseite öffnet sich einmal.

Das Thema Fernentkupplung ist noch nicht ausgereizt, zumal die Kurzkupplungsköpfe hierzu nicht kompatibel sind.

Vorbildliche Kupplungen

Von einfachen Haken-und-Ösen-Kupplungen bis zur ausgefeilten Kurzkupplungskinematik vergingen Jahrzehnte. Die perfekte Modellkupplung wäre in letzter Konsequenz jene, die auch dem Vorbild entspricht. Leider machen betriebliche Erfordernisse der leichten, fernbedienten Kuppel- und Endkuppelbarkeit, hohe Zugbelastungen sowie die unmaßstäblich engen Modellradien miniaturisierte Originalkupplungen vielfach unpraktisch. Auch die große Bahn hat in ihrer Geschichte mit Kupplungsformen experimentiert. Folglich können drei Baugruppen im Modell unterschieden werden:

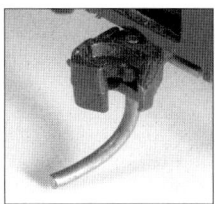

H0 – Kadee funktionsfähige US-Klauenkupplung mit Spiralfeder

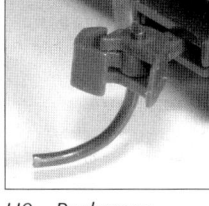

H0 – Bachmann funktionsfähige US-Klauenkupplung mit Plastikfeder

H0m – Bemo vollfunktionsfähige Automatikkupplung aus Plastik

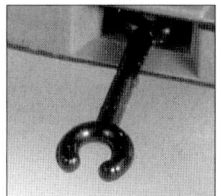

H0 – Märklin „Spanisch-Brötli-Bahn" Kuppeleisen zum Stecken

H0e – Roco-Bosna-Kupplung mit Steckeisen zum Klemmen

H0e – Bemo-Trichterkupplung mit Steckeisen und Haltebolzen

H0 – Roco erste VT 11.5 Serie, davor links aktuelle Ersatzkupplungsdeichsel aus Plastik, rechts und unten sind die Entkupplungswerkzeuge für die alte Scharfenberg-Kupplung zu sehen.

Links: H0 – Diese beiden Fulgurex-SBB-Dampfloks sind mit einer Schraubenkupplungsimitation betriebsfähig gekuppelt.

Rechts: H0 – Spezielle kleine Bügelkupplungen (Metropolitan) können in den Zughaken der Originalkupplung eingehängt werden.

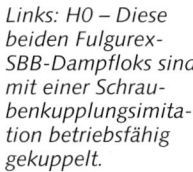

Kuppeleisen

Aus der Anfangszeit der Eisenbahn stammt das Prinzip der Kuppeleisen. In Modell gibt es sie bei den historischen Zügen wie „Adler" oder „Spanisch Brötli Bahn" und in der schmalspurigen Weiterentwicklung als sogenannte „Bosna"-Kupplung für österreichische Fahrzeuge (Roco) sowie als Trichterkupplung (Bemo). Auch hier muss das Kuppeleisen von Hand in die Aufnahme lanciert oder der Haltebolzen eingesteckt werden.

Schraubenkupplung

Prägend nicht nur für europäische Eisenbahnen ist seit weit über 100 Jahren die Schraubenkupplung. Ihre Nachbildung findet man bei Kleinserienmodellen und als Nachrüstteil. Neben funktionslosen Attrappen für die Frontpufferbohlen von Triebfahrzeugen gibt es eine Reihe von gelenkigen Kupplungen. Zumindest bis zur Baugröße H0 ist sie aber nicht über das Gewinde spannbar. Zur dieser nur auf sehr großen Radien einsetzbaren Kupplung gehören funktionsfähige gefederte Puffer, die bisweilen über einen Hebelausgleich mit dem ebenfalls gefederten Zughaken kombiniert sind. Die „Bedienung" erfolgt immer von Hand mit einer Pinzette.

Klauenkupplung

Die modernste Form verkörpert die Klauenkupplung. Bekannteste und im Modellbetrieb bewährteste Ausführung ist die amerikanische Mittelpufferkupplung, (Bachmann, Kadee). Sie vereint die Funktionalität üblicher Modellbahnspielkupplungen mit vorbildgetreuem Aussehen und lässt sich über einen magnetischen Entkuppler im Gleis lösen. Eine vereinfachte Form ist außerdem als Standardkupplung für amerikanische Modellbahnen auf dem Markt. In Deutschland gibt es Ähnliches beim Vorbild nur bei den schweren Erz- und Kohlewagenblockzügen sowie bei den Triebwagen als Scharfenbergkupplung (Roco).

Die großen schweizerischen Schmalspurbahnen haben Mittelpuffer mit beidseitigen Schraubenkupplungen, was für den Modellbetrieb sehr unhandlich ist. Beispielsweise kuppelt Ferro-Suisse seine 0m-Fahrzeuge auf diese vorbildliche Weise. Da in der Schweiz etliche Nebenbahnen die „+GF+"-Kupplung benutzen, hat Bemo einen automatische Mittelpufferkurzkupplung als anspruchsvolle Alternative zur serienmäßigen Bügelkupplung entwickelt, die auch als stromleitende Version erhältlich ist.

5 Elektrik und Elektronik

Dieses Kapitel beschäftigt sich gewissermaßen mit dem Gefäßsystem und anderen lebenswichtigen Organen eines Triebfahrzeuges wie Kabel, Elektroplatinen, Oberleitungsumschalter, Rauchgeneratoren und elektronische Bausteine. Die zur Diagnose nötigen Messverfahren werden ebenfalls vorgestellt. Das Aufkommen der digitalen Mehrzugsteuerung verlangt dabei eine differenzierte Betrachtung des elektrischen Aufbaues von konventionellen Fahrzeugen gegenüber digitalisierten Modellen.

Digital oder konventionell fahren?

Im Jahre 1973 stellte Trix erstmals sogenannte e.m.s-Fahrzeuge mit Elektronikplatine vor, die auf einer ansonsten konventionell betriebenen Anlage mit einem speziellen Trafo unabhängig gesteuert werden konnten. Mehr als ein Triebfahrzeug zu dirigieren, war aber nicht möglich.

Den großen Einstieg in die Digitalsteuerung wagte schließlich Märklin 1984/ 85. War man zuvor noch auf wenige werksseitig ausgerüstete Loks oder Austauschplatinen angewiesen, so konnten in Folge viele Modelle nun auch nachträglich mit Decodern ausgerüstet werden. Dies und der Ersatz des mechanischen Umschalters durch die DELTA-Elektronik führten übrigens langfristig zur Umstellung fast aller aktuellen Märklin-Lokomotiven intern auf Gleichstrom.

Weitere Impulse brachte für die Zweileitergleichstrombahnen das neue Selectrix-System 1983. Eher begrenzte Verbreitung fand die ab 1987 gelieferte Fleischmann FMZ-Steuerung mit getrennten Schiebereglern für einzelne mit einer Elektronikplatine gelieferte Lokomotiven, die inzwischen durch das universelle Twin Digital abgelöst wird.

Parallel haben sich die Elektronikspezialisten Zimo, Lenz (mit Roco) und dann Uhlenbrock 1998 mit kompletten Digitalsteuerungen am Markt etabliert. 2002 ganz neu sind Decoder von Viessmann.

Zum grundlegenden Verständnis der Betriebssysteme sei Folgendes zusammengefasst: Im analogen Fahrbetrieb kann nur eine einzige Lok auf je einem Stromkreis mit eigenem Regeltrafo individuell gesteuert werden. Wie schnell die Lok fährt, wie hell die Beleuchtung scheint, wie kräftig der Rauchgenerator qualmt und wie laut das Dieselgeräusch dröhnt, hängt von der vom Trafo auf die Schienen abgegebenen variablen Spannung ab. Und alles reagiert auf gleicher Weise, entweder schnell oder langsam, laut oder leise, kräftig oder flau.

Lässt sich durch fein abgestimmte Getriebe und hochwertige Motoren auch mit dieser einfachen Technik eine hervorragende Laufkultur erzielen, so sind die Grenzen in der optimalen Funktion von Beleuchtung, Rauch

Wer nicht stecken will, muss löten!

und Geräusch durch die schwankende Spannung offensichtlich.

Anders in der Digitaltechnik: Das äußerlich zunächst Auffällige ist die meist längst übliche Trennung von Stromversorgung (Trafo) und Regelgerät (Controler oder Handregler). Die Gleichstrom-Versorgungsspannung liegt konstant in voller Höhe auf der gesamten Gleisanlage an. Dieser wird in der Steuerzentrale ein zusätzlicher Pegel mit dem Datenfluss überlagert, so dass eine pulsierende Spannung alle Fahrzeuge mit Stromabnahme erreicht. In der Lok wertet der Decoder die übersandten Datenpakete aus, polt den Fahrstrom je nach Fahrtrichtung um, regelt die Motordrehzahl gegebenenfalls mit Lastausgleich, führt Anfahr- und Bremsverzögerungen durch, schaltet Beleuchtungen, Rauchgeneratoren, Geräuschsimulationen und fernsteuerbare Kupplungen ein und aus. Dies geschieht, so es die Leistungsfähigkeit der Stromversorgung zulässt, mit beliebig vielen Triebfahrzeugen auf einem Stromkreis, ohne dass eine Lok gleich der Benachbarten reagieren müsste.

Diesem Katalog der Vorzüge stehen allerdings gewisse Einschränkungen in der Praxis entgegen. Dies betrifft zum einen die Anforderungen an den notwendigen Einbauplatz im Lokinnern vor allem bei den Baugrößen N und Z als auch die nur geringe Anzahl bereits serienmäßig mit Decoder ausgerüsteter Zweileiter-Modelle. Zwar gibt es die NEM-Schnittstellen, doch müssen noch viele aktuelle und natürlich erst recht die alten Fahrzeuge neu verdrahtet und gegebenenfalls auch am Chassisblock gefräst werden, damit die Elektronik hineinpasst.

Hat man die Fertigkeiten zum Selbsteinbau der Decoder, braucht es reichlich Zeit zum Umrüsten vieler älterer Fahrzeuge. Lässt man dies von einer Fachwerkstatt erledigen, kostet es zusätzlich viele Euros. So entsteht die paradoxe Situation, dass um so mehr Nutzen die digitale Steuerung bei regem Fahrbetrieb mit unterschiedlichsten Lokfabrikaten bringt, desto eher kann die attraktive Umrüstung an ihre finanzierbaren Realisierungsgrenzen stoßen. Bei der Beurteilung der Kosten muss man allerdings die Ersparnis nicht benötigter Anfahr- und Bremsbausteine, Umschaltrelais für die Fahrstromeinspeisung oder Schaltkontakte am Gleis gegenrechnen. Ist derartiges schon bei Altanlagen eingebaut, so muss man auch einkalkulieren, dass diese Einrichtungen teilweise stillgelegt werden müssen.

Besitzer größerer Triebfahrzeugsammlungen suchen daher vielleicht eine Alternative zur Digitaltechnik in der computerbasierten analogen Anlagensteuerung nach Z-Schaltungsprinzip, die ohne Umbau von Triebfahrzeugen auskommt (Gahler & Ringstmeier). Bei dieser sind die jeweiligen Lok/Zug-Charakteristika softwaremäßig im Rechner abgelegt und werden von Gleis- zu Gleisabschnitt fortlaufend der Zugfahrt zugeordnet. Der Verdrahtungsaufwand kann je nach Anlagenkonfiguration recht komplex ausfallen.

Fazit: Nach dem derzeitigen Stand entfaltet die Digitalsteuerung ihren größten Kosten/Nutzen-Effekt bei exakt definierten Betriebskonzepten. So profitiert man bei Anlagen mit viel Rangierbetrieb oder bei eingleisigen Linien mit Kreuzungsbahnhöfen von der Digitalisierung mitunter mehr als beim automatisierten Ringverkehr mit Blockstellen und großen Schattenbahnhöfen. Wer Wert auf diverse Zusatzfunktionen legt und gerne mit Kran und Schneeschleudern spielt, kommt ebenfalls ums Digitale nicht herum. Ebenso ist die digitale Steuerungstechnik über eine Ringleitung bei Modulen vorteilhaft, da sie Verdrahtung einspart und die Module untereinander variabler zu kombinieren sind.

Nicht zuletzt wird die überfällige Vereinheitlichung der verschiedenen Digitalsysteme erst allmählich auf den Weg gebracht. Ungeachtet dessen hält der Trend zur digitalen Modellbahn an und Innovationen zur Fahrbetriebsoptimierung im Analogbereich stehen derzeit nicht so sehr im Mittelpunkt des Entwicklungsinteresses. Der Neueinsteiger wird sich mehrheitlich für die Digitaltechnik entscheiden, da sie auf die Zukunft gesehen mehr Möglichkeiten und Problemlösungen bietet bei tendenziell sinkenden Preisen.

Lokverkabelung und -verschaltung

Kapitel 4 hat bereits die Grundzüge der verschiedenen Formen der Stromabnahme und der Benutzung des Chassis als „Masseleiter" beschrieben. Ob eine Lok analog oder digital fährt, hat auf die mechanische Ausgestaltung der Verkabelung wenig Einfluss. Offensichtlicher ist der Unterschied im Baualter der Modelle und in den Gepflogenheiten einzelner Hersteller. Alte Modelle hatten bis in die 1970er Jahre hinein generell eine Verdrahtung mit freien Kabeln. Grundlegend anders wurde dies mit Einführung der Baugröße N, denn deren Triebfahrzeuge haben fast von Anfang an eine Schaltplatine, die später vor allem zunächst in H0-Modellen von Roco und seit geraumer Zeit ebenso bei Märklin weiterentwickelt wurde.

Die Verschaltung einer Diesellok oder einer Tenderdampflok ist einfach, da der Strom nur von der Schiene zum Motor geführt wird. Bei E-Triebfahrzeugen mit elektrisch funktionsfähigen Pantographen muss noch ein Betriebsartumschalter dazwischen.

Der Ober/Unterleitungs-Umschalter

Die mechanische Ausführung und Platzierung des O/U-Leitungsumschalters hat sich sehr gewandelt. Bei Loks mit freier Verkabelung ist er als separates Bauteil in der Lok untergebracht. Bei alten Modellen stand vorrangig dessen einfache Bedienung im Vordergrund. So ragte sein Stellhebel nicht nur unter dem Boden (Rivarossi) hervor,

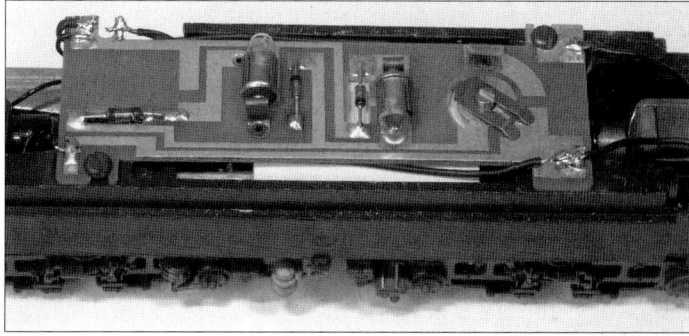

sondern man nutzte auch Motorraumfenster (Fleischmann) oder machte sogar einen Schlitz in die Seitenwand (Märklin). Eine für damalige Verhältnisse etwas elegantere Form tarnt den Umschalter als umsteckbaren Isolator auf dem Dach (Trix, Pocher).

Mit Einführung der Platinenverschaltung lag es nahe, den Umschalter auf dieser zu integrieren oder daran anzulöten. Folglich ragte beispielsweise bei Roco-Loks eine geschlitzte Stellachse aus dem Dach empor.

Die Verfeinerung der Modelle verlangte aber letztendlich nach dezenteren Lösungen. Der Einfallsreichtum der Konstrukteure macht das Auffinden des Schalters mitunter zu einem Suchspiel, wenn die Betriebsanleitung fehlt. So kann er als drehbarer Isolator (Fleischmann) getarnt oder erst nach Abnahme eines Dachaufbaues (Kato/Hochstrasser) zugänglich sein. Märklin versteckt ihn schon mal in einem nur mit Schraubendreher erreichbaren Loch auf der Lokunter-

H0 – Typisches Beispiel für eine Verkabelung mit einer Platine. Sie trägt auch den Kontakt zu den Pantographen, den O/U-Umschalter, die Lämpchen für die Stirnbeleuchtung und deren Umschaltdioden.

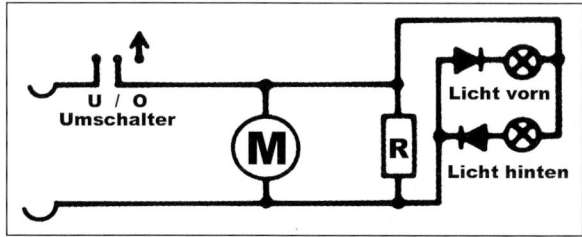

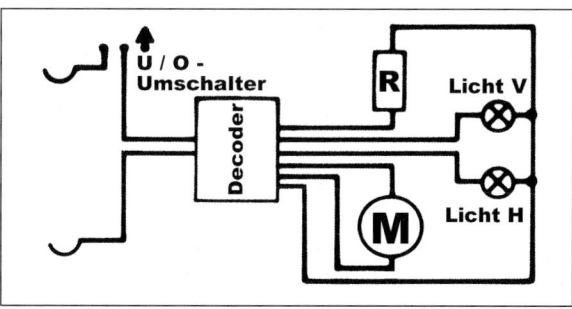

Unterschied zwischen einer konventionellen und einer digitalen Verschaltung

H0 – Offener Umschalter am Boden (Klein) mit sichtbaren Kabeln

Der klassische alte Märklin-Umschalter mit integriertem Pantographenkontakt

Versenkter und an der Platine angelöteter Märklin-Umschalter für neue Loks

H0 – Seitlich eingebrachter Schlitz für Umschalter (Märklin)

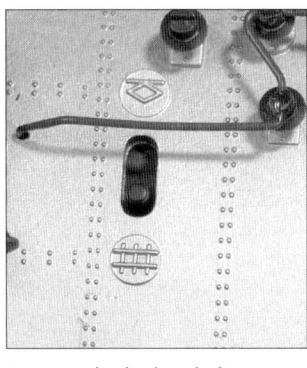

H0 – Dachschiebeschalter (Trix), sogar mit Piktogrammen

H0 – Isolator als Dachstecker (Pocher)

H0 – Unter einem Loch im Dach platzierter Drehumschalter (Roco). Zum Bedienen benötigt man einen feinen Schraubendreher.

Hier ist der Umschalter erst nach Abnahme eines Dachteiles zugänglich (Roco). Auch hier geht es nicht ohne zusätzliches Werkzeug.

N – Nach Abziehen des Dachaufbaues kann der Umschalter mittels eines kleinen Plastikschraubenziehers gedreht werden (Kato).

Oben links und rechts:
H0 – Als Schaltisolator getarnter Umschalter

Auf der Dachinnenseite sind diese beiden
drehbaren Federblechkontakte vorhanden.

Das „Gegenstück" dazu ist die Motorplatine mit
den entsprechenden Kontaktfeldern, rechts unten
ist eine Selenzelle für den Lichtwechsel zu sehen
(Fleischmann).

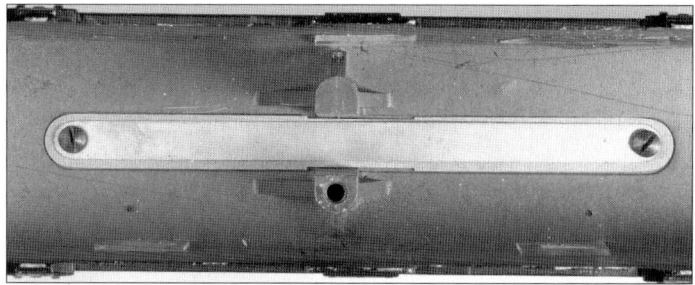

H0 – Die vier wichtigsten Formen des Pantographenanschlusses:
Auf einer Isolierpappe verlaufendes Kontaktblech (Märklin)

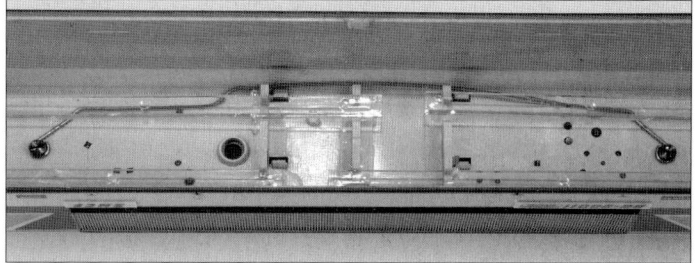

Ein Draht mit Ösen an den Enden wird zwischen den Pantographen
angeschraubt (Roco).

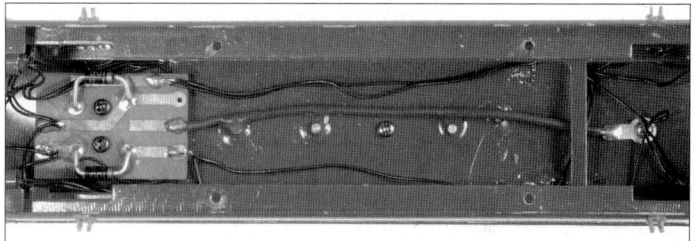

Bei Kleinserienmodellen findet man eine Verkabelung mit isolierten
Drähten (Metro).

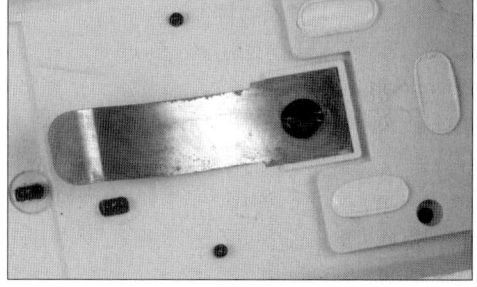

Diese Kontaktblech-
feder drückt nach
Aufsetzen des
Gehäuses direkt
auf ein Feld der
Motorplatine
(Fleischmann).

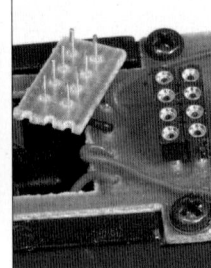

1 Motoranschluss 1	orange	8 Fahrstrom rechts	rot
2 Licht hinten (-)	gelb	7 Masse Licht (+)	blau
3 leer		6 Licht vorne (-)	weiß
4 Fahrstrom links	schwarz	5 Motoranschluss 2	grau

H0 – Bei der NEM-652-Schnittstelle muss nur der Brückenstecker abgezogen werden (Roco). Bei Kato gibt es statt des Steckers kleine Drahtbrücken.

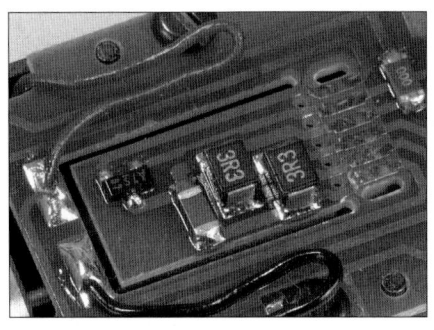

1 Motoranschluss 1	orange
2 Motoranschluss 2	grau
3 Fahrstrom rechts	rot
4 Fahrstrom links, Masse	schwarz
5 Licht vorne	weiß
6 Licht hinten	gelb

H0m – Bei der Schnittstelle NEM 651 müssen diese Bemo Analogplatine herausgebrochen und die Decoderkabel aufgelötet werden.

1 frei	
2 Licht vorne (-)	weiß
3 Motorwicklung vorwärts	orange
4 Fahrstrom rechts	rot
5 Masse Motor, Licht (+)	blau
6 Fahrstrom links	schwarz
7 Motorwicklung rückwärts	grau
8 Licht hinten (-)	gelb
9 frei	

Schnittstellenbelegung NEM 653 für Allstrommotore mit Magnetfeldspule

seite. Die konsequenteste Lösung ist der von außen überhaupt nicht mehr zugänglich Schalter auf der Platine. Hintergrund dieser Entwicklung ist der unter vielen Modellbahnern und vor allem Digitalfahrern verbreitete reine Unterleitungsbetrieb ohne elektrische Funktion der Oberleitung.

Vorsicht ist bei einigen Umschaltern geboten, die neben der reinen Wechselschaltung auch noch eine Stellung für die gleichzeitige O/U-Stromabnahme haben (Roco). Hier kann es bei analogem Zweizug- oder Digitalbetrieb und Kehrschleifen zu gefährlichen Stromkreisüberlagerungen kommen!

Ein Oberleitungsumschalter kann ein beständiger Quell von Betriebsstörungen sein, selbst wenn er nicht benutzt wird. Manche ältere Bauarten sind noch aus Pertinax, Pappe oder ähnlichen auf Dauer labilen Werkstoffen gearbeitet. Ferner lassen die Kontaktfedern nach Jahrzehnten an Spannkraft nach oder oxydieren.

Eine Tücke für sich sind Umschalter, die mit ihrer verschieb- oder verdrehbaren Kontaktbrücke am Dach befestigt sind und auf entsprechende Kontaktbahnen auf der Motorplatine drücken (Fleischmann, Lima). Lässt die Spannung der Kontakte nach oder sitzt ein nur aufgeklipstes Gehäuse ständig locker auf dem Chassis, ist der Wackelkontakt vorprogrammiert. Böge man alternativ die Kontakte für strammeren Sitz ab, könnten sie unter Umständen das Gehäuse schief aufsitzen lassen. Gibt es hier immer wieder Ärger, sollte der Schalter notfalls ausgebaut und mittels einem auf die Platine aufgelöteten Draht überbrückt werden. Etwas aufwändiger wäre der Einbau eines neuen Microschiebeschalters (Weinert, Elektronikhandel), sofern die Umschaltfunktion dennoch gebraucht wird.

Die Pantographen müssen bei Metallgehäusen isoliert befestigt sein. Ihr Anschluss erfolgt entweder mit Kabeln oder mit einem Stück Blech oder Draht, das zwischen den Pantos angeschraubt wird. Von dieser Verbindungsbrücke nimmt wiederum ein Federblech den Strom zum Umschalter hin ab.

Leider gibt es auch Fabrikate mit direkt an den Umschalter angelötetem Anschlusskabel. Wenn dieses das Abnehmen des Gehäuses bei Wartungsarbeiten behindert, sollte es durchgeschnitten und an der Trennstelle mit einer Muffe/Stecker-Kupplung wieder verbunden werden. (Deren Kabelklemmschräubchen dürfen jedoch nicht hervorstehen und Kontakt mit dem Metallgehäuse oder -chassis bekommen!)

Die NEM-Schnittstellen für Digitaldecoder

Ein gewisse Hürde bei der Digitalisierung ist das mitunter langwierige Neuverkabeln Um eine einfache Umrüstung analoger Loks oder den Decoderwechsel zu erleichtern, haben neuere Modelle eine genormte Schnittstelle. Idealerweise braucht nach Abnahme des Gehäuses lediglich der Brückenstecker abgezogen und der Decoderstecker eingedrückt werden. Diese Schnittstelle findet man in Modellen mit Platinenverdrahtung. Ein diesen Normen (NEM 650) entsprechendes Fahrzeug muss nicht nur den Stecker aufweisen sondern auch potentialfrei beziehungseise mit eindeutiger Masselage gegenüber dem Gehäuse verdrahtet sein. Bei noch unbekannten Fabrikaten kann ein prüfender Blick auf Motoranschluss und Lampen nie schaden. Hat ein Decoder noch weitere Ausgänge für Zusatzfunktionen, benötigen diese allerdings gegebenenfalls Extrakabel.

Die verbreitetste Schnittstelle ist der große 8polige Stecker NMRA (**M**edium/a)/NEM 652 für Gleichstrommotore. Ferner wurde in Hinblick auf das Märklin System ein 9poliger Anschluss NRMA (M/b)/NEM 653 für Allstrommotore (siehe Kapitel 2) definiert, der bisher aber so gut wie nicht angewendet wird. In den Baugrößen N und H0e/m ist ein kleinerer 6poliger Stecker NRMA (**S**mall)/NEM 651 üblich und für die Großbahnen der 4polige Anschluss NRMA (**L**arge), NEM 654. Die nebenstehenden Abbildungen zeigen die Kontaktbelegung und die vorgesehenen Kabelfarben am Decoder. Der Pfeil markiert die Kerbung am Stecker.

Als Besonderheit hat die Schnittstelle NEM 651 nicht nur einen einfachen Stecker, sondern eine kleine ggf. mit Dioden für den Lichtwechsel bestückte Platine. Diese wird entweder aus dem Stecker herausgezogen (Minitrix) oder herausgebrochen (Bemo).

Ürigens: Hersteller übernehmen für einzulötende Decoder ohne Stecker nur die Garantie, wenn dies von einer autorisierten Fachwerkstätte erfolgt! Der Selbsteinbau von Decodern, die nicht gesteckt werden können, erfolgt somit immer auf eigenes Risiko.

Hat eine Lok eine digitale Schnittstelle, ist damit nicht vor vornherein sichergestellt, dass auch jeder Decoder ohne Fräsarbeiten am Chassis hineinpasst. Hier besteht also noch Handlungsbedarf in der Normengestaltung- und umsetzung. Mehr zum Thema Digitalisierung findet man in den einschlägigen Fachbüchern wie AMP 10 und 11.

Praxis: Umrüstung auf Delta-Modul

Ein Abschnitt speziell für Märklin-Fahrer. Wie bereits im Kapitel 2 ausführlicher erläutert, benötigen Motore mit Spulenfeldmagnet einen separaten Umschalter für den Fahrtrichtungswechsel. Dieser wurde früher bei herkömmlichen Lokomotiven ausschließlich als elektromechanischer Umschalter ausgeführt. Da dieser jedoch aufwändig in der Konstruktion und Wartung ist, liefert Märklin inzwischen fast alle Triebfahrzeuge zumindest mit Delta-Elektronik, die gleichzeitig den Einstieg in die Mehrzugsteuerung eröffnet.

Die Funktionen

Bei Defekt des alten mechanischen Umschalters liegt es daher nahe, statt des recht teuren Ersatzteils gleich eine Delta-Platine 6603 einzubauen. Durch entsprechende Einstellung an den alten Delta-Modulen kann man mit der Lok auch wie gewohnt analog weiterfahren (jedoch nicht analog und digital gleichzeitig!) und beim 66031 zusätzlich

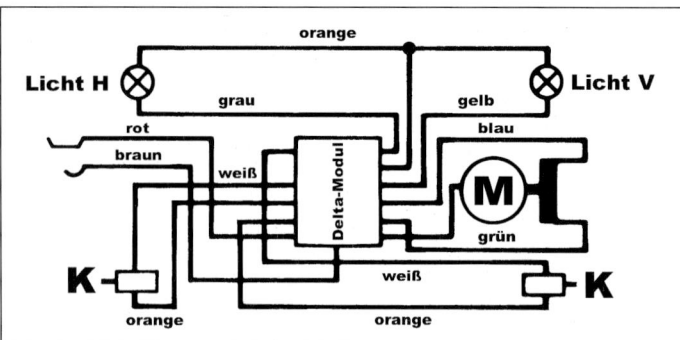

Schaltplan für den Anschluss eines Delta-Moduls mit Telex-Kupplung

eine TELEX-Kupplung benutzen. Das neue DELTA-Modul 66032 bietet sogar eine automatische Systemerkennung. Weiterer Vorteil, die „Bocksprünge" beim Umschalten gehören der Vergangenheit an. Ein umfangreicher Motorumbau auf Gleichstrom wie beim Märklin Hochleistungsantrieb entfällt.

Der Einbau

Leider ist der Einbau von Motorola-Decodern bei Märklin wegen der fehlenden Schnittstelle wenig servicefreundlich. Besonders die älteren Triebfahrzeuge haben noch eine „fliegende" Verkabelung. So fallen einige kleine Umbauarbeiten an, die aber nicht viel schwieriger als der Einbau eines Ersatzumschalters sind. Vorausgesetzt wird der Umgang mit einem feinen Lötkolben.

Zunächst werden alle Kabel direkt am alten Umschalter abgeschnitten. Vorsichtiges Hantieren ist bei den dünnen, lackisolierten Drähtchen der Motorspule notwendig, da

sie sonst reißen. Auch muss man sich merken, welches Motorspulenkabel parallel zu welchem Birnenanschluss gehört, damit die Stirnbeleuchtung korrekt in Fahrtrichtung brennt. Dann kann der Umschalter abgeschraubt und der Decoder an dessen Stelle platziert werden.

Wie bei allen neueren Märklin-Decodern soll nach Möglichkeit eine vollständige Isolierung des Motors, der Lampen, des Rauchgenerators und der TELEX-Kupplung vom Lokchassis erfolgen. Ist dies konstruktiv bei älteren Modellen nur schwer möglich, bleibt der mechanische Masseschluss bestehen. Die entsprechenden Bauteile werden dann nur durch *ein* Kabel mit dem Decoder verbunden. Allerdings liegt so die ungefilterte pulsierende Digitalversorgungsspannung an, was eine flimmernde Fahrzeugbeleuchtung verursacht.

Die Verkabelung

Die Stromversorgung von den Schienen zum Decoder erfolgt mit dem **roten** (Schleifer) und **braunen** (Außenschienen) Kabel. **Grünes** und **blaues** Kabel werden mit den dünnen Drähten der Motorspule verbunden. Das **schwarze** Kabel kommt an die Bürste des Motors. Mit den **orangefarbenen** Leitungen können Lampen und TELEX-Kupplung von Chassis getrennt angeschlossen werden, ansonsten bleiben sie unbelegt. **Graue** (vorne) und **gelbe** (hinten) Verbindung dienen dem Lichtwechsel. Die **weißen** Kabel ermöglichen das Schalten von Zusatzfunktionen wie Rangierkupplung und Rauchgenerator.

Links: Alter mechanischer Umschalter

Rechts: Eingebautes Delta Modul. Rechts oben liegen die Einstellbänke.

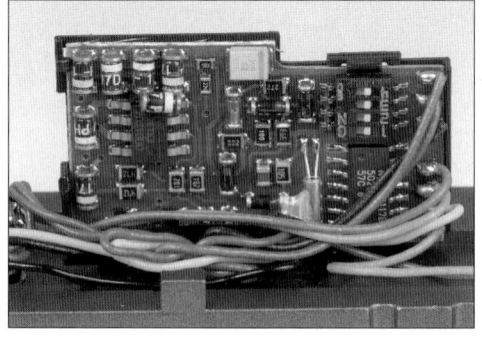

Praxis: Einbau eines elektronischen Anfahr- und Höchstgeschwindigkeit-Regelbausteins

Hier ein Kapitel überwiegend für den Analogfahrer. Das Problem: bei (teil)automatisierten konventionellen Modellbahnanlagen mit konstanter Fahrspannung in den einzelnen Streckenabschnitten fahren die Triebfahrzeuge je nach ihren unterschiedlichen Antrieben verschieden schnell. Besonders bei älteren Modellen sind die Geschwindigkeitsdifferenzen so gravierend, dass sie den regulären Fahrbetrieb stören und es schlimmstenfalls zum Überfahren von Signalhalteabschnitten kommt.

Abgesehen von wenigen möglichen Getriebeumbauten kann nur versucht werden, rasende Loks durch Reduzierung der Motorspannung im jeweiligen Modell zu verlangsamen. In die Lok einen Widerstand oder ein Potenziometer einzubauen, scheitert an der benötigten Größe der Teile und ihrer gefährlichen Hitzeentwicklung, die Plastikgehäuse anschmelzen und sogar die Kabel am Widerstand ablöten lässt. Das bisweilen empfohlene Vorschalten von mehreren 1A-Dioden führt je nach Motorbauart auch nicht immer zum gewünschten Resultat und macht die Loks beim Anfahren träge.

Eine tauglichere Lösung ist ein elektronischer Regelbaustein wie ihn Uhlenbrock als sogenanntes „Elektronisches Getriebe EGB 520" anbietet. Anhand von kleinen Stellern können die Höchstgeschwindigkeit und die Beschleunigung festgelegt werden. Letztere Funktion sollte man allerdings vorrangig nur dann aktivieren, wenn nicht schon Anfahr- und Bremsbausteine in den Signalhalteabschnitten eingebaut sind. Andernfalls wird das Anfahrverhalten der Lok möglicherweise übermäßig verzögert. Neben dieser Regelelektronik können auch in Gefällestrecken vorgeschaltete Bremswiderstände und -potis die Arbeitsweise der Elektronik beeinflussen. Letztendlich reagiert jede Lok entsprechend ihrer elektrischen und motormäßigen Ausrüstung anders.

Die zwischen den roten und orangefarbenen Kabeln aufgetrennte Platine mit den drei angelöteten EGB-Anschlüssen. Am Baustein sind die beiden Einstellscheiben zu erkennen.

Die EGB-Platine hat einen zusätzlichen Kühlkörper erhalten und wird zwischen Lokplatine und Chassis eingeschoben. Der Chassisboden ist außerdem mit Isolierband abgedeckt, denn die EGB Platine darf das Gehäuse wegen Kurzschlussgefahr nicht berühren.

Der Einbau

Der Baustein wird zwischen einen – d. h. vom Chassis isolierten – Motoranschluss geschaltet (siehe Werksbauanleitung). Bei Märklin-Wechselstrommotoren kommt das EGB in die Leitung zum Mittelleiter-Schleifer. Hierzu trennt man bei verkabelten Lokomotiven die eine Motorleitung vom Schienenanschluss ab und schließt sie am Baustein (orange) an. Dieser wird mit der Schienenstromabnahme verbunden (rot, schwarz). Bei E-Loks gehört der Baustein zwischen Motor und Ober/Unterleitungsumschalter.

Damit die Regelung optimal arbeitet, darf keinesfalls Strom über Lampen oder Rauchgenerator indirekt zum Motor fließen und so den Baustein umgehen. Desweiteren: wären diese hinter dem Baustein parallel zum Mo-

Schematischer Plan für die Lokplatine der Hamo DB 12X. Lediglich eine Leiterbahn muss aufgetrennt werden. Die runden Kreise bezeichnen die zusätzlichen Bohrungen zum Anlöten des EGB-Bausteins.

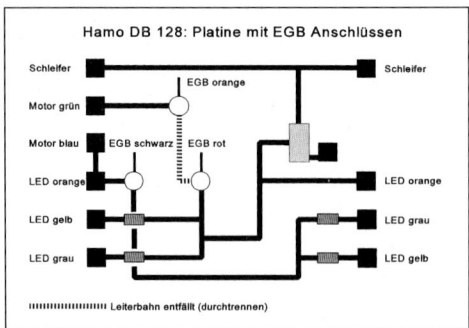

tor angeschlossen, würden sie außerdem nicht mehr so kräftig leuchten oder rauchen.

Etwas kniffeliger ist der Einbau bei Lokomotiven mit Leiterbahnplatinen. Als Beispiel dient hier eine auf Hochleistungsmotor umgerüstete Hamo DB 12X. Um das EGB an den schaltungstechnisch erforderlichen Punkten anschließen zu können, muss die Leiterbahn zwischen Motor (grün) und LEDs (orange) aufgetrennt und Bohrungen zum Durchführen und Anlöten der Kabel gesetzt werden (siehe Skizze). Zum Auftrennen der Leiterbahn benötigt man ein Messer, eine feine Feile (rund, dreikant) oder einen Sternfräser (Bohrmaschine unbedingt mit beiden Händen führen, damit man nicht abrutscht).

Danach werden die drei Anschlusskabel des EGB von unten in die Bohrungen eingeführt und auf der Platine mit einem sehr spitzen Kolben verlötet. Anschließend sollte die Lokplatine im Arbeitsbereich mit etwas Schienenreinigungsöl gesäubert und mit einem spitzen Gegenstand geprüft werden, ob nicht durch Lötzinn oder abgespreizte Kabel eine unzulässige Verbindung zwischen den Leiterbahnen besteht.

Die EGB-Platine selbst findet unter der Lokplatine hinreichend Platz. Sicherheitshalber ist sie noch auf einem Kühlkörper (Elektronik-Handel) montiert. Die Fixierung am Gehäuse kann mit Heißkleber oder doppelseitigem Klebeband erfolgen. Berührungen mit Metallteilen des Chassis oder Gehäuses sind auszuschließen.

Vor Aufsetzen des Gehäuses muss die Lok im praktischen Anlagen(block)betrieb eingestellt werden. Dazu sollte sie zunächst einige Minuten warmlaufen und mit einem der Verwendung entsprechenden Zug – gegebenenfalls mit Innenbeleuchtung – unterwegs sein. Erst dann ergeben sich die praxisgerechten Einstellungen der beiden Regler des EGB für Höchstgeschwindigkeit und Anfahrbeschleunigung.

Praxis: Einbau von Geräuschmodulen und Lautsprechern

Nachträglich mit viel Aufwand einzubauende Geräuschmodule waren lange eine wenigen Modellbahnern vergönnte Exklusivität. Die ab den 1970er Jahren angebotenen voluminösen Elektroniken (Simutronic) simulierten Dampfmaschinen-, Diesel- und Pfeifgeräusche über Generatorschaltungen vorbildähnlich, was mehr aber auch weniger überzeugend klingt. Ein weiteres Problem ist die notwendige konstante Gleichstromquelle, so dass neben Elektronik und Lautsprecher noch Batterien untergebracht werden müssen. Ist in der Lok kein Platz, besteht die Möglichkeit, in einen fest gekuppelten Wagen auszuweichen. Solange es keine elektrisch leitenden Kupplungen gab, waren zur Stromversorgung zwei Kabel zur Lok zu ziehen (siehe auch Kapitel 3).

Dank der Digitaltechnik und vor allem der neuen kombinierten Digitalsteuerungs- und Geräuschdecoder werden werkseitig mit authentischen Betriebsgeräuschen ausgestattete Triebfahrzeuge immer populärer. Die vorhandene digitale Versorgungsspannung macht das Mitführen von Batterien überflüssig.

Der besondere Clou sind die nun digital gespeicherten Originalgeräusche. Abgelegt ist nur eine in einer Schleife wiederholte kurze Tonsequenz. Bei nicht optimaler Abstimmung hört man allerdings den erneuten Zyklusansatz schon mal heraus. Zum aktuellen Standard gehört – soweit der Originalton noch verfügbar – ein authentischer Klang. Zwei-, Drei- oder Vierzylinderloks hören sich verschieden an. Eine Kondenslok ist etwas anderes als eine Mallet. Der rasselnde Antrieb einer alten Köf unterscheidet sich vom hochtourigen Singen oder Dröhnen einer Streckenmaschine.

Neben den Antriebsgeräuschen pfeift und läutet es oder man vernimmt das Schaufeln des Heizers oder das Schlagen der Speise- und Luftpumpen. Auch hier gilt: Die Glocke einer Westernlok ist nicht identisch mit einem sächsischen Dampfläutewerk, eine schweizerische Schmalspurlok pfeift und quäkt nicht wie ein Schienenbus oder umgekehrt. Müßig darüber zu diskutieren, warum ein deutsches Dampfschnellzuglokmodell aus Göppingen ein abrufbares Glockengeräusch hat. Vorbildgerecht wird man das entsprechende Detail am Lokkessel des Modells vergeblich suchen.

So heißt es heute nicht nur Augen sondern auch Ohren auf beim Kauf eines ächzenden, stöhnenden und vibrierenden Modells. Angesichts des beachtlichen Aufpreises soll man sich akustisch nicht in die Irre führen lassen. Der ESU-Decoder kann sogar mit individuellen Geräuschen neu bespielt werden – aber, die richtige Klangdatei muss auch vorhanden sein.

Nachdem schon Gartenbahnviehtransporte geräuschvoll die Nachbarschaft zum Grill locken, sind der Phantasie bald keine Grenzen mehr gesetzt: Singende Weinkeller auf Rädern, Fußballfanfaren, ein Mitropa-Team, das die Reisenden gerne im ICE-Restaurant begrüßt und ein IC-Chef, der bei der nächsten Signalvollbremsung für das Verständnis der Miniaturreisenden dankt, nichts ist unmöglich, auch bei der Modellbahn. Warten wir's ab.

Der Einbau

Bei nachzurüstenden Geräuschmodulen muss zunächst nach einem geeigneten Einbauplatz gesucht werden. Hier bietet sich beim Dampflokomotiven der Kessel an, sofern ihn nicht bereits Antriebstechnik oder

Gewichte ausfüllen. Der einzige Raum ist bei Loks mit Tenderantrieb – wenn überhaupt – nur unter dem Kohlenhaufen. In kleineren Baugrößen wie N ist ein eigener Geräuschwagen (Hega) notwendig. Auch für Geräuschdecoder (ESU) muss für den größeren Decoder in der Lok Platz geschaffen werden.

Die ausgefeilteste Geräuschelektronik versagt kläglich, wenn der Schallwandler die Geräusche nicht satt und verzerrungsfrei reproduziert. Neben der Güte und Größe des Lautsprechers ist dessen Einbauvolumen entscheidend für die Klangqualität. Welche Lautsprecher geeignet sind, ist der Betriebsanleitung der Elektronik zu entnehmen.

Wie aus der HiFi-Technik hinlänglich bekannt, benötigt eine Membran zur Verstärkung einen Resonanzkörper. Außerdem muss der Schall aus dem Fahrzeuggehäuse austreten können. Die einfachste Form der Montage ist bei Dampflokomotiven die Unterbringung im Führerhaus anstelle der Stehkesselrückwand. Aber, sie ist optisch bei offenen Führerhäusern nicht sonderlich attraktiv.

In der Regel wird der Lautsprecher daher nach unten durch eine Öffnung im Boden abstrahlen oder den gesamten Hohlraum des Gehäuses nutzen. Bietet der Hersteller für einen nachträglich zu montierenden Bausatz nicht bereits mit Akustikwatte auszukle-

Links: H0 – Die auf der Radinnenseite aufgeklebte Kontaktscheibe steuert das Dampfstoßgeräusch dieser Geräuschelektronik aus den 70er Jahren (Simutronic).

Rechts: H0 – Diese Fleischmann 01 wurden in den 70er Jahren mit der seinerzeitigen Geräuschelektronik von Simutronic ausgerüstet. Der Lautsprecher musste wenig dekorativ in das Führerhaus.

Links: H0 – Umfangreich ist die Elektronik für den Big Boy. Der Lautsprecher ist links in einer „Tonne" untergebracht (Märklin).

Rechts: H0 – Das Diesellokgeräusch wird mit einem Schallrohr verstärkt. Damit es nicht am Boden vibriert, ist es mit Papier und Klebekissen nachträglich unterfüttert (Märklin).

H0: Nicht in jede Lok passt ein Geräusch (ältere Hega Elektronik).

idende Einbauhilfen an, sollte man bei genügend Platz im Fahrzeuginnern mit eigenen Resonanzkästen zum Beispiel aus Holz experimentieren.

Märklins amerikanische Dieselloks haben den Lautsprecher sogar an einem großen Rohr installiert. Allerdings muss man darauf achten, dass dieses Rohr nicht am Fahrzeugboden vibriert und der Ton somit deutlich verzerrt. Abhilfe schafft ein Stück Doppelklebeband oder Plastik, o. ä. das vorne zwischen dem lose aufliegendem Rohr und dem Wagenboden geklemmt wird und so die mechanischen Schwingungen unterbindet.

Die Funktionen

Das Geräusch der Lokomotiven ist je nach Geschwindigkeit oder Stillstand verschieden. Bei Dampflokomotiven muss der Auspuffschlag mit der Radumdrehung synchron laufen. Versuche dies an die Fahrspannung zu koppeln sind nicht immer optimal. Überzeugender ist eine mechanisch an die Radumdrehung gekoppelte Taktgeber. Die eine Variante benutzte eine auf der Radinnenseite befestigte Kontaktscheibe, die an einem

Kontaktblech am Rahmen vorbeischleift (Simutronic). Die neuere Technik verwendet einen kleinen auf der Radinnenseite angeklebten Magneten, der einen Schutzgasrohrkontakt am Chassis auslöst (Hega).

Hat man einen universell einsetzbare Lokgeräuschwagen mit derartigen Impulsgebern ausgerüstet, wird jedoch bei Schnellzuglokomotiven das Dampfstossgeräusch asynchron, da sich die kleinen Wagenräder schneller als bei der Lok drehen. Bei digitalisierten Loks erfolgt die Geräuschsteuerung über den Decoder.

Die Zusatzgeräusche sollen nicht ständig, sondern nur an den geeigneten Streckenstellen ertönen. Hierzu kann man sich, je nach Fabrikat, ebenfalls der Schutzgasrohrkontakte bedienen, so dass die Lok bei Überfahren eines Magneten im Gleis pfeift. Bei digitalen Anlagen sind die Geräusche über die Zusatzfunktionstasten beliebig abrufbar.

Vom Klang zum Lärm

Noch ist die Zahl der tönenden Triebfahrzeuge gering, aber es werden mehr. Auch ist der spürbare Aufpreis derzeit noch ein Regulativ, das einen hindert, alle Lokomotiven mit Sound zu fahren. Eine Lok akustisch im Betrieb verfolgen zu können, ist ein Genuss, deren viele gleichzeitig eine Umweltverschmutzung. Es entsteht nicht nur ein gewisser Lärmpegel sondern die Geräuschfragmente der Lokomotiven vermengen sich auf kleinen Modellanlagen undifferenzierbar.

Es gilt auch hier: Weniger ist mehr. So sollte die Lautstärkeregelung zur verzerrungsfreien Klangoptimierung besser nicht bis zum An-

schlag aufgedreht werden. Der Soundeffekt beim Fahren ist besonders reizvoll, wenn die Lok in Tunnelabschnitten und im Schattenbahnhof nur gedämpft vernommen wird.

Der Einbau eines Geräuschmoduls ist schließlich herausgeworfenes Geld, wenn das eigene Antriebs- und Fahrgeräusch bereits bei mittlerer Geschwindigkeit lauter als die teuer erkauften Vorbildklänge sind. Dies ist besonders bei Elektrolokomotiven ein Problem wegen ihres weniger spektakulären Originalgeräusches. Man sollte die für den Einbau vorgesehene Anwärterin daher erst auf der *heimischen* Anlage im Normalbetrieb belauschen. Was schnarrt, singt und quietscht, lässt sich auch mit Soundmodul nicht flüsterleise machen.

Praxis: Einbau von Rauchgeneratoren

Wenige Dampflokomotiven rauchen bereits werksseitig. Bei vielen (H0 und größer) ist ein nachträglicher Einbau möglich, sofern nicht die Stirnbeleuchtung im Wege liegt und der Schlot gegebenenfalls aufgebohrt werden kann. Ferner sind auch Dampfschneeschleudermodelle oder alte E-Lokomotiven mit Heizkessel zu beleben. Erstmals 1959 vorgestellt, hat sich das Prinzip des Rauchgenerators bis heute nicht verändert. In einem Röhrchen wird durch Erhitzung ein Destillat, das Rauchöl, verdampft. Wie kräftig der Rauchschleier ausfällt, hängt von der anliegenden Spannungshöhe ab. Jahrzehnte lang ist es bei konventionell betriebenen Lokomotiven daher ein Problem, eine effektvolle Rauchfahne zu erzielen. Oft muss die Lok Runde um Runde mit Höchstgeschwindigkeit zurücklegen, bis der Schlot brodelt. Um diesem Missstand entgegenzuwirken, hat Seuthe eine Vorschaltelektronik entwickelt, die mit einem speziellen Generator in die Lok eingebaut wird.

Erst die Digitaltechnik behebt das Problem grundlegend, da immer die volle Versorgungsspannung anliegt. Außerdem können die Kamine im Stand rauchen. Wird der Rauchgenerator über den Decoder ange-

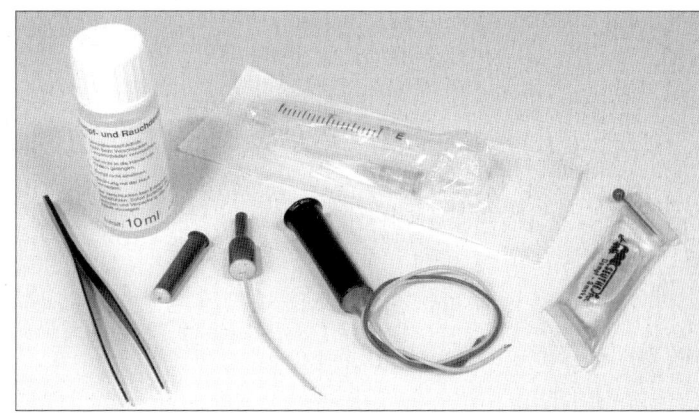

schlossen, lässt er sich ein- und ausschalten. Selbst zwei Generatoren sind zu betreiben wie beim Big Boy.

Der Einbau

Rauchgeneratoren gibt es je nach Einsatz mit verschiedenen Anschlüssen und Spannungen (6–22 V). Die gewählte Bauform des Generators hängt von der Kamingröße ab. Der älteste Typ mit Krempe wird von oben in den Schornstein gedrückt. Der flaschenförmige mit verjüngtem Rohr kommt bei allen dünneren Kaminen von unten hinein.

Ideal sollte der Einsatz auf Klemmsitz passen. Von einer intensiven Verklebung ist abzuraten, da er bei Defekt möglicherweise nur mit Beschädigung des Kamins wieder herausgezogen werden könnte. Besser ist das Umwickeln mit Klebeband und Papier oder in extremen Fällen eine Ummantelung mit einem dickeren Rohr oder Haltering.

Eine Sonderbauart gibt es für die Baugröße N mit integriertem großen Öltank, da der Generator selbst zu wenig Kapazität hat.

„Raucherutensilien": kindersicheres Dampfölfläschchen, stumpfe Einfüllspritze, altes Dampfölkissen, Pinzette für Wartung, kabelloser H0-Generator Nr. 9 14 V, H0-Generator Nr. 21 16 V mit einem Kabel, 0/1-Generator Nr. 7 16 V mit zwei Drähten.

Dampföl
Märklin 02420
Bachmann 9993
LGB 50010
POLA 85
SEUTHE 101-106
Vollmer 4115

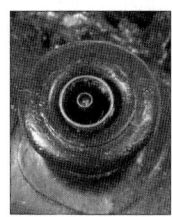 

Links: H0 – Dampfgenerator bei einer BR 18 von Märklin

Rechts: N – Neben dem Generator ist im rechten Dom die Öleinfüllöffnung (Arnold).

Der Anschluss

Anschlussmäßig ist zwischen drei Generatortypen zu unterscheiden:

1. Der reine Steckgenerator für Metallgehäuse besitzt keine Kabel. Er nimmt über das blanke Metallröhrchen den einen Pol und über eine am Lokrahmen angebrachten Kontaktfeder den zweiten Pol an der Unterseite ab. Er wird auf Klemmsitz in den Kamin geschoben, bis er auf der Feder aufliegt. Für den Einbau vorbereitete Lokomotiven mit Plastikkessel müssen daher eine Metallhalterung im Innern aufweisen.

2. Für Lokomotiven ohne eingebauten Rahmenkontakt ist an der Generatorunterseite ein Kabel angelötet.

3. Generatoren mit zwei Kabelanschlüssen sind universeller einsetzbar und auf vorbereitete Kontakte und elektrisch leitende Fassungen nicht angewiesen. Neben Lokomotiven mit Plastikgehäusen werden sie vorzugsweise für den potenzialfreien Einbau bei digitalisierten Loks verwendet, d. h. das Rauchgeneratorgehäuse hat keinen stromführenden Kontakt zum Lokaufbau.

Bei Digital zu beachten: Tückisch kann es beim Einbau in einen Metallkessel werden, denn dann hat der Generator über die Außenwand einen zusätzlichen Masseschluss. In diesem Fall darf nur noch der zweite Pol an den Decoder angeschlossen werden. Vertauscht man die Kabel, ist unter Umständen ein Kurzschluss fest in die Lok eingebaut! Alternativ könnte der Rauchgenerator mit dünnem Klebeband isoliert werden, sofern es der Durchmesser der Kaminöffnung zulässt. Auf eine isolierende Wirkung der Gehäuselackierung sollte man sich nicht verlassen.

Prinzipiell wird der Generator wie ein Lämpchen parallel zum Motor angeschlossen und raucht so lange wie er gefüllt ist und die Lok Strom hat.

Außerdem bei Digitalbetrieb zu beachten: Wird der Generator direkt an die Schienenstromaufnahme gelegt, muss er für die volle Digitalspannung dimensioniert sein. Wird er über den Decoder als Funktion geschaltet, muss er der Spannung des Funktionsausganges entsprechen, sonst ist die Rauchentwicklung bescheidener.

Der Betrieb

Der Qualm entwickelt sich nur schnell, wenn die Befüllung stimmt. Wichtig ist, dass das

H0 – In den Epochen I und II waren E-Lokomotiven mit Dampfkesseln für die Wagenheizung ausgerüstet (DRG E 01 intermodel).

N – Dampfgenerator mit Vorratstank und separatem Einfüllstutzen (Arnold BR 41)

H0 – Steckgenerator mit Anschluss durch ein Federblech (BR 18 Märklin)

H0 – Gut sichtbar ist die Generatorhalterung. Darunter der isolierte Kontakt (Roco BR 41).

kleine Verdampferröhrchen in der Mitte nicht verstopft ist. Zum Säubern gibt es einen speziellen haarfeinen Draht (siehe Märklin-Einbausatz). Um das Überlaufen und damit die Überfüllung des Generators zu vermeiden, sollte das Öl nicht direkt aus der Flasche oder dem Kissen eingeträufelt, sondern mit einer kleinen Spritze in das Reservoirrohr gegeben werden. Überquellendes Öl und Spritzer umgehend von Gehäuse abwischen, denn es lässt die Lackierung speckig glänzen.

Praxis: Messtechnik

Um die Funktionsfähigkeit eines Triebfahrzeuges zu testen und Reparaturen oder Umbauten in der Elektrik vorzunehmen, ist die Kenntnis vom Umgang mit einem Multifunktionsmessgerät unverzichtbar. Geeignete Geräte gibt es im Elektronik- und Werkzeughandel. Wer keine speziellen Arbeiten an der Elektronik ausführt, kommt mit einem einfachen Skaleninstrument mit Zeiger aus. Für sehr feine Messungen von unter einem Volt, von geringsten Stromstärken und von Bauteilerwärmungen benötigt man ein elektronisches Messgerät mit digitaler Anzeige. Allerdings sind diese derart sensibel, dass bereits im Leerlauf ein ständig unruhige Anzeige in Kauf genommen werden muss. Manche (Einbau)geräte sind nicht universell für das Messen sowohl von Wechsel- wie Gleichstrom/spannung ausgelegt, was beim Kauf vorher abzuklären ist.

Beide Typen haben eine ab und an zu erneuernde Batterie. Nützlich ist ein Bügel am Gerät, mit dem es auf dem Arbeitstisch aufgestellt oder beim Anlagenbau am Rahmen aufgehängt werden kann. Für Markengeräte gibt es normierte Kabel zur Verlängerung sowie Kontaktspitzen oder -klemmen zum Aufstecken.

Je nach dem, was gemessen werden soll, müssen nicht nur der Wahlschalter eingestellt sondern auch die Prüfkabel in die entsprechenden Anschlussbuchsen umgesteckt werden (siehe Gebrauchsanweisung).

Besonders bei Zeigergeräten ist darauf zu achten, dass der richtige Messbereich vorge-

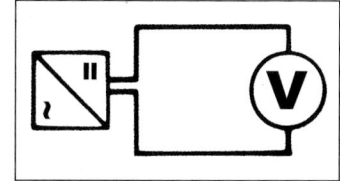

Mit nur 0,6-Volt-Ausgangsspannung bei leicht aufgedrehtem Regler ist dieser Trafo im Anfahrbereich sehr feinfühlig.

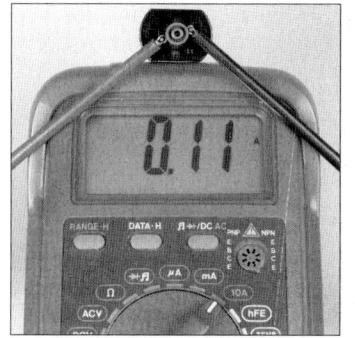

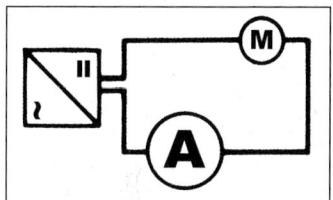

Dieser Motor verbraucht 0,11 A während des Leerlaufes.

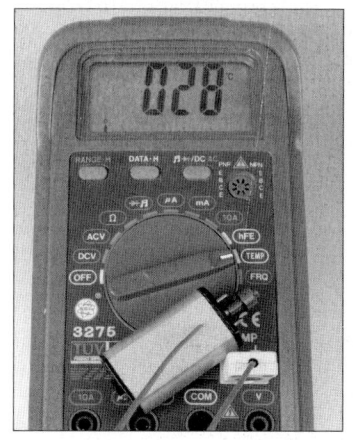

Langsam kühlt der Motor nach einem Probelauf ab. Hier ist das Gehäuse noch 28 Grad warm. Der Temperatursensor befindet sich an der Spitze eines Kabels, das in eine spezielle Buchse des Messgerätes gesteckt wird.

Hier wird der Wert eines Widerstandes mit knapp 1 KOhm geprüft (Messwert = Skalenwert mal Faktor 10).

wählt wird. Ist er zu groß, kann man die Werte kaum differenziert ablesen. Ist er zu klein, schlägt der Zeiger über die Entstellung hinaus, und es können sogar Beschädigungen die Folge sein.

Wer eine ständige Kontrolle über Spannung und Stromstärke im Anlagenbetrieb wünscht, kann Anzeigegeräte in das Stellpult einbauen.

Spannungshöhe (Volt): Zunächst ist es wichtig zu wissen, welche Spannung am Gleis anliegt und der Lok zur Verfügung steht. Die Messung erfolgt immer parallel zur Stromquelle, d.h. die Prüfkabel werden einfach an die beiden Klemmen am Trafo oder an die beiden Schienen bzw. an eine Schiene und den Mittelleiter oder die Fahrleitung gehalten. Da Wechsel- und Gleichspannung auch messtechnisch etwas Verschiedenes sind, muss das Gerät entsprechend eingestellt sein. Beim Gleichstrom ist ferner die Polarität zu beachten, sonst schlägt der Zeiger unter 0 aus oder es werden negative Werte angegeben.

Stromstärke (Ampere): Für die Anzeige des aktuell fließenden Stroms bei einem Motor oder einer Wagenbeleuchtung muss das Messgerät in Reihe, d.h. in einer der Zuleitungen liegen. Will man den Strom im Anlagenbetrieb auf einem bestimmten Streckenabschnitt prüfen, muss daher unter Umständen in die Vekabelung eingegriffen werden.

Widerstand (Ω Ohm): Jedes Kabel und jedes elektrische Bauteil hat einen Widerstand. Um so größer der Widerstand, um so mehr Verlustleistung entsteht, die in Wärme umgewandelt wird (Angabe in **Watt**). Wird der jeweils zulässige Wert überschritten, kann der überlastete Widerstand durchschmoren.

Die technischen Daten der Widerstände sind in einem Code aus farbigen Ringen aufgetragen. Bei Modellfahrzeugen werden Widerstände praktikabel beim Einbau von Leuchtdioden eingesetzt, um die Spannung von 12 V auf unter 2,5 V zu senken.

Zur Messung muss das entsprechende Bauteil oder Fahrzeug mindestens einseitig, besser komplett von der umgebenden Elektrik und der Stromversorgung abgetrennt sein. Mittels der in den Messgeräten eingebauten Batterie kann nun über die beiden Prüfkabel ein geringer Strom fließen, der dann für das Messergebnis ausgewertet wird.

Leitungsprüfung: Eine Variante der Widerstandsmessung ist die Durchgangsprüfung. Mit ihr kann man Kabelbrüche, kalte Lötstellen, Kurzschlüsse und die Durchgangslage von Dioden aufdecken. Dies geht im Prinzip auch mit einer Haushaltsbatterie und einem kleinen Lämpchen passender Voltzahl. Die Messgeräte haben jedoch einen eingebauten Summer, was komfortabler ist. Bei einigen gibt die Tonhöhe Auskunft über den vorhandenen Widerstand.

Liefert das Messgerät eine hinreichend hohe Spannung, lassen sich mit der Funktion die Einbaupolarität von Leuchtdioden testen und die LEDs zum Leuchten bringen.

Temperatur (°Celsius): Die Überwachung der Wärmeentwicklung kann beim Einbau und dem Test von Elektronikkomponenten notwendig sein. Ein mit einem Sensor an der Spitze ausgerüstetes Kabel wird in eine Spezialbuchse des Messgerätes eingesteckt und dann an das Bauteil gehalten bis die Temperaturanzeige nicht mehr ansteigt. „Handwarme" Werte sind für die Modellbahn kein Problem.

6 Fahrzeugbeleuchtung

Für den reinen Fahrbetrieb ist sie entbehrlich, doch erhöht eine dezente Wageninnenbeleuchtung das Fahrvergnügen im Dunkeln. Spitzenlicht und Schlusslaternen sind eigenständige Signalbilder. Über deren Einbau und Gebrauch informiert dieser Abschnitt ebenso.

Für manche ist eine Modellbahnanlage ohne beleuchtete Züge nur die halbe Sache. Andere sehen darin eher eine Spielerei. Unbestritten sind Innenbeleuchtungen bei regelmäßigem „Nachtbetrieb" in einem abgedunkelten Raum. Auf Bergstrecken mit Tunneln fährt das Vorbild auch am Tage mit Licht, warum nicht ebenso das Modell. Bei detaillierten Inneneinrichtungen begünstigt eine Beleuchtung die bessere Erkennbarkeit des Innenlebens. Hingegen ist sie bei Fahrzeugen mit imitierten Sonnenschutzfenstern am Tage manchmal kaum wahrzunehmen.

Wie auch immer, wer sich für die konsequente Ausrüstung mit teuren Wagenbeleuchtungen entscheidet, muss einiges beachten. Nicht alle Personenwagen sind für eine Innenbeleuchtung vorbereitet, oder sie ist gar nicht erst als Zubehör erhältlich, so dass Improvisation und Basteltalent gefordert werden. Auch Pack-, Post- und Schlafwagen sollten bei der Ausrüstung nicht leer ausgehen.

Züge mit Licht benötigen mehr Energie und viele Beleuchtungen brauchen noch viel mehr davon. Die Belastungsgrenzen eines

konventionellen Trafos mit ca. 1A Ausgang kann, je nach Leistungsaufnahme der Lok, bereits ein langer D-Zug überschreiten. Auch kleine Digitalanlagen wie das Delta-System haben ihre Einschränkungen. Die Unterteilung in mehrere Stromkreise kann schon bei mittelgroßen Anlagen die zu bedenkende Folge sein.

Ich brauch' 'ne neue Birne!

Außerdem bei konventionellen Anlagen zu beachten: „Raser" unter den Triebfahrzeugen bremst ein schwerer beleuchteter Zug mitunter ein wenig. Eine Lok oder ein Triebwagen, die ohnehin nur gemächlich von der Stelle kommen, haben es dann noch weniger eilig. Anfahr- und Bremsbausteine kann die zusätzliche Lichtlast in ihrem Verhalten irritieren und bereits bei Einfahrt eines geschobenen Steuerwagens in einen Signalhalteabschnitt den Bremsvorgang vorzeitig einleiten.

Vorbei gleitende beleuchtete Wagenreihen bereiten optimales Vergnügen, wenn das Licht flackerfrei scheint. Um dies sicherzustellen, muss man Schienen, Schleifer und Räder penibel sauberhalten, sonst lohnt der ganze Aufwand kaum.

  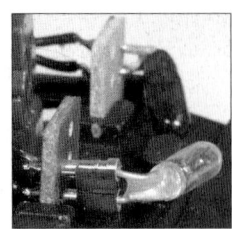

Links: H0 – Schraubbirne (Fleischmann), Mitte: Bajonettsteckbirne (Märklin), rechts: Drahtsteckbirne (Märklin)

 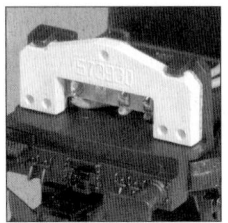 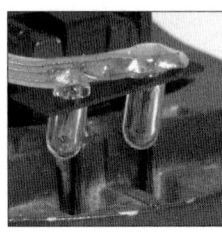

Links: H0 – Kabelbirne (Metropolitan), Mitte: LED-Einheit (Märklin), rechts: an Flachbandplatine gelötete Lämpchen (Roco)

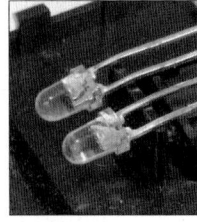

H0 – Standard LEDs (Kato)

Lichttechnik

Die Modellleuchtquellen und deren Lichtverteilung haben sich gemäß der Fortschritte in der Elektrotechnik und des Formenbaues vielfach gewandelt. Die klassische Miniglühlampen gibt es als **Schraubbirnen** oder als **Steckbirnen** mit und ohne Bajonettverriegelung. Eine spezielle Form für Innenbeleuchtungen ist die längliche sogenannte **Sofittenlampe** (in Form einer Schmelzsicherung), die eingeklemmt wird.

Neuere Entwicklungen sind die **Draht- oder Kabelbirnen**, die in röhrchenförmige Halterungen oder in Buchsen gesteckt oder auf Platinen gelötet werden. Der Verzicht auf eine Metallfassung macht diese Lämpchen besonders dünn, so dass ihre kleinsten direkt hinter oder in die Stirnlaternen passen. Bei Personenwagen großer Spurweiten bieten sie die Möglichkeit, vorbildähnliche Deckenbeleuchtungen nachzugestalten. Ihre Leuchtkraft ist mitunter sehr hoch. Sie vertragen aber Überspannungen und Überhitzung nicht so gerne, und man muss beim Einbauen aufpassen, die Drähtchen nicht abzubrechen.

Mehr und mehr Fahrzeuge erhalten inzwischen eine Beleuchtung mit **Leuchtdioden (LED)**. Wurden sie anfänglich einzeln eingesetzt, so sind die heute üblichen auf kompletten Beleuchtungseinsätzen montiert. LED vertragen keine direkte Stromversorgung von der Schiene, da die Spannung viel zu hoch ist. Ihr großer Vorteil: Sie sind praktisch wartungsfrei, haben bei fachgerechter Verlötung keinen Wackelkontakt, leuchten ab einer gewissen Mindestspannung konstant, beanspruchen sehr wenig Platz, haben keine Wärmeabstrahlung und lassen sich sogar in Form einer Laterne eingießen. Ihr eigener Stromverbrauch ist minimal. Es müssen aber in die Gesamtrechnung Vorwiderstände, Dioden oder Vorschaltelektroniken einbezogen werden!

Sehr wichtig: Beim Austausch von Lämpchen in Triebfahrzeugen wie Personenwagen immer darauf achten, dass sie mindestens für die maximale Betriebsspannung des Fahr- bzw. Digitalstroms ausgelegt sind. Neben den in den Herstellerkatalogen angebotenen Ersatzteilen liefert BRAWA eine Vielzahl von Lämpchen.

Links: H0 – Bei alten Modellen sind die Lampen samt Fassung nach außen herauszuziehen (Märklin).

Rechts: H0 – Hier verbirgt sich die Stirnbeleuchtung hinter der Rauchkammertür (Piko).

Das Zugspitzensignal

Signalgebrauch

Das Spitzenlicht ist eigentlich ein Signal für den Nachtverkehr, bei Nebel und die Fahrt durch Tunnel. Nicht bei allen Bahnverwaltungen sind die Stirnlampen daher als dem Lokführer die Strecke weit voraus erhellende Scheinwerfer konstruiert (z. B. ÖBB). Manche haben Zusatzscheinwerfer zum Aufblenden wie in den USA oder Norwegen. Gleich der Diskussion im Straßenverkehr ist man dazu übergegangen, zur besseren Erkennbarkeit der Züge diese Lampen auch tagsüber anzuschalten (Schweiz seit 1975), wobei der Gebrauch bei der DB AG uneinheitlich ist.

Deutschland

Das alte Spitzensignal der deutschen Eisenbahnen bestand aus den beiden unteren weißen Laternen (Berliner S-Bahn-Triebwagen abweichend nur eines in der Mitte). Die obere wurde nur zur Darstellung des Gegenzugsignals Zg 7 zugeschaltet! Erst die Überarbeitung des Signalbuches in der Epoche 3 führte das bis heute übliche Spitzenlicht ein, woraufhin noch etliche Dampflokomotiven eine dritte festinstallierte Lampe erhielten. Das Spitzenlicht zeigen nur die vorderste Lok am Zug sowie die erste Schiebelokomotive.

Schweiz

In der Schweiz gilt dieses dreifache Signalbild bereits seit der Epoche 1 unverändert. Eine eidgenössische Besonderheit war die Kennzeichnung der Rangierloks mit einer violetten (Führerseite) und einer weißen (Heizerseite) unteren Laterne auf beiden Stirnseiten. Ein transparentes „V" auf der oberen Laterne von E-Loks und Dieselloks bedeutet „vorne". Die eher schwach erkennbare bläuliche Lampe wurde zur Einführung des neuen Signalreglements von 1982 zu Gunsten eines weißen Lichtes aufgegeben.

Modellaternen

Lange Zeit waren die verfügbaren leuchtkräftigen und spannungsfesten Lämpchen viel zu dick, als dass sie in maßstäbliche Laternenimitationen passten. Frühere Blechbahnen hatten daher große eingeschraubte Ballonbirnen an den Stirnseiten. Noch in den 50er Jahren des vorigen Jahrhunderts wurden Modelle mit durch das Gehäuse gesteckten Birnen als Spitzenlicht als Neuheit herausgebracht. Manche Dampflok kommt sogar noch heute ohne Licht daher.

Grundlegende optische Verbesserung waren mit der Einführung der sogenannten Lichtleiter aus transparentem Plastik zu erzielen. Seither genügt es, lediglich eine Birne je Lokseite im Gehäuseinnern zu platzieren. Roco setzte in den ersten Lokserien der 1970er Jahre die Lämpchen direkt auf die Motorplatine in Lokmitte. Die langen Lichtwege fordern jedoch deutliche Lichtverluste, so dass die Frontbeleuchtung bei Neuentwicklungen inzwischen wieder direkt hinter die Stirnwand montiert wird.

Da die Lichtleiter zur oberen Laterne meist länger und dünner als zu den unteren sind, gibt es bei dieser Technik leider von Modell- zu Modellreihe Helligkeitsunterschiede. Sind die Lichtleiter wegen der Schlusslichtbeleuchtung geteilt und die Birnen asymmetrisch zu den Laternen angeordnet, kommt es ebenfalls zu Leuchtunterschieden. Korrigieren lässt sich dieser Mangel ohne Komplettumbau der Stirnbeleuchtung nicht. Mit biegsamen Lichtleitkabeln lassen sich sogar Triebwerksbeleuchtungen in H0 realisieren (Liliput BR 62).

Lichtleiter dürfen keinesfalls durchbrechen oder verkratzt oder von Farbe angegriffen werden, da sie sonst ihre Leitfähigkeit verlieren und ein neues Ersatzteil unumgänglich wird. Wieder geklebte Lichteinsätze sind nachher meist zu dunkel. Die Enden von Lichtleitkabeln sind allerdings aufzupolieren und z. B. an einer heißen Glühlampe glättbar. Manche Lichtleiter fallen schon nach Öffnen des Lokgehäuses heraus. Andere sind sehr mit der Führerstandseinrichtung und Lampenabdeckung verwinkelt. In diesen Fällen muss man sehr vorsichtig und etappenweise versuchen, Inneneinrichtung und Lichteinsatz voneinander und vom

H0 – Das deutsche Zugspitzensignal bildeten bis in die 50er Jahre nur die beiden unteren Laternen.

H0 – Seit jeher verkehren die SBB-Fahrzeuge mit dem 3er Spitzenlicht, die deutschen erst seit Mitte der 50er Jahre.

H0 – Bis 1982 trugen die schweizerischen Rangierloks eine weiße und eine blaue Laterne.

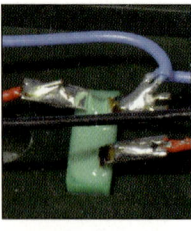  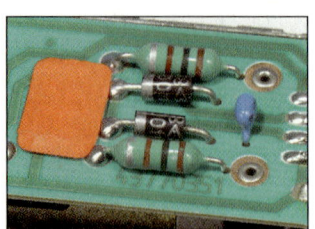 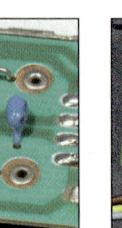 

Verschiedene elektronische Lichtwechselschaltungen: 1. H0 – Sperrzellenblock (Fleischmann), 2. Diode direkt an der Frontlampenfassung eingelötet (Rivarossi), 3. H0 – Diodenschaltung auf Platine (Roco), 4. H0 – Anstelle des Umschalters befindet sich bei Hamo-Lokomotiven diese Lichtwechselplatine.

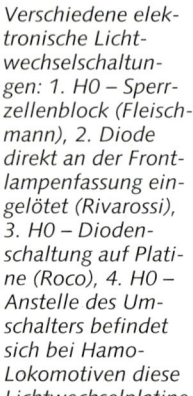

H0 – Achsenbetätigter mechanischer Lichtumschalter bei linkem und rechtem Anschlag (Roco)

Gehäuse mit Pinzette oder feinem Schraubendreher zu trennen. Es kann besonders bei den oberen Lampen etwas Druck von außen nötig sein.

Manche Hersteller setzen inzwischen vollständig auf LED-Lichter. Bisheriger Nachteil: Mit den handelsüblichen Ausführungen lassen sich zwar perfekt rote Schlusslichter herstellen, das gelbliche Spitzenlicht ist aber nicht eigentlich das, was man erwartet (Ausnahme sind die Fahrzeuge der alten SBB Seetalbahn!). Aktuelle Entwicklungen beschäftigen sich mit der sogenannten weißen LED als Alternative.

Einzelne Laternen(gruppen) kann man mit über das Lichtleiterende gestülpter Alufolie oder Isolierband „abschalten".

Die Elektrik

Alle höherwertigen Modelle haben eine Lichtwechselschaltung in Abhängigkeit zur Fahrtrichtung. Bei Wechselstromlokomotiven übernimmt der Umschalter die Steuerung. Gleichstromloks sind mit zwei Sperrdioden ausgerüstet, die den Stromfluss zu den Birnen steuern. Oft sind sie auf der Motorplatine untergebracht, manchmal auch direkt in der Nähe der Birne. Fleischmann benutzt statt derer dünne Selenscheiben. Sie haben eine hellere und eine dunklere Seite, deren Lage man sich beim Ausbau merken muss. Bei falschem Wiedereinbau leuchten sonst die Lampen widersinnig, oder in einer Richtung gar nicht oder immer. Digitalisierte Loks bieten die komfortable An- und Abschaltung des Spitzen- und Schlusslichtes über den Decoder.

Schwieriger ist der Lichtwechsel bei Steuerwagen im Digital- und Wechselstrombe-

trieb. Bei ihnen kommt man mit einer einfachen Diodenschaltung nicht weiter, weil kein Polaritätswechsel der Versorgungsspannung stattfindet. Neben dem Durchziehen einer mehradrigen Steuerleitung durch den Zug (mit elektrisch leitenden Kupplungen) sind die teuren und aufwändigen Lösungen der Einbau eines Märklin-Umschalters oder eines digitalen Funktionsdecoders. Um diese zu umgehen, gibt es als Spezialität einen mit der Drehung der Radsatzachse gekoppelten Miniaturschalter (Märklin, Roco), der sich beim Fahrtrichtungswechsel umstellt.

LED brauchen Vorschaltwiderstände. Diese werden ebenso wie die Dioden vielfach als kleine „Pakete" auf den Leiterplatinen ausgebildet. Bei Durchbrennen dieser Teile ist eine Reparatur durch Einlöten neuer gleicher Elemente nicht möglich.

Praxis: Leuchtende Zugschlusssignale

Zugschlusslaternen zählen wie jedes Haupt- oder Vorsignal zu den Betriebssignalen. Wer es mit dem vorbildgetreuen Verkehr auf seiner Anlage ernst nimmt, achtet nicht nur auf das Spitzenlicht sondern gleichermaßen auf die korrekte Kennzeichnung des Zugschlusses.

Signalgebrauch

Vor der flächendeckenden Einführung des Bahntelegraphen- und Telephonnetzes informierten die Spitzen- und Schlusslichter außerdem über die Zugfolge. Es kamen bei den Schlusslichtern daher nicht nur rote Laternen in unterschiedlichen Kombinationen zur Anwendung. In diesem Zusammenhang interessieren die Nachtsignale.

H0 – Links: Nachträglich mit LEDs beleuchtete Schlusslichter am ET 85 (Roco); Mitte: Märklin-DRG-Oberwagenlaternen, rechts: LED-Laterne von Weinert

Deutsche Eisenbahnen

Die Schlusslaterne heisst amtlich Oberwagenlampe. Ebenso wie die Signaltafeln wurde sie bis in die 1950er Jahre paarweise als Regel-Zugschlusssignal Zg 3a auf Laternenstützen in Dachhöhe montiert. Bei Tage war sie mit ihren rot/weißlackierten Seiten um 90 Grad quasi als Schlussscheibe gedreht. In der Nacht leuchteten die Laternen rückwärtig rot, zur Lok hin bis in die 1930er Jahre grün, danach weiß. Die Kennzeichnung nach vorn war nötig, damit die Bremser auf den Dächern und der Zugführer in seiner Beobachtungskanzel im hinter der Lok laufenden Packwagen die Vollständigkeit des Zuges überprüfen konnten. Dieses Signal gab es auch bei fest eingebauten Zugschlusssignalen von Triebwagen.

Nach dem Signalbuch von 1936 waren nur nach hinten rot leuchtende Laternen (Zg 3b) für maximal 200 m lange Züge mit durchgehender Bremse zulässig. War der letzte Wagen kein Güterwagen, musste die Innenbeleuchtung immer eingeschaltet sein! Daneben galt ferner das vereinfachte Signal Zg 5

mit einer roten Laterne über dem rechten Puffer, vorrangig für Lokleerfahrten, Rangiereinheiten und Kurzzüge.

Für Digitalfahrer, die Schiebebetrieb nachbilden möchten: der letzte Wagen des Zuges hatte Zg 3 oder Zg 5, die letzte Schiebelok Zg 5.

In der Epoche 3 wanderte das Zugschlusssignal nach unten über die Puffer. Neubauwagen und modernisierte Altfahrzeuge erhalten seither ein direkt in die Stirnwand eingebautes Leuchtenpaar, das auch tagsüber brennt. Spätestens in der Epoche 5 gibt es folglich keinen Reisezug mehr, der nicht ständig eingeschaltete Schlusslichter hat!

Erst bei den Neubaulokomotiven der 1950er Jahre wurden integrierte Schlusslichter Standard. Zuvor musste vielfach eine rote Scheibe vor die Laternen gesteckt werden.

Schweiz

In der Schweiz ist generell nur eine Laterne hinten rechts als Schlusslicht vorgesehen gewesen (seit 1960 meist als Akku-Blinklicht

Schweizer Triebfahrzeuge zeigen zum Zug hin traditionell ein weißes Licht.

H0 – Aus einer Loklaterne gebautes Epoche I BLS-Schlusslicht

H0 – Links: SBB-Nachtsignal zur Ankündigung eines nachfolgenden Fakultativzuges; Mitte: DB-Doppellicht; rechts: Markant für Schweizer Bahnen ist das Blinklicht (Weinert)

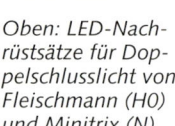

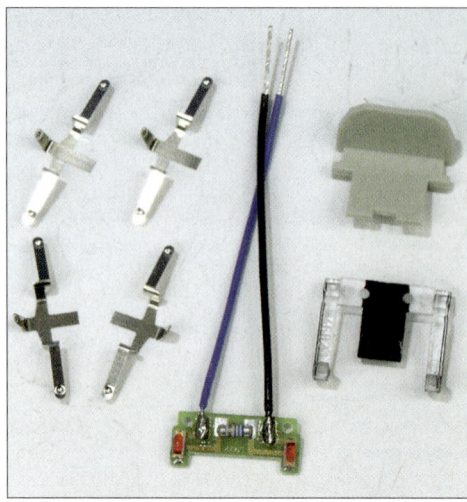

Oben: LED-Nachrüstsätze für Doppelschlusslicht von Fleischmann (H0) und Minitrix (N)

Mitte: H0 – Einzelteile für den Lok-Schlusslichteinsatz von Fleischmann

Unten: Mit einem wasserfesten Filzstift kann die Färbung der Lichtleiter intensiviert werden. Neue Lämpchen erhöhen mitunter die Leuchtstärke.

angewendet). Die Laterne wurde am Tage einfach gelöscht. In der Epoche II wurde eine spezielle Laterne mit rot/weiß gestreiftem Unterbau eingeführt, die Märklin einst als H0-Modell zum Vorbild nahm. Hingegen kündigte ein rotes Doppellicht auf Nebenstrecken ohne Kommunikationseinrichtungen ursprünglich einen Extrazug an. Von dieser Regelung waren vor allem ausländische Wagen sowie schweizerische Triebwagen und Neubauwagen mit eingebautem Doppellicht ausgenommen. Seit dem Reglement von 1982 gilt Doppelrot generell als alternatives Zugschlusssignal. Mit Ausmusterung der letzten nicht modernisierten Wagenserien wird das Blinklicht auf Normalspurstrecken an Reisezügen somit immer seltener.

Noch eine Besonderheit aus dem Alpenland. Seit der Epoche 2 zeigen alle im Zug arbeitenden Triebfahrzeuge hinten rechts ein weißes Licht (bei Lokomotiven in Vielfachsteuerung nur die hintere, da sie als eine Einheit verkehren). Dies gilt auch für Pendelzugeinheiten mit rückwärtig an das Triebfahrzeug bzw. den Steuerwagen angehängten Wagen oder als deren Zugschlusssignal anstelle von Rot! Ab 1975 ist es definitiv immer eingeschaltet.

Modelllaternen

Nur vereinzelt haben Wagenmodelle eingebaute Schlusslichter. Die unpraktikabelsten sind die von Güterzugpackwagen der Epoche I–IIIa, da jene in der Regel hinter der Lok liefen!

Lange Zeit war die filigrane und positionsgerechte Nachbildung der Oberwagenlampe in H0 ein Problem. Erst die Anwendung von Microbirnen, Lichtleitkabeln und LED macht deren maßstäbliche Ausführung möglich. Nach wie vor vernachlässigt ist die Darstellung des grünen bzw. weißen Lichtes nach vorn. Eine nachrüstbare Oberwagenlampe wird von Weinert angeboten.

Bei moderneren Wagen ist die Nachbildung einfacher. Bei einigen Herstellern erfolgt deren indirekte Erleuchtung durch die allgemeine Wageninnenbeleuchtung. Bei etlichen

Modellen muss man allerdings erst die Lampeneinsätze rückwärtig mit Filzstift rot färben. Das kostet zwar nicht mehr an Material, hat aber den störenden Nachteil, dass die Rücklichter bei allen Wagen im Zug aufscheinen. Es sei denn, man deckt sie mit Isolierband von innen ab. Ade hatte bei seinen Modellen einen speziellen Lichtleitereinsatz, der in die Deckenbeleuchtung eingeklinkt wird. Fleischmann und Minitrix liefern komplette LED-Nachrüstsätze.

Manches einfacher gestrickte Fahrzeug hat das Schlusslicht nur durch Aufdruck oder eine Vertiefung angedeutet. Diese Attrappen müssen erst aufgebohrt und mit einer roten Blende (Zubehör für Loklaternen aus Messing z. B. Weinert) verschlossen werden. Dahinter wird eine rote LED eingeklebt. Glücklich, wer eine vorn plane, zylindrisch geformte LED passenden Durchmessers zur Hand hat.

Mit etwas Fingerspitzengefühl lassen sich alte Laternen aus der Epoche I (oder nichtdeutscher Bahnen) mit aufgebohrten oder besser aufgefrästen Loklaternen, einer gefärbten Glasscheibe (wasserfester Filzstift) und Mini-LEDs nachbauen. Die fast unsichtbare Verdrahtung selbst freihängender Laternen erfolgt mittels feinem lackisolierten Spulendraht (Weinert oder alter Märklin-Umschalter).

Elektrik

Triebfahrzeuge

Einige Lokomotiven mit Lichtleiter benutzen die weiße Birne der Stirnbeleuchtung gleichzeitig für das Schlusslicht auf der entgegengesetzten (Roco). Häufiger sind jeweils getrennte Lämpchen oder LED. Sie werden gegensinnig zum Spitzenlicht an die Dioden oder den Umschalter angeschlossen. Dies hat allerdings den Nachteil, dass das Schlusslicht vorbildwidrig brennt, auch wenn die Lok an der Zugspitze verkehrt. Man kann sich oft damit behelfen, die entsprechenden Birnen herauszunehmen (Vorsicht, dass durch nun blank liegende Federkontak-

te in der Lampenfassung kein Kurzschluss entsteht!), mit Klebeband zu isolieren oder den Lichtleiter abzudecken.

Fleischmann verzichtet daher konsequenterweise in H0 bei E- und Dieselloks auf den serienmäßigen Einbau der Schlussbeleuchtung und bietet einen Nachrüstsatz mit Birne und Selenzelle für den Schiebedienst an.

Schwieriger wird es mit dem Abschalten von Leuchtdioden. Diese können mitunter einseitig abgelötet werden. Vor zweifarbigen LED mit Farbwechsel durch Umpolung ist eine zusätzliche Sperrdiode in einer Zuleitung nötig, die die LED in einer Richtung abschaltet.

Kaum lösbare Probleme können kompakte LED-Beleuchtungseinheiten mit gemeinsamer – nicht auftrennbarer – Masse von roter und gelber LED bereiten (Märklin), wenn sie an einen Decoder angeschlossen werden. Da aus dessen Lichtausgängen immer die gleiche Phase kommt, ist je nach Verdrahtung nur eine LED benutzbar. In diesem Fall müsste ein elektroniktaugliches Relais mit geringster Stromaufnahme die Umschaltung übernehmen, sofern genügend Platz in der Lok ist. Andernfalls bleibt das Rotlicht dunkel.

Wagen

Die Verwendung roter LED als Schlusslaternen hat sich allgemein bewährt, so dass lediglich für Lichtleiter und historische Wagenmodellen noch Glühlampen üblich sind. Außer bei blinkenden Schlusslichtern wie in der Schweiz oder Italien braucht es keine umfangreiche Elektronik zum Anschluss der LED. Zur Spannungssenkung genügt ein Widerstand pro LED und eine 1 A Schutzdiode. Diese nimmt den belastungsempfindlichen LEDs die Aufgabe der Sperrfunktion ab, und benötigen Gleichstrom und leuchten nur in einer Polaritätslage. LEDs und Diode müssen dabei gleichsinnig in Reihe liegen, sonst geht gar nichts mehr. Schließt man das Schlusslicht polrichtig an, schaltet es sich bei konventionellen Gleichstrombahnen bei der Rückwärtsfahrt des Zuges automatisch ab.

Bei digitalen Anlagen und Wechselstromsystemen bleibt die Polarität des Fahrstroms jedoch immer gleich. Hier ist ein Lichtwechsel nur mit mechanischem Achsumschalter oder einem Decoder möglich (siehe vorangehendes Kapitel). Parallelschalten eines kleinen Elkos kann das Flackern durch nicht einwandfreie Stromabnahme auffangen. Widerstände und Diode haben in der Regel im Wagenkasteninnern Platz. Nur in Ausnahmefällen sollten sie unter den Wagenboden geklebt werden.

Bei Wagen ohne Licht muss man sich noch Gedanken um die Stromabnahme machen (siehe Kapitel 3), ansonsten wird das Rotlicht an die Innenbeleuchtung angeschlossen. Leider gibt es die meisten Rad- und Achsschleifer nicht einzeln als Katalogware, sondern nur über die Ersatzteillisten.

Wageninnenbeleuchtungen

Beleuchtete Wagen gehörten schon in der frühen Epoche I zum Reisekomfort. Nach den ersten Petroliumlaternen erhielten die Züge als großen Fortschritt Gasbeleuchtung, welche durch die nicht feuergefährliche elektrische mit Glühbirnen und Achsgenerator abgelöst wurde. Seit den Neubauwagen der 1950er Jahre sind Leuchtstoffröhren üblich.

Die eigentliche Beleuchtungstechnik des Vorbilds ist für den Modellbau zu vernachlässigen, doch sollte man den unterschiedlichen Lichtcharakter beachten. Wagen bis in die Epoche 3 hinein zeigten nach außen ein eher mattes Licht. Erst die mit Leuchtstoffröhrenreihen erhellten Großraumwagen lassen die Züge in der Dunkelheit als helles Lichterband erscheinen. Stark gedämpft ist hingegen der Lichtaustritt bei modernen Fahrzeugen mit getönten Scheiben.

Lichttechnik

Nur die wenigsten Wagen werden serienmäßig mit Innenbeleuchtung geliefert. Wer Erleuchtung wünscht, muss meist selbst Hand anlegen. Auf dem Markt gibt es drei verschiedene Beleuchtungstypen:

Glühbirnen

Die ersten Wagenbeleuchtungen waren nicht viel mehr als ein oder zwei Glühbirnen, die von unten durch ein großes Loch im Wagenboden oder auf diesem oder unter das Dach montiert waren. Die je nach Blickwinkel grell aus den Fenstern scheinenden Birnen genügten aber in den zunehmend aufwändiger detaillierten Modellen nicht mehr und passten ebensowenig in die immer häufigeren Inneneinrichtungen. Bei großen Spuren gibt es Kleinserienmodelle mit durch Microbirnen vorbildnah nachgestalteten Deckenbeleuchtungen.

Lichtleiter

Die Lämpchen werden seit den 1960er Jahren mit aufwändig gestalteten Platinen und Beleuchtungseinsätze mit Lichtleitern oder Leuchtstab kombiniert, die unter dem Dach Platz finden (müssen). Sie kommen mit ein bis zwei Draht- oder Sofittenbirnen sogar für einen langen D-Zug-Wagen aus. Das Licht wird von den Birnen mit transparenten Plastikleitern über den ganzen Wagen verteilt. Schlitze in den Einsätzen oder im Gehäuse

H0 – Trix/Röwa Bühnenbeleuchtung mit Lichtleiter 1966

Links: N – Hier erfolgt die Beleuchtung der Tischlämpchen mit Lichtleitern (Kato/Hobbytrain).

Rechts: H0 – Dezente LED-Beleuchtung in Adenauers Salonwagen (Mayerhofer)

begrenzen den Lichtaustritt genau auf einzelne Abteile. Je nach Lampenzahl, Wagenlänge und Konstruktion ist ein gewisser Lichtabfall nicht zu vermeiden.

LED-Platinen

Die jüngste Entwicklung sind fertig bestückte LED-Platinen. Ihr Vorteil: Der komplette Beleuchtungseinsatz besteht nur aus einem sehr flachen Streifen ohne Plastikteile, die Lichtquellen sind über den ganzen Wagen gleichmäßig verteilt, sie sind wartungsfrei, fast universell einbaubar und es gibt keine Hitzeentwicklung der Leuchten, die zu Deformationen des Daches führen könnte. Mit integrierter Elektronik lässt sich auch bei analogen Modellbahnen die Helligkeit und Flackerfreiheit stabilisieren. Der Nachteil: die Platinen sind derzeit, je nach Anbieter, recht teuer und geben meist nur gelbes Licht ab, das besonders bei getönten Scheiben weniger Leuchtkraft ausstrahlt.

LED

Als billigste Lösung besteht für den Bastler außerdem die Möglichkeit, einfache LEDs aus dem Elektronikhandel mit Drahtbrücken unter dem Dach aufzuhängen. Neueste Entwicklung sind fast weißlich scheinende. Die ab und an propagierte Reihenschaltung durch Aneinanderlöten der LED-Anschlüsse führt hingegen zu einer Überlastung der LED am Anfang und Ende der Lichterkette. Elektrisch sicher ist die Parallelschaltung. Unter dem Dach oder in den Toilettenräumen müssen ausserdem noch die Schutzdiode und die Widerstände versteckt werden.

Tischlämpchen

Außer der Deckenbeleuchtung gibt es vereinzelt Speise- und Salonwagen mit funktionsfähigen Tischlämpchen. Diese sind mit-

Links: Weit verbreitet ist die Sofittenlampe in Verbindung mit breiten Lichtleitern (Roco).

Rechts: Auch die Birne mit blanken Drähten, die um Kontakte auf der Platine gewickelt werden, ist häufig (Fleischmann).

„Leuchtmittel" für H0-Innenbeleuchtungen:

Eher archaische Technik aus den 50er Jahren. In die großen Löcher im Wagenboden werden die Lampen gesteckt. Bei Märklin ist der Schleifer bis heute gleich mit dran.

Einfache Platine mit zwei Steckbirnchen (Trix)

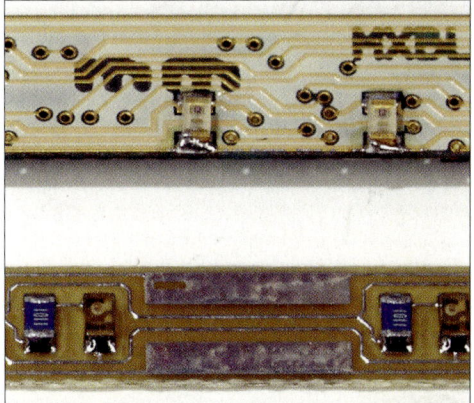

Modernste Technik sind die LED-Leiterbahnen (Roco, Mayerhofer).

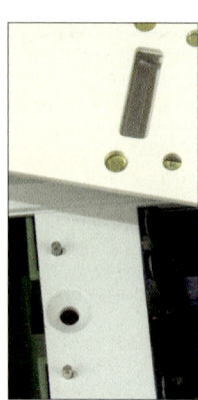

H0 – Die Roco-Innenbeleuchtung wird einfach auf die Kontaktstifte gelegt.

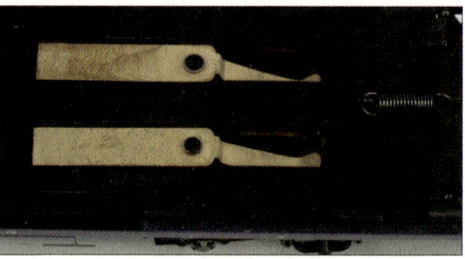

H0 – Bei den Roco-Exklusiv-Modellen ist die Stromabnahme bereits eingebaut.

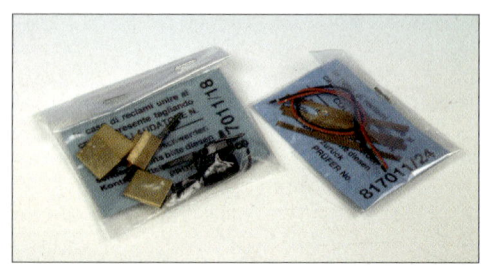

H0 – Diese Beutel mit Kontaktstiften und Schleifern dürfen bei Roco-Wagen nicht fehlen.

tels unter den Tischen verlaufenden Lichtleitern (Rivarossi ISG Wagen, Kato/Hobbytrain SBB RAe) beleuchtet, als LED (Märklin Rheingold) oder als Microbirnen (LGB RhB WR) ausgeführt. Leider hat sich bisher niemand an nachrüstbare H0-Einzellampen beispielsweise auf LED-Basis herangewagt.

Praxis: Beleuchtungseinbau

Wer die passend zu den Wagen konfektionierten Beleuchtungen kauft, findet in den Anleitungen entsprechende Montagehinweise, so dass hier nur die wesentlichen Bauartenunterschiede vorzustellen sind:

Nochmals sei darauf hingewiesen, dass ein extrem festsitzendes Dach niemals mit Gewalt heruntergerissen werden darf: Schonender ist das Herausdrücken von der Gehäuseinnenseite! Sind Rastnasen einmal beschädigt, schließt das Dach nicht mehr bündig, und es leuchtet an den Ritzen durch (siehe Kapitel 1).

Eine praxistaugliche und kundenfreundliche Innenbeleuchtung soll leicht und ohne Lötarbeiten einzubauen sein. Wie kommt der Strom nun von den Radschleifern (siehe Kapitel 3) zur Beleuchtung?

Masseleitung durch das Gehäuse

Bei älteren Blechwagen kann das Gehäuse als Masseleiter benutzt werden, an den ein Pol der Beleuchtung geklemmt wird. Der zweite Pol wird über ein Kabel zugeführt (Märklin).

Kabelverbindung

Von den Rad- und Drehgestellschleifern oder einem Kontaktstreifen im Wagenboden werden Kabel durch die Inneneinrichtung nach oben geführt und an die Kontakte der Beleuchtung geklemmt (Roco) oder manchmal auch gelötet (ade, Mayerhofer).

Steckkontakt

Einfacher ist der Kontaktschluss mit Steckhülsen. Die gesamte Inneneinrichtung wird

Links: H0 – Roco-Beleuchtung mit Kabelverbindung zu den Drehgestellen. Die Litze wird in die Leiterbahn eingeklemmt – oder gelötet; darüber die Schutzfolie.

Rechts: H0 – Reinstecken und Dach wieder aufsetzen, so einfach geht es bei der Steckbeleuchtung von Trix, sobald die Schleifer montiert sind.

Links: H0 – Fleischmann benutzt in vielen Wagen einen U-förmigen, stromleitenden Metallwinkel, an den die Drehgestelle und die Beleuchtung geschraubt werden.

Rechts: Statt der alten Drehgestellhalteschraube wird ein Achsschleifer mit neuer Schraube eingesetzt.

einfach auf stromführende Metallstifte im Wagenboden (Trix) gesteckt, fertig! Roco hat Verbindungsstifte zum nachträglichen Einbau den entsprechenden Wagen, nicht den Beleuchtungen beigelegt. Daher beim Ankauf gebrauchter Modelle immer darauf achten, dass dieser Beutel nicht fehlt! Gleiches gilt für Drehgestellradschleifer und Mittelleiterschleiferhalter.

Rocos-Exklusiv-Wagen haben bereits eingebaute Achsenstromabnahme und Leiterbahnen auf dem Wagenboden. In neueren Modellserien sind diese nicht mehr zwischen beiden Drehgestellen durchgehend, damit bei nicht eingebauter Beleuchtung keine Signalhalteabschnitte störende Strombrücken im Wagen entstehen.

Schraubwinkel

Statt Aufzustecken kann die Beleuchtung auch an einem Metallwinkel festgeschraubt werden, der gleichzeitig als Stromübertra-

gung und als Drehgestellbefestigung dient (Fleischmann).

Bei Beleuchtung mit Birnchen entsteht eine mehr oder weniger große Hitzeentwicklung. Um Kunststoffdächer vor Deformationen und Durchscheinen im Bereich der Lampe zu schützen, liegen oftmals kleine selbstklebende Silberpapierfolien bei. Man kann auch die Dachwölbung großflächig mit Alufolie auslegen und mit Doppelklebeband anheften. Vorsicht mit Pattex o.ä. Klebern, die den Kunststoff angreifen könnten!

Nicht alle Abteile haben voll eingeschaltete Beleuchtung. Zum Abdunkeln klebt man ein Stück passenden Karton oder Plastik über den gewünschten Bereich der Innenräume.

Konstantlicht

Ein leidiges Thema sind mit der Fahrspannung schwankende Innenbeleuchtungen bei analogen Anlagen. Zwar hat es Versuche

Links: H0 – Die Mayerhofer LED-Platine hat viel Elektronik an Bord. Es müssen lediglich der Kondensator im „WC" versteckt und Kabel zum Drehgestell durchgezogen werden.

Rechts: H0 – Sind keine passenden Originalschleifer für den Wagen verfügbar, müssen die der Beleuchtung beigelegten mit etwas Bastelgeschick eingebaut werden. Hier wurden die Kontaktfedern auf ein Metallblech gelötet, das in die Halteschlitze des Drehgestells passt.

Links: H0 – Glück gehabt, hier passt der Fleischmann Lichteinsatz haargenau in den Oberlichtaufbau eines US-Personenwagens.

Rechts: H0 – Die Einrichtung des badischen Wagens (Liliput) ist nach oben hin verschlossen. Nur durch kleine Schlitze kann Licht diffus in Abteile und Seitengang scheinen, – vorausgesetzt man hat den passenden Lichtleiter.

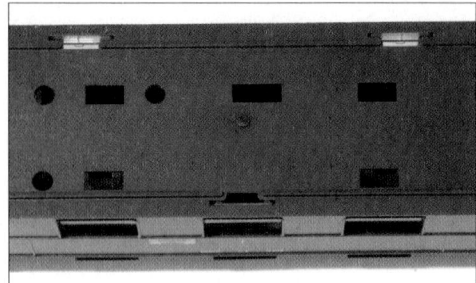

gegeben, mittels einer zusätzlichen Stromversorgung durch Hochfrequenztechnik (Fleischmann) für konstante Beleuchtung auch in Halteabschnitte zu sorgen, doch haben technische Probleme und Zulassungsschwierigkeiten diesen keinen Erfolg beschert.

Durch Elektronik im Wagen zumindest für eine weitgehend gleichbleibende Helligkeit und Flackerfreiheit zu sorgen, ist ein anderer Weg. Serienmäßig hat Rivarossi (Lima) in einigen Wagen solche eingebaut.

Eine aufwändigere Lösung für Analog- wie Digitalanlagen bietet Mayerhofer mit einem zusätzlichen kleinen Kondensator. Dessen Wirkung ist so nachhaltig, dass selbst nach

Abschalten der Spannung die Beleuchtung bis zu einer Minute lang glimmt. Teile der Beleuchtung sind über einen zusätzlichen Decoder ein- und auszuschalten.

Die perfekte und im Betrieb einfachste Lösung bietet die Digitaltechnik, da immer die volle Spannung vorhanden ist. Die Lämpchen müssen aber gegebenenfalls gegen solche mit ausreichend hoher Betriebsspannung (je nach Digitalsystem) ausgetauscht werden.

Letztendlich problematisch kann der Einbau einer kräftigen Innenbeleuchtung bei Modellen mit transparenten nur überlackierten Gehäusen (Lima, BRAWA) sein, wenn die Farbe das Licht nicht hinreichend abschirmt. Dann leuchtet es nicht nur aus den Fenstern.

7 Montage von serienmäßigen Zurüstteilen und Beschriftungen

Vielen Modelle sind nur halb so prächtig, wenn die beigelegten Zurüstteile und Beschriftungen nicht montiert werden und markante Details fehlen, ganz abgesehen von den verbleibenden hässlichen Steckbohrungen. Nun geht es um die Montage von Lüftern, Griffstangen, Faltenbälgen, Plastik- und Messingschildern sowie von Abreibe- und Nassabziehbildbeschriftungen.

Praxis: Montieren von Zurüstteilen

Abtrennen der Bauteile

Selten liegen Zurüstteile lose bei, was die Gefahr des Verlorengehens oder der Beschädigung während des Transportes mindert. Zum Abtrennen der Teile benutzt man ein bis in die Spitze scharfes Bastelmesser und/oder eine spezielle Schneidzange für Gebäudebausätze.

Damit die Teile nicht wegspringen, diese in einem kleinen (Pralinen-)Karton abtrennen und während des Arbeitens zusätzlich die hohle Hand über die Schnittstelle halten. Zur Aufbewahrung der losen Teile sollte eine kleine Schachtel mit hohem Rand und Deckel parat stehen.

Je nach Güte der Spritzform weisen manche Teile Grate auf. Meist ist dies ein generell auftretender Serienfehler. Das Entgraten geschieht am besten noch am Spritzling selbst. Feine Häute auf Grund nicht vollständig

schließender Formenhälften werden mit einer sehr scharfen flach gehaltenen Messerklinge abgeschabt.

Störende derbe Formtrennnähte an Kesseln oder Dachlüftern ebnen feine Feilen und Nassschleifpapier so gut wie möglich ein ohne die Detaillierung zu verkratzen. Umfangreichere Versäuberungen, die über das Abtragen von Graten hinausgehen, haben allerdings eine Neulackierung des Teils zur Folge! Daher vorher überlegen, ob sich das Abschleifen lohnt.

Ungeeignet als Arbeitsunterlage sind Verbundpappen, da sie beim Schneiden nachgeben und kein scharfes Abtrennen gewährleisten. Besser sind glatte Holzplättchen, die einem kräftigen Schnitt standhalten, andererseits aber die Messerklinge schonen.

Ob das heute noch mal passt?

Wichtig beim Abtrennen ist die Lage des Spritzlings: Für einen sauberen Schnitt muss das Zurüstteil idealerweise flach auf dem Untergrund aufliegen oder diesem zumin-

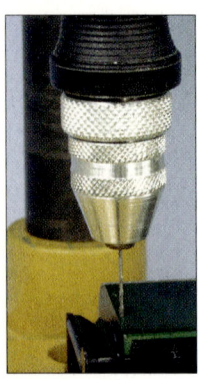

Für heikle Bohrungen wird eine leichte Minibohrmaschine in einen Bohrständer geklemmt.

Links: Zurüstteile aus Plastik werden mit einem Messer auf planer Unterlage wie dieser Pressspanplatte herausgeschnitten.

Rechts: Besonders kompliziert geformte Messingbauteile müssen im Schraubstock vom Gussbaum abgesägt werden.

dest möglichst nahe sein. Andernfalls kippelt der Spritzling und das Zurüstteil wird beim Messerschnitt abgequetscht oder weggebogen. So es die Form des Spritzlings zulässt, erfolgt der Schnitt „von oben", das ist die detailliertere Reliefseite. Nicht immer ist der Ansatzgrad im ersten Anlauf sauber abgetrennt. Nachschneiden oder mit einer feinen Feile Versäubern führt oft erst zum einwandfreien Ergebniss.

Bei gekrümmten Griffstangen oder Elektrokabeln kann es schonender sein, diese zuerst in Bogenmitte abzutrennen, damit die beim Abschneiden der Endpunkte auftretenden Verspannungen nicht zum Bruch des Teils führen. Leider kann man nicht immer auf Anhieb die bruchgefährdeten Schwachstellen eines Zurüstteils erkennen. Ansätze von Formennähten, Verdickungen oder Verschmälerungen und Abweichungen in der Oberflächenschattierung mahnen zur Behutsamkeit.

Vor dem Abtrennen kontrollieren, dass das Teil nicht zu kurz abgeschnitten wird. Sonst gibt es Probleme bei der sicheren Montage oder es fehlt sogar ein Detail.

Bei Metallgussteilen genügt ein Messer nicht. Mit einem kleinen Seitenschneider für Metall lassen sich einseitig am Gussbaum hängende Teile abknipsen. Bei empfindlichen Details kommt eine (Laub)säge mit feinem Metallsägeblatt oder eine Kleinbohrmaschine mit Trennscheibe und ein Schraubstock zum Einspannen des Gussbaumes zum Einsatz. Vorsicht: Trennscheiben können die Bauteile durch den ganzen Raum schleudern, daher die Arbeiten am besten in einem Auffangkarton ausführen.

Montieren und Ankleben

Steckteile sollten so passgenau sein, dass sie ohne Nacharbeiten betriebssicher halten. Je nach Hersteller und dessen Erfahrungen gelingt dies mehr aber auch weniger.

Mit einem Draht oder einer Stecknadel ist zumindest für zarte, bruchempfindliche Details zu prüfen, ob das Montageloch für die Aufnahme des Bauteils hinreichend tief genug ist. Fehlberechnungen, Materialschrumpfungen oder Unsauberkeiten beim Spritzen können die Passgenauigkeit beeinträchtigen. Zu kurze Löcher vertieft man mit einer einwandfrei rundlaufenden Minibohrmaschine bei geringer (elektronisch geregelter) Drehzahl. Ansonsten würde das Kunststoffmaterial unter der Reibungswärme anschmelzen und den Bohrer festsetzen. Bei sehr kritischen Bohrungen fixiert ein kleiner Bohrständer mit Schraubstock Maschine und Modell.

Alternativer Handbetrieb: Manche Feinmechaniker bevorzugen einen Handbohrerhalter mit Spannfutter, der mehr Gefühl für das Bohren vermittelt. Bei nur leichtem Verkanten brechen sehr dünne Bohrer allerdings schnell ab. Feine Reibaalen dienen zum Aufweiten zu dünner Löcher.

Auf Klemmsitz passende Teile werden mit gefühlvollem Druck eingepresst. Hierzu fasst man das Teil knapp vor dem Montagefortsatz mit einer Pinzette, setzt es an der Gehäusebohrung an und drückt es vorsichtig ein wenig hinein. Stimmt die Position wird bis zum Anschlag nachgeschoben.

Dies geht nur leicht von der Hand, wenn die Pinzette mechanisch sehr robust ist und ihre Spitze unscherbar fest schließt. Andernfalls kann das Bauteil abspringen oder sogar abknicken, die Pinzette am Gehäuse abrutschen und die Druckkraft nicht dosiert und punktgenau übertragen werden.

Selten liegt eine Montagehilfe aus Plastik bei, die eine spezielle Aufnahme für verwinkelte Bauteile hat und das Montieren erleichtern soll (Roco). Dünnes Doppelklebeband kann helfen, die flüchtigen Teilchen an diese Hilfswerkzeuge zu heften.

Einstieggriffstangen haben mitunter einen kurzen und einen langen Befestigungsdorn: Der Kurze gehört oftmals nach unten, da wegen des dahinter liegenden Wagenbodens die Montagebohrung nicht so tief wie zwischen den Fenstern ausfallen. Umgekehrt können Fenstereinsätze ebenso die Einstecktiefe begrenzen.

Damit gebogene oder eckige Griffstangen an Vorbauten von E-Loks und Frontpartien nicht verspannen oder brechen, werden diese zunächst lose angesteckt und dann von der Mitte beginnend jeweils gleichmäßig nach aussen eingedrückt. Um nicht Abzurutschen, benutzt man nach Möglichkeit das flache Rückteil der Pinzette.

Ständig wieder abfallende Griffstangen, Tritte, Lüfter oder Dynamos trüben nachhaltig die Freude am superdetaillierten Modell. Ankleben ist naheliegend und manchmal sogar herstellerseitig ausdrücklich vorgesehen. Doch hat dies seine Tücken, wenn sich die aus zähelastischem Material gefertigten Teilchen als „resistent" gegen handelsübliche Klebstoffe erweisen. Standardmäßig kommen bei Polystyrol verwandten Materialien dünnflüssige Plastikkleber wie man sie für Hausbausätze benutzt und Cyanoacrylat für lösungsmittelbeständigere Gehäuseteile (z. B. ABS) zur Anwendung.

Welcher Klebstoff geeignet ist, offenbart das Aufeinanderkleben zweier Spritzlingsreste der Zurüstteile. Lassen sie sich nach Durchtrocknung der Klebestelle wieder voneinander abziehen und/oder platzen Kleberreste vom Plastik ab, reicht die Aggressivität des Klebers nicht für die verwendeten Gehäusekunststoffe aus. Daher kann er allenthalben einen gewissen Klemmsitz der Teile befördern.

Besonders problematisch sind bei manchen Herstellern Zurüstteile an den Drehgestellen. Hier muss man zu Tricks greifen, wenn die Teile weder fest stecken noch mit üblichen Klebern für Plastik zu verschweißen sind. Heißkleber scheidet wegen seiner Dickflüssigkeit meist ebenfalls aus. Eine Variante ist eine Mischung aus spaltfüllenden Klebern (z. B. Pattex) und Sekundenkleber oder ein-

gedickter Klarlack. Einen Versuch wert scheint der zähe Klebelack für Schilder von Gaßner.

Bei Trittbrettern sollte man die Klebefläche mit Schmiergelpapier anrauen. Ragt der Befestigungsdorn auf der Rückseite von Drehgestellblende oder Wagenboden hervor, ist das Verschmelzen mit einer Lötkolbenspitze erwägenswert.

Niemals den Klebstoff direkt aus der Flasche auf die Gehäusebohrung träufeln, da dessen Austrittsmenge viel zu groß ist und das Gehäuse verlässlich ruiniert. Statt dessen wird der Kleber vermittels eines dünnen Drahtes auf den Befestigungsdorn des Bauteils gegeben und dieses dann eingesteckt.

Noch sicherer ist das rückseitige Verkleben nach der Montage. Hierfür müssen aber die Gehäuse zerlegt werden. Allerdings sitzen

Links: H0 – Diese Griffstangen für einen DB Düm (Roco) haben je nach Tiefe der Haltebohrung einen langen und einen kurzen Steckdorn.

Rechts: H0 – Sollten Bohrungen zu eng ausfallen oder mit Farbe zugesetzt sein, können sie mit einer Reibaale aufgeweitet werden.

Links: H0 – Die umlaufende Griffstange für den Vorbau (Roco DR 254) wird mit dem flachen Pinzettenende von der Mitte aus beginnend eingedrückt.

Rechts: H0 – Roco hat einigen Wagen Montagehilfen zum Eindrücken der Lüfter beigelegt. Doch es geht nicht immer ohne Tricks.

Tabelle einiger für die Montage von Zurüstteilen geeigneter Klebstoffe

Anbieter	Produkt
Bindulin	SK 3, SK 10 Bindulin 2000, Cyanokleber Bindulin GEL, Cyanokleber
Faller	492 Expert, dünnflüssig 490 Super-Expert, dünnflüssig 491 Expert RAPID, Cyanokleber
Gaßner	Z 255 Klebelack
greven	7161/7183 Plastikkleber, dünnflüssig 1501/1513/1583 SV Cyanokleber 1511/1581 SA Cyanokleber 1515/1585 SB Cyanokleber
Henkel	Pattex Plastic, dünnflüssig
Kibri	9995/9996 sehr dünnflüssig für Pinsel
Revell	39604 Contacta Professional, dünnflüssig 29625 Contacta Quick, Cyanokleber
UHU	plast, Tube plast spezial, dünnflüssig Cyanokleber
Vollmer	6016 Superzement S 30, dünnflüssig für Pinsel 6115 Supranol 2000, dünnflüssig
Weinert	2301 – 2305 Bylamet, Cyanokleber

manche Griffstangen so stramm in der Bohrung, dass auch der dünnflüssigste Kleber sie nicht mehr von hinten umfließen kann.

Sicherheitshalber niemals über oder in der Nähe von Modellen Klebstoffflaschen und Tuben öffnen noch aus ihnen Klebstoff mit einem Draht entnehmen. Gleichfalls wird der Kleber vom Rand des Modells immer auf dem kürzesten Weg zur Montagebohrung gebracht, sonst kleckert's!

Vorsicht ist bei der Verwendung von Cyanoacrylatklebern geboten. Diese neigen je nach Fabrikat, Kunststoffmaterial und wohl auch Raumklima zu weißlicher Schlierenbildung. Idealerweise werden sie nur in geringsten Mengen aufgetragen und wenn möglich von der Gehäuserückseite aus verarbeitet. Sie dürfen nicht in Fensterscheibennähe zum Einsatz kommen. Da diese Kleber altern, sollen sie kühl und im Kühlschrank wegen der Ausdünstungen in einer verschlossenen Dose gelagert werden. (Gehäusematerialien und ihre Klebbarkeit siehe auch Tabelle in: G. Balcke: Minifakten, Alba)

Praxis: Gummiwülste, Faltenbälge, Schutzgitter

Bis in die 1920er Jahre hinein wurden für den untergeordneten Personenverkehr noch Wagen ohne Stirnübergänge und Plattformen gebaut. Als wesentliche Erleichterung für das Personal standen aber schon in der Epoche I statt der Abteilwagen mit Außentüren und längs angeordneten Laufbrettern Wagen mit Endbühnen im Einsatz. Der Aufenthalt auf der Bühne während der Fahrt war für Reisende allerdings meist verboten, sofern nicht klappbare Gitter die Einstiege absicherten.

Als besonderen Komfort erhielten zunächst Schnellzüge Faltenbalgübergänge, die auch während der Fahrt den ungehinderten, geschützten Wechsel zwischen den Wagen im ganzen Zug ermöglichen. Selbst vierachsige Reichsbahn-Einheitswagen für den Eilzugdienst hatten hingegen nur einen offenen Übergang.

Als zukunftsweisende Innovation erwiesen sich die bei den Neubau- und Umbauwagen der DB erstmals verwendeten breiten Gummiwulstübergänge, bei denen die Stirnwände bis über die Pufferhülsen reichen.

E-Lokomotiven und Triebwagen aus den Epochen I und II hatten oftmals Stirntüren, die dem Zugführer den direkten Zugang zum Lokführer ermöglichten. In der Schweiz gelangten noch Neubaufahrzeuge der 1940er Jahre mit derartigen Übergängen zum Einsatz. Ihre kurioseste Vertreterin ist die SBB Re 4/4 I für den Pendelzugdienst mit ausziehbaren Faltenbälgen.

Bedingt durch die üblicherweise unmaßstäblich zu kleinen Radien der Modellbahnen und die meist weiten Kuppelabstände hatte man lange Zeit wenig Interesse auf die „Funktionalität" von Modellwagenübergängen gelegt. Seitdem die Kurzkupplungskinematik Standard ist und die Wagenenden aneinander rücken, müssen sich Modellbahnhersteller mit diesem Stirnwanddetail differenzierter auseinandersetzen oder klare Aussagen über Mindestradien treffen.

Je nach Einreihung des Wagens sind die Stellungen von Übergangsblechen, Schutzgittern und Faltenbälgen bekanntlich verschieden. Im Modellzugverband soll zwischen den Wagen zumindest die Illusion eines durchgehenden Überganges erkennbar sein. Am Zugschluss und hinter der Lok bleiben die Übergangseinrichtungen zurückgeklappt. Eine wirklich überzeugende Detaillösung gibt es erst mit Zurüststeckteilen, die die Wagenstirnseite jederzeit umrüsten lassen.

Die **offenen Übergänge** der Endplattformen werden meistens im geschlossenen Zustand ausgeführt, wie sie für das Zugende korrekt sind. Manchmal besteht die Möglichkeit, ein Übergangsblech herunterzuklappen. Für „Donnerbüchsen" liefern Weinert und Krüger Modellbau filigran geätzte Übergangsschutzgitter in aufgeklappter Stellung, die an die Bühnengeländer angeklebt zu einem wesentlich authentischeren Zugbild in der Seitenansicht verhelfen. In vielen anderen Fällen ist jedoch eigenes Bastelgeschick gefordert.

Faltenbälge sind ein spezielles Problem: Beim Vorbild bilden sie nach dem Zusammenkuppeln einen geschlossenen Übergang, der durch seine Faltung den Bewegungen der Wagen nachgibt. Hingegen haben sich im Modell Versuche, bei üblichen Radien einteilige Faltenbälge aus Gummi oder gefaltetem Karton nachzuahmen, als nur bedingt betriebstauglich und detailgetreu erwiesen. Erschwerend: Ein freizügiges An- und Abkuppeln ist nicht mehr möglich. Der Faltenbalg muss daher im Modell geteilt und ein Spalt während der Kurvenfahrt hingenommen werden.

Aufwändig detaillierte Altbaufahrzeuge weisen Übergangsbleche, Faltenbälge und manchmal sogar separate Faltenbalgaufhängungen für beide Betriebsstellungen zum Auswechseln auf. Vor allem die Faltenbälge sollten lediglich gesteckt und nur bei wackeligem Sitz mit wieder entfernbarem Fotokleber fixiert werden.

Ist die Faltenbalgaufhängung nicht als Wechselsteckteil konzipiert, klebt man sie nur stellenweise an. Ist sie für eine Position

Links: H0 – DRG-Eilzugwagen (Roco) mit offenen Übergängen
Rechts: H0 – Die gleichen Wagen in DB-Version mit geschlossenen Faltenbälgen. Die Übergänge können mit Steckteilen vorbildgerecht ausgestaltet werden. Die Faltenbalgaufhängung ist korrekt vor- oder zurückgeschoben.

H0 – Ausgepackt und auf die Schienen gestellt stehen die „Donnerbüchsen" (Roco) distanziert wie Güterwagen zueinander. Nach Einstecken der Kurzkupplungsköpfe und dem Anbau der Weinert-Scherengitter ist die seitliche Ansicht vorbildlich perfekt.

H0 – Dank auswechselbarer Zurüstteile vorbildlich variabel gestaltet sind hier die Übergänge an den DRG- Personenwagen bayerischer Bauart von Roco.

H0 – Die abgewinkelte Stirnseite ohne Puffer amerikanischer Personenwagen und die Klauenkupplung ermöglichen sogar in Modell ohne Kurzkupplungskinematik den Einbau von aus Papier gefalteten bündig schließenden Übergängen.

Hat man angefangen, neue Züge übergangstechnisch konsequent aufzurüsten, wird der Tatendrang auch vor älterem Wagenmaterial nicht innehalten. Das Austauschen mitunter stark vereinfachter Faltenbälge gegen überzählige oder als Ersatzteil beschaffte Übergangstunnel muss aber wohl überlegt sein, denn jene alten Faltenbälge sind manchmal recht solide angeklebt. Ihre Entfernung gestaltet sich nicht immer zerstörungsfrei.

So gibt es einfach plan aufgeklebte Faltenbälge, andere haben mehrere Dorne, die in Haltebohrungen gedrückt und bisweilen zusätzlich verklebt sind. Zum Entfernen sollte zunächst der Wagenboden abgeklipst werden, damit man sehen kann, wie der Faltenbalg befestigt ist. Lässt er sich nicht von innen herausdrücken, besteht die Möglichkeit, von unten beginnend den Faltenbalg mit einem feinen Messer und Schraubendreher abzuhebeln. Vorsicht: hinter einem am Faltenbalg angespritzten hochstehenden Übergangsblech kann sich ein Rastschlitz für die Wagenbodenbefestigung verbergen!

mitgeliefert, wird sie an die Stirnseite geklebt und am Faltenbalg – sofern vorgesehen – nur eingesteckt. Sind für eingeschobene und ausgefahrene Bälge verschiedene Aufhängungen vorhanden, erfolgt deren Verklebung ausschließlich an den passenden Faltenbälgen. Die somit nur lose an der Stirnseite anliegende Aufhängung kann dann immer zusammen mit dem Faltenbalg gewechselt werden.

Der neue Faltenbalg sollte an seiner Klebebasis weitgehend der Kontur des alten entsprechen, um etwaige Lackschäden zu verdecken. Folglich: vorher alten und neuen Faltenbalg auf weitgehende Passgenauigkeit ausmessen, erst dann mit dem Abriss beginnen. Nachher ist es zu spät.

Gummiwülste sind in der Nachbildung unproblematischer, da sie keinen ein- oder ausgezogenen Zustand haben. Bei beweglichen Übergangsblechen darauf achten, dass sie nur am Zuganfang und -schluss

Links: H0 – Bei einigen Kleinserien-Umbausätzen (M+F, Günther, Weinert) gab es Gummiwülste aus Schlauchmaterial zum Ankleben.

Rechts: H0 – Sonderfall DRG SVT (Liliput). Hier sind die wegen der Kurvenläufigkeit verschmälerten Faltenbälge verbunden und dienen gleichzeitig als Triebwagenkupplung.

Einige verschiedene Faltenbalg-befestigungen:
1. N – Version mit drei Haltedornen,
2. H0 – Wechsel-faltenbalg mit fünf Rastnasen,
3. H0 – plan aufge-klebter Faltenbalg,
4. H0 – Gummi-wulst mit vier ecki-gen Stecknasen,
5. H0 – gefederte Gummiwulst mit zwei Rastnasen,
6. H0 – plan ange-klebte Gummiwulst

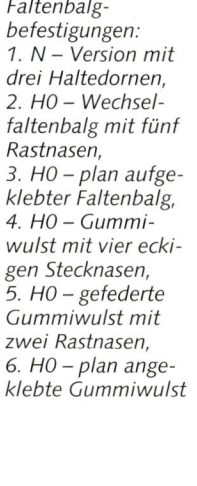

H0 – Gummiwulstübergänge (Lima, ade) in geschlossener Position. Beim Nahverkehrswagen müsste eigentlich im Zugverband das Rollo hochgeschoben und ein offener Durchgang vorhanden sein. Beim IC-Wagen sind die Automatiktüren immer geschlossen.

hochstehen. Einige Hersteller (ade, Lima) haben die Gummiwulstattrappen gefedert gelagert. Dies hat weniger etwas mit Vorbildtreue zu tun, (die Gummischläuche geben bei Vorbild nur in sich durch Zusammenquetschen nach) als mit einer Verbesserung des Ankuppelverhaltens. Stehen die Gummiwülste nur minimal zu weit vor, können Kurzkupplungsköpfe nur schwer oder gar nicht einhaken.

Experimentiert haben Kleinserienhersteller auch mit zugeschnittenen Gummischläuchen. Sie müssen aber sehr nachgiebig sein, sonst klemmen die Wagen.

H0 – Gefederte Gummiwülste (ade) erleichtern das Ankuppeln. Ein kleiner Spalt ist dennoch nötig, damit die Wagen bei Neigungswechseln und Schubverkehr nicht aneinander reiben.

In der Epoche IV (1979) trafen Gummiwülste und Faltenbälge wie bei diesen SBB EW B I üblicherweise noch aufeinander. Deutlich erkennt man, dass die Gummiwulst immer über den Puffertellern vorsteht, während der Faltenbalg nur im ganz ausgefahrenem Zustand darüber reicht.

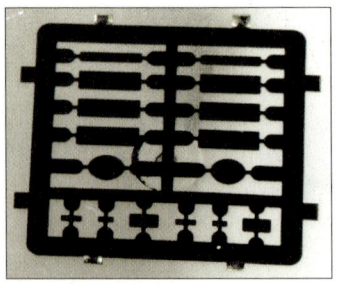
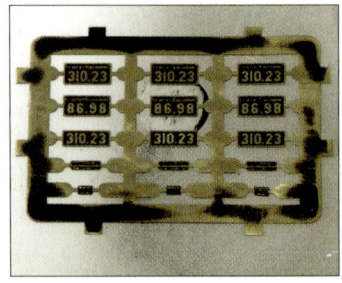

Links: H0 – Hier ist die sehr flach angeätzte und vorlackierte Neusilberblech-Beschriftung der DR 18 (Roco) noch kaum zu lesen. Der Modellbahner muss selbst die Schrift mit Schmirgelpapier freischleifen.

Rechts: H0 – Die Messingschiler der 310 (Roco) sind freigelegt und lassen die Beschriftung erkennen.

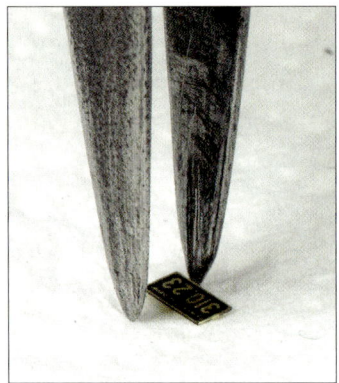

Links: Zum Lackieren bereits ausgeschnittener Schildchen werden diese auf ein Klebeband aufgedrückt. Der Pinsel soll so breit sein, dass er die Farbe in einem Strich aufs Schild aufträgt.

Rechts: Dünne Schilder, die auf einer weichen Stoff(papier)unterlage liegen, lassen sich mit einer Pinzette leichter greifen.

Mit einer Justierzange lassen sich die Blechschilder plan drücken, ohne diese zu zerquetschen.

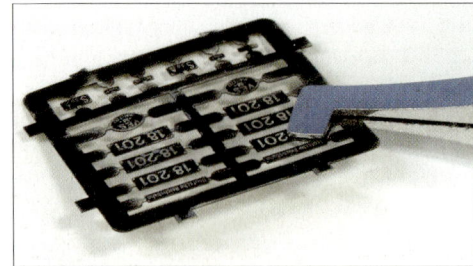

Praxis: Aufbringen von Schildern

Fahrzeugbausätzen und manchen Industriemodellen liegen Schilder zur Komplettierung der Beschriftung bei. Neben Lokschildern aus Metall sind es vor allem Wagennummernträger bei Epoche-I- und II-Personenwagen und unzählige Zuglaufschilder aus Kunststoff, Metall oder Papier, die grifffest an Ort und Stelle geklebt werden wollen.

Lokschilder aus geätztem Messing- oder Neusilberblech veredeln manches exklusivere Fertigmodell als Alternative zur aufgedruckten Beschilderung. Nicht immer sind die winzigen Tafeln bereits fix und fertig zum Aufkleben. Die Montageschritte im einzelnen:

1. Unlackierte Schilder werden vor dem Herausschneiden zunächst mit einem Glasfaserradierer poliert und nötigenfalls mit einer planen Justierzange gerichtet.

2. Zum anschließenden Lackieren mit seidenmatter auf Metall gut haftender Farbe muss der Pinsel so breit sein, dass die Lackierung des größten Schildes in einem Zug deckend erfolgt. Noch feiner ist eine Lackierung aus der Sprühdose oder der Spritzpistole, aber nicht zwingend erforderlich.

3. Nach Durchtrocknung wird das Schilderblech auf einer absolut ebenen Unterlage ggf. mit etwas Tesafilm fixiert und die erhabenen Ziffern und Buchstaben werden mit 400 bis 800 Nassschleifpapier freigelegt. Das Schleifpapier darf dabei die Schilder nur leicht berühren und muss ständig erneuert werden. Drückt man nämlich zu stark, wird die gesamte Lackierung wieder abgetragen.

Bei kleinen Schilder lässt sich die Farbe auch mit einer absolut waagerecht geführten Messerklinge abschleifen, was aber besonders bei Schildern ohne erhabenem Rand leicht zum Verkratzen des Schildergrundes führen kann.

4. Danach schneidet man mit einer feinen Schere die Schildchen aus dem Ätzrahmen. Ist versehentlich zu viel Farbe vom Schild-

untergrund abgeschliffen, können kleinere Patzer zusammen mit den Schnittkanten ausgetupft werden. Zum Schluss erhält das Schild noch eine Klarlackschutzschicht. Hierzu kann man es provisorisch auf ein Kreppklebeband heften. Diese Art der Fixierung empfiehlt sich auch, wenn man die Schilder erst nach dem Herausschneiden lackieren möchte.

Zur Aufbewahrung bis zur Montage sollte eine kleine verschließbare Schachtel bereit stehen. Kleinteile lassen sich übrigens leichter mit einer Pinzettenspitze greifen, wenn sie auf einer weichen Unterlage wie einem Papiertuch liegen.

Selbstklebend sind meist nur Zuglaufschilder aus Papier. Daher im folgenden einige Gedanken zur zuverlässigen Befestigung:

Kleben: Ein Weg besteht im Aufkleben mit Sekundenkleber oder etwas Pattex. Damit der Kleber gut greift, muss das Schild auf der Rückseite mit Schmirgelpapier von Farb- oder Ätzschutzlackresten gesäubert und angeraut werden. Man darf nur einen Tropfen Kleber mit einem Draht auf die Mitte der Schildrückseite auftragen. Andernfalls quillt dieser nach Aufsetzen auf die Fahrzeugseitenwand unter dem Schild hervor und ruiniert die Lackierung. Kleber binden bei derart geringen Mengen rasch ab, so dass die Schilder unverzüglich an Ort und Stelle verbracht werden müssen.

Dieses Aufkleben erfordert offensichtlich eine sehr gute Pinzette, sehr viel Geschick und eine auf Anhieb exakte Position des Schildes. Liegen Zuglaufschilder wegen ihrer angedeuteten Halterungen nicht plan auf der Seitenwand auf, ist spaltfüllender Kleber wie Cyano-Gel, Pattex oder Uhu-plus zuverlässiger.

Eine Alternative zu Klebstoffen ist die Verwendung von Lacken. Der auf Beschriftungen spezialisierte Anbieter Gaßner vertreibt einen zähflüssigen Klebelack Z 255, der eher Photoklebern ähnelt. Dieser gewährt nicht nur eine etwas längere Justierzeit des Schildes, sondern das an den Schildrändern möglicherweise hervortretende überschüssige Material lässt sich nach Abbinden mit einem Zahnstocher meist abrubbeln.

Heften: Weniger Nervenkitzel bereitet das Anheften mittels hauchdünnem Doppelklebeband wie zum Beispiel tesa Fotostrip (Klebebänder dürfen keinesfalls überlagert sein, sonst lässt deren Klebekraft nach). Die Schilder werden auf ein Stück abgerollten Doppelklebebandes fest aufgedrückt und danach mit einem Messer oder Schere konturgenau herausgetrennt.

Nach Abziehen des rückseitigen Abdeckstreifens wird das Schild mit der Pinzette gefasst und zunächst nur lose auf das Modell aufgelegt. Stimmt die Position, erfolgt mit der flachen Seite der Pinzette das Fest-

Links: H0 – Anstelle der aufgedruckten Beschriftung können bei dieser 310 (Roco) auch die beigelegten Messing-Ätzschilder aufgeklebt werden.

Mitte: Das Schildchen wird auf ein feines Doppelklebeband fest angedrückt und rundherum freigeschnitten.

Rechts: H0 – Nach Abziehen des hinteren Klebebandschutzstreifens wird das Schild über die aufgedruckte Beschriftung geheftet.

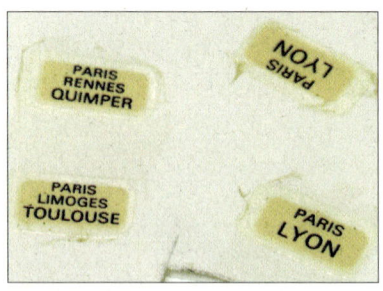

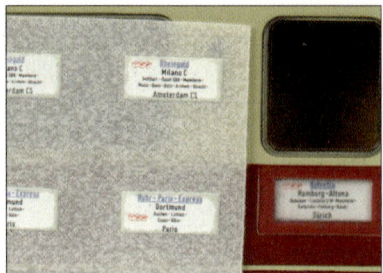

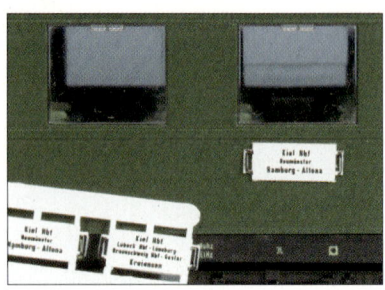

Links: H0 – Diese Zuglaufschilder aus Nassabziehbildern (Jouef) wurden auf dünnen Zeichenkarton aufgeklebt und können anschließend ausgeschnitten werden.

Mitte: H0 – Bei ade gab es sogar unter Glasscheiben liegende Zuglaufschilder aus Selbstklebeetiketten.

Rechts: H0 – Roco liefert bei manchen Wagen bedruckte Plastikschildchen zum Aufkleben mit.

drücken. Zumindest bei Lokbausätzen wäre eine abschließende Überlackierung mit seidenmattem Klarlack als zusätzliche Fixierung in Betracht zu ziehen.

Doppelklebebänder bieten sich auch für die Montage von wieder entfernbaren Zuglaufschildern oder gegen übliche Kleber resistente Plastikschilder oder Schilder aus Papier und Karton an. Letztere keinesfalls mit dünnflüssigem Kleber verarbeiten, da dieser in das Schild einsickert und Flecken hinterlässt.

Papierschildern auf einem unebenen Untergrund wie Bretterwänden sollten zuvor auf eine Trägertafel aus dünnem Blech, Plastik oder Karton geklebt werden. Andernfalls drücken sich Nietenreihen, Bretterfugen aber auch Staubkörner in der Lackierung durch.

H0 – Eher selten muss man ein Modell komplett selbst dekorieren wie bei diesem Roco-Tankwagen. Mit Hilfe des Weichmachers können die Abziehbilder konturnah über die Nähte des Kessels gelegt werden.

Praxis: Aufbringen von Abziehbildern und Abreibeschriften

Schiffs-, Flugzeug- und Autobausätze sind die eigentliche Domäne von **Nassabziehbildbeschriftungen**, doch sollen sie auch manches Eisenbahnmodell verzieren. Das Abziehbild besteht aus einem Papierträger und der darauf aufgebrachten ablösbaren hauchdünnen Folie mit den aufgedruckten Beschriftungen, Emblemen und Zierlinien.

Das Verarbeitungsprinzip: Durch Eintauchen in Wasser wird der Kleber zwischen den beiden Schichten angelöst und die Beschriftungsfolie kann vom Papier auf das Modell geschoben werden. Nach Verdunsten des Wassers klebt die Beschriftung dauerhaft am Modell fest. Das Vorgehen ist eigentlich recht einfach, erfordert aber zur Sicherstellung eines optimalen Ergebnisses ein gewisses Maß an Sorgfalt und Fingerspitzengefühl.

Je nach Fabrikat benötigt das Abziehbild mehr oder weniger Anlösezeit für den Kleber. Falls hierzu Angaben fehlen, führt man im Zweifelsfall mit einem Stück unbedruckten Abziehbildes zunächst einen Test aus. Ist es zu kurz im Wasser, wird der Kleber nicht vollständig angelöst, und das Abziehbild lässt sich nicht vom Papier schieben. Schwimmt es zu lange, kann es sich einrollen, sich vom Trägerpapier vorzeitig ablösen und auf den Grund des Wasserglases sinken oder zuviel Kleber für die sichere Montage verlieren.

Die meisten Beschriftungen werden auf einer durchgehenden Druckfolie geliefert. Bei weißen und beigefarbenen Langträgerbeschriftungen wird das Zuschneiden aber wegen des schwachen Kontrastes gegenüber dem Trägerpapier zum Ratespiel. Die Schrift ist nur lesbar, wenn der Bogen gegen eine Schreibtischlampe oder eine hell reflektierende Fläche (Tisch, Karton, Fenster) aufscheint. Komfortabler vor allem beim Zuschneiden sind Dia-Leuchtkästen, auf die das Blatt gelegt werden kann. Hilfsweise lässt sich auch eine Taschenlampe mit großem Reflektor unter einer Milchglasscheibe verwenden – der findige Modellbauer wird hier sicherlich sein Improvisationstalent gefordert sehen. Sehr elegant ist das Lesen blasser aber lupenreiner Beschriftungen mittels eines Computer-Scanners. Die Bedruckung ist dann am Monitor in beliebiger Vergrößerung zu begutachten und bei nicht wieder zu beschaffenden Decals als Datei zum späteren Nachdruck auf entsprechende Leerbögen vorab zu sichern (feine Schriften können nur von hochauflösenden Druckern und Kopierern reproduziert werden).

Der Feinzuschnitt erfolgt mit einem Skalpell oder einem stets scharfen Messer (Abbruchklingen). Damit versehentlich kein Beschnitt von Buchstaben erfolgt, wird das Messer an einem transparenten Lineal geführt, das eine ungetrübte Sicht auf den Schriftbogen gewährt. Runde Embleme kann man mit einer Lochzange ausstanzen und/oder mit einer angerundeten Hautschere zuschneiden. Der überstehende Folienrand sollte die Beschriftung nicht wesentlich überragen und auf allen Seiten den gleichen Überstand haben.

Nach Herausnahme aus dem Wasser hält man das Abziehbild kurz über ein fusselfreies Haushaltstuch und schiebt nötigenfalls die schmalen abgetrennten Randstreifen um das eigentliche Abziehbild vom Trägerpapier herunter, damit diese nicht mit auf das Modell oder sogar unter das Abziehbild geraten. Dann wird das Abziehbild auf das Modell gebracht und mit einem stumpfen Zahnstocher o.ä. vom Trägerpapier auf die Montagestelle geschoben. Das gefürchtete Umfalzen der Ränder bei sehr dünnen Folien vermeidet die umgekehrte Verfahrensweise: Die

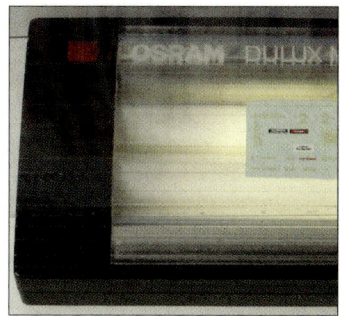

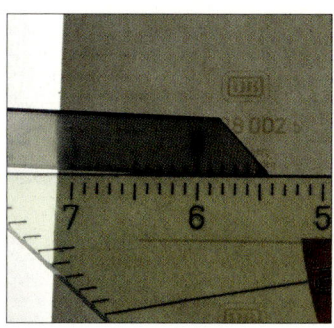

Beschriftung ist nur knapp über den Rand zu schieben, mit einem Hölzchen auf der Seitenwand zu halten und dann das Trägerpapier unter der Beschriftung wegzuziehen.

Damit es hierbei nicht einreißt oder verknittert, ist ein beständiger Wasserfilm unter dem Abziehbild nötig. Einige Hersteller bieten spezielle Wasserweichmacher an, die vorher auf der Montagefläche aufgepinselt dem Wassertropfen die Oberflächenspannung nehmen. Ist das Abziehbild an Ort und Stelle, wird vorsichtig mit einen Tuch Wasser abgesaugt und die Beschriftung mit einem Rundholz und einem leicht feuchten Tuch als Zwischenlage von der Mitte beginnend angedrückt bis etwaige Luftblasen nach außen wandern.

Idealerweise soll die Trägerfolie am fertigen Modell kaum mehr hervorstechen und die Beschriftung aufgedruckt wirken. Wie perfekt dies gelingt, hängt von der Untergrundbeschaffenheit und der Abweichung im Glanzgrad zwischen Lackierung und Abziehbild ab. Glatte und glänzende Flächen bieten unter diesem Gesichtspunkt die beste Haftbasis, jedoch sind im Modelleisenbahnbau

Links: Improvisiertes „Leuchtkasten" mit Taschenlampe und darüber gelegter Transparentplatte (Audio-Kassetten-Schachtel)

Rechts: Auf einem Leuchtpult lassen sich helle Schriften bequem zuschneiden.

Hier ist die Trägerfolie nur im Bereich der alten Heinzl-Schrift „Deutsche Reichsbahn" vorhanden.

Abziehbild zuschneiden.

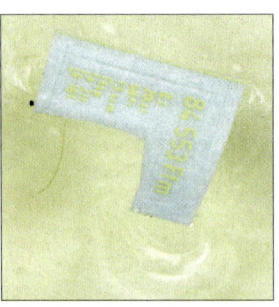
Abziehbild wässern.

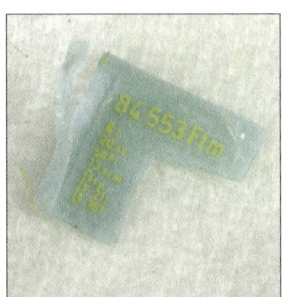
Abziehbild freilegen.

Abziehbild abschieben.

Mit Flies das vom Trägerpapier gelöste Abziehbild nun leicht andrücken.

Abziehbild mit Weichmacher anlösen. Abziehbild trocknen lassen und nochmals mit Flies andrücken.

meist matte bis seidenmatte Farben bevorzugt. Um so rauher die Lackschicht oder Modelloberfläche im Macrobereich ausfällt, um so eher können winzigste Ablösungen das Abziehbild matt reflektieren lassen. Störend offenbaren sich Fremdkörper wie Abziehbildschnipsel, Fussel von Tüchern, Haare und vom Trägerpapier mitgerissene Papierfasern.

Für eine konturnahe Anhaftung des Abziehbildes gibt es spezielle Weichmacher, die nach Aufpinseln die Folie je nach Einwirkzeit mehr oder weniger stark anlösen. Der Vorgang kann durch Zugabe von Wasser gestoppt oder durch mehrmaliges Auftragen der Lösung verstärkt werden. Dank des Weichmachers legen sich Abziehbilder detailscharf über Waggontüren, Nietenreihen, um Kanten und sogar in Bretterwandnuten.

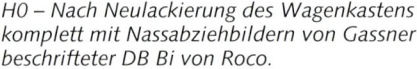
H0 – Nach Neulackierung des Wagenkastens komplett mit Nassabziehbildern von Gassner beschrifteter DB Bi von Roco.

Während des Einweichens blähen die Beschriftungen etwas auf und sind klebrig. Daher diese immer nur mit einem feuchten Tuch andrücken, sonst besteht die Gefahr, sie wieder abzuziehen. Nachträgliches Verschieben ist wegen Reißgefahr zu vermeiden! Je nach Hersteller reagieren Beschriftung und Lösungsmittel unterschiedlich stark miteinander und leider gibt es auch Fälle, wo sich die Abziehbilder nach anfänglichem Anlösen wieder glatt zusammenziehen.

Weichmacher können bei längerer Einwirkzeit den Fahrzeuglack druck- und kratzempfindlich machen. Während deren Verarbeitung also besonders vorsichtig mit Pinzette und Justierhölzchen umgehen. Andererseits hat dies auch den positiven Effekt, dass die Abziehbilder quasi mit der Lackierung „verschweißen". Vorsicht: Weichmacher sind außerdem ein profundes Lösungsmittel für wasserfeste Filzstifte und des mit ihnen mühselig aufgetragenen Dekors am Modell!

Um die Beschriftung grifffester zu machen und den Glanzgrad von Abziehbild und Lackierung anzugleichen, empfiehlt sich zumindest bei Bausätzen mit umfangreicher Beschriftung eine abschließende Klarlackschicht aufzuspritzen. (Anmerkung: Der Lack sollte keinesfalls über Maßen verdünnt werden, damit er nicht durch die Beschriftungsoberfläche oder Fettflecke abgestoßen wird.)

Nassabziehbilder können altern: Wenn sich bereits beim Zuschneiden oder Wässern Teile der Bedruckung ablösen, die Oberfläche des Abziehbildes scheckig erscheint oder das Abziehbild auf dem Trägerpapier fleckig wirkt, ist dies ein Zeichen für Überalterung oder zu feuchte Lagerung. Die Bögen sind dann kaum mehr verwendbar.

Eine Alternative zu Nassabziehbildern sind **Abreibebeschriftungen**. Waren gut sortierte Schreibwarenfachgeschäfte einst in reichlicher Auswahl mit Buchstaben- und Ziffernsets ausgestattet, so hat deren Angebot seit Verbreitung des Heim-PC und entsprechend leistungsfähiger Tinten- bzw. LED-Drucker stark abgenommen. Daher wird man Abrei-

H0 – Nur mit Hilfe des Weichmachers haben sich die langen Schriftzüge über die Bretterwand legen lassen, ohne die Detaillierung zuzudecken.

H0 – Der Weichmacher ermöglicht das saubere Auftragen der Abziehbilder selbst über Türkanten (Günther). Die Bremsecken sind ebenfalls um die Kante gezogen und fallen nach Alterung des Kesselwagens (Piko) kaum mehr als Abziehbild auf.

Chemikalien zur Verarbeitung von Nassabziehbildern

Hersteller	Produkt
Microscale	Micro Set. Fließverbesserer Micro Sol, Weichmacher
Champion Decal	Champ Decal Set
Gaßner	Z 252 Weichmacher
Gunze Sangyo	Mr. Mark Softer, Weichmacher
MOLAK	Decal Work, Weichmacher
Testors	Model Master Decal Set Polly Scale Decal Setting Solution, Fließverbesserer Decal Softening Solution, Weichmacher
Walthers	Solvaset, Weichmacher

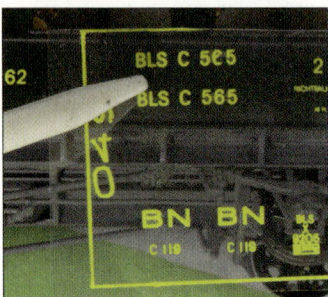

N – Dieser Mitropa-WR-Messingbausatz (Freudenreich) wurde komplett mit einer durchgehenden Abreibebeschriftung dekoriert, die auch die Zierstreifen umfasst. Hier muss die Wagenbeschriftung komplett mit Sprühlack geschützt werden.

H0 – Dieser BLS-Oldtimer (Perlmodell) wird mit Abreibebuchstaben beschriftet – darunter das Anreibepapier. Die fertige Beschriftung wurde nur mit auf die Buchstaben gepinseltem Mattlack gefestigt.

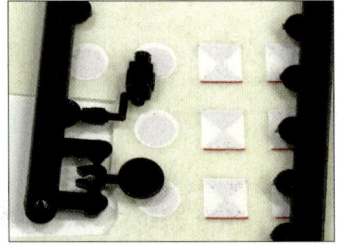

H0 – Roco legt(e) einigen Wagenserien Oberwagenlaternen und Schlussscheiben bei. Die Färbung erfolgt mit Abreibefolien. Die „Laternengläser" kann man auch mit Farbe anmalen. Bei tunnelloser Tagesfahrt wurden beim Vorbild die unbeleuchteten Laternen gedreht aufgesteckt, so dass die rot/weiß bemalten Seiten wie eine Schlussscheibe nach hinten zeigten.

H0 – So soll es nicht sein: die Abziehbilder haben sich trotz Weichmachereinsatz nicht ganz mit dem Untergrund (RMA) verbunden, so dass Reflexionsflecken entstehen.

beschriften und -symbole meist nur noch im Rahmen von Fahrzeugbausätzen antreffen.

Die Beschriftungen oder Zierlinien sind auf der Unterseite einer Trägerfolie aufgebracht. Zum Übertragen auf das Modell wird die Folie aufgelegt und der Buchstabe durch Überreiben mit einem speziellen Plastikstift, Bleistift oder Kugelschreiber aufgedrückt. Die Ablösung von der Trägerfolie erfolgt dabei nicht nur durch Druck sondern durch die bei der Reibung entstehende Wärme. Geschwindigkeit in der Reibbewegung zählt hier also mitunter mehr als reine Druckkraft. Lässt sich das Decal trotz intensiven Reibens nicht ablösen, ist der Beschriftungsbogen meist zu alt. Ist die Lackoberfläche des Modells zu glatt, kann die Beschriftung ebenfalls nicht gut halten. Zum Festreiben der aufgebrachten Schriften liegt in der Regel ein mattes, einseitig glattes Papier bei, das gleichermaßen als Schutzpapier für die Unterseite des Beschriftungsbogens dient. Fehlplatzierte Buchstaben lassen sich oft mit dem Fingernagel, Tesafilm und Schienenreinigungsflüssigkeit entfernen.

Abreibebeschriftungen sind empfindlicher als Abziehbilder und benötigen einen Schutzlacküberzug. Erscheint eine Spritzlackierung zu aufwändig, kann man hilfsweise nur die Buchstabenkonturen mit einem sehr feinen Pinsel überlackieren.

8 Modelloptimierung

Ein Kapitel für Fortgeschrittene: Viele Modellbahner sind erst einmal zufrieden, wenn das komplett aufgerüstete Modell auf der Anlage emsig seine Runden dreht. Doch lässt selbst die heutige Superdetaillierung der Fahrzeuge noch Raum für Verfeinerungen und Ergänzungen durch Tenderbekohlung, Ladegüter, vorbildgetreuere Pantographen und farbliche Detailhervorhebungen.

Praxis: Heizmaterial für Lokomotiven – Güter für die Bahn

Kohlehaufenimitationen

Wer einen leeren Tender beladen will, sollte sich im Zweifelsfall über das beim Vorbild genutzte Brennmaterial informieren. Je nach Typ kann eine Schmalspurbahn-Museumslok mit Briketts, eine amerikanischer Gigant für die automatische Beschickung mit spezieller Kohlebrechung und eine Dampflok der frühen Epoche I mit Holzscheiten gefüttert werden. Jedoch haben die meisten Kohlenkästen der angebotenen Dampflokomotivmodelle bereits realistisch strukturierte Kohlenhaufenimitationen, die aber häufig in der selben Materialeinfärbung wie das Lokgehäuse gehalten sind. Nur wenigen Modellen liegt zumindest ein Tütchen Minikohle zur Selbstverarbeitung bei. Ein wenig echte Kohlebeschüttung (z. B. von M+D) hingegen steigert das vorbildgetreuere und individuellere Aussehen jedes Dampflokmodells beträchtlich:

Anpassen des Kohlenkastens: Füllt die Kohlenhaufenimitation den Kohlenkasten nicht bereits werksseitig randvoll auf, besteht oft genügend Spielraum zum Aufstreuen und Festkleben einer dünnen Kohleschicht. Vorsicht ist bei aufgesetzten Kohlenkastenerhöhungen geboten, denn falls diese lose stecken, kann durch den Spalt Kleber auf das Gehäuse heraus fließen. Sollte der Kohlehaufen ein separater (Metall)einsatz sein, sind auch dessen Ritzen abzudichten.

Türmt sich ein Kohlehaufen zu hoch, um eine zusätzliche Kohleschicht aufzubringen, ist die alte Imitation nach Möglichkeit zu entfernen: Nach Demontage des Lok- oder Tendergehäuses wird mit einigen Millimetern Abstand vom Rand des Kohlenkastens zunächst ein Loch gebohrt. Von diesem ausgehend trennt man entweder mit einem langsam laufenden zylindrischen Fräser oder etwas ungefährlicher mit einer Laubsäge (nur Sägeblätter für Metall verwenden!) den Kohlehaufen aus dem Gehäuse heraus; dabei sicherheitshalber eine Distanz von ca. 1–2 mm zu den Kohlenkastenaußenwänden einhalten, damit Verschneiden oder Erwärmung beim Fräsen diese nicht beschädigt!

Den verbleibenden Steg ebnet man mit einer Flachfeile bündig zu den Wänden ein. Oft genügt es dann, einen neuen schwarz ange-

Ölfeuerung wäre praktischer!

H0 – Arbeitsschritte
bei der Tender-
bekohlung (Liliput
Wien DRG 18):
1. Tendergehäuse
mit Kohleimitation
aus Plastik
2. Abziehen des
Kohleaufsatzes vom
Metallgehäuse
3. Bohren eines
Loches zum Aus-
sägen der Kohle-
imitation
4. Aussägen der
Kohleimitaton
mit Laubsäge
5. Nach Einkleben
des verbliebenen
Kohlenkastenab-
schlussrahmens
wird ein neuer Bo-
den aus Pappe am
montierten Tender-
gehäuse angepasst.
6. Auffüllen und
Verkleben der ech-
ten Kohle (M+D)
mit verdünntem
Ponal
7. Fertiger Kohlen-
kasten mit echter
Kohle, davor der
herausgetrennte
Plastikeinsatz

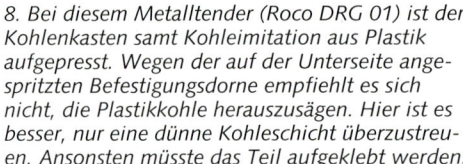

8. Bei diesem Metalltender (Roco DRG 01) ist der
Kohlenkasten samt Kohleimitation aus Plastik
aufgepresst. Wegen der auf der Unterseite angespritzten Befestigungsdorne empfiehlt es sich
nicht, die Plastikkohle herauszusägen. Hier ist es
besser, nur eine dünne Kohleschicht überzustreu-
en. Ansonsten müsste das Teil aufgeklebt werden.

malten Boden aus Pappe oder bei Stabilitätsproblemen aus Plastik (z. B. Rest einer Mauerplatte) einzusetzen. Vor dem endgültigen Verkleben und Abdichten mit z. B. Uhu-hart oder dickflüssigem Plastikkleber ist durch einen Probesitz des Gehäuses zu prüfen, ob Motor und Elektronik noch darunter passen.

Aufkleben der Kohle: Sollten die Kohlestückchen etwas zu groß für Tenderkohle wirken, lassen sie sich zwischen den Fingern zerreiben oder mit dem Hammer in einer Plastiktüte weiter zerkleinern. Die Technik des Bekohlens entspricht prinzipiell dem Einschottern von Gleisen. Zum Kleben wird mit Wasser verdünnter Weißleim unter Beigabe von etwas Spülmittel als Weichmacher (befördert das Einsickern des Klebers zwischen den Steinchen) benutzt. Nach Benetzen des Kastenbodens werden die Kohlestückchen aufgestreut und anschließend mit dem Weißleimgemisch mittels eines Pinsels beträufelt. Ist dieses abgetrocknet, werden überhängende Bröckchen entfernt oder mit weiteren Steinen kleine Schütthäufchen modelliert und der Klebevorgang falls nötig wiederholt. Übergelaufener Weißleim kann rückstandslos vom Gehäuse sofort mit Wasser und fusselfreien Haushaltstüchern vom Gehäuse abgesaugt werden.

Effektvoll wirken einzelne Kohlebrocken rund um den Kohlenkastenaufbau. Diese mit der Pinzette platzierten Stückchen fixiert ein Tropfen unverdünnter Leim. Man sollte dies aber nicht auf allen Lokomotiven zur Regel machen, da der Heizer auch aus Sicherheitsgründen für Ordnung und Sauberkeit auf der Lok zu sorgen hat. Je nach Art der zu imitierenden Kohlensorte kann ein Überzug mit (seiden)glänzendem Lack den realistischen Eindruck verbessern (Die Wirkung sollte man an einem separaten Kohlehaufen vorher testen).

Ladegüter

Beladene Wagen lassen Güterzüge und Ladeszenen lebendiger erscheinen. Darüberhinaus dienen Ladegüter elegant zum Beschweren zu leichter Wagen. Als Modellbahnzubehör gibt es inzwischen für alle gängigen Baugrößen bis hin zur Gartenbahn eine Fülle unterschiedlichster „Rohstoffe" und „Industrieprodukte".

Schüttgüter wie Kohle, Erze, Schrott, Rüben, Äpfel werden als fertig dekorierte und auf bestimmte Güterwagenmodelle zugeschnittene Einsätze angeboten. Um die Wagen nicht übermäßig zu beschweren und Material zu sparen, sind die Schüttgüter auf geschäumten Kunststoffeinsätzen nur als Deckschicht aufgeleimt. Diese kann man natürlich auch selbst herstellen und beschütten. Allerdings erfordert außer bei Kohle und Schotter das Auffinden geeigneter Materialien zur Imitation von Äpfeln, Rüben u. ä. etwas Improvisationstalent und Findigkeit bei der Materialbeschaffung. Quellende Samen sollten nicht mit wasserlöslichem Klebern verarbeitet werden.

Die zweite Ladegutgruppe umfasst **Halb- oder Fertigprodukte** aus unterschiedlichsten Branchen. So können Röhren, Holzstämme,

H0 – Kohle- oder Holzfeuerung? Dies ist eine Frage der Epoche, der Einsatzregion und des Loktyps.

H0 – Beladene Güterwagen werden von den Modellbahnherstellern aktionsweise angeboten (Roco).

Ladegüter

Hersteller	Z	N	TT	H0	0	I	II
Auhagen		x	x	x			
Bauer		x	x	x			
Duha	x	x	x	x	x	x	x
EMZ	x	x	x	x			x
Faller		x		x			
heico	x	x	x	x			
M+D	x	x	x	x		x	x
Noch			x	x			

Hersteller von Profilen

Hersteller	Plastik	Holz	Metall
aero-naut	x	x	x
evergreen	x		
Graupner	x	x	x
Hassler			x
North Eastern		x	
plastruct	x		
Steingraeber		x	

H0 – Autos können mit Haftgummi, doppelseitigem Schaumstoffklebeband oder Photo-Doppelklebeband (für Reifen) auf die Transporter geheftet werden.

H0 – Zum Verzurren wurden feine Metallketten von Weinert angeklebt.

H0 – Hier liegen Feststellkeile und Plastikkettenimitationen dem Fahrzeug bei (Roco).

Bretter, Stahlträger, Glasscheiben, Telegrafenmasten, Dachbinder, Maschinen, Steinplatten, Blechrollen u.a. mehr auf Reisen gehen. Diese komplett verzurrten Ladegüter sind mitunter teurer als der sie tragende Wagen, doch steckt in ihnen recht viel Material- und Montageaufwand (z.B. Bretterstapel). Selbstbau ist auch hier in vielen Variationen möglich. Feines Holz in allen nur erdenklichen Profilformen gibt es von North Eastern, Kunststoffprofile im Modellbauhandel. Die Beladung wird erst durch die vorbildliche Befestigung perfekt. Hierzu werden Unterlagbretter, Keile, Seile, Ketten und Abdeckplanen benötigt.

Das wohl traditionellste Ladegutthema sind auf der Bahn transportierte **Autos**. Angefangen von Autoreisezügen, Autoüberstellzügen durch Alpentunnels, Werksblockzügen mit Neuwagen, der „Rollenden Landstraße", Container oder Anhänger Kombi-Verkehr bis hin zu Zirkuszügen oder Militärtransporten reicht das Angebot an bereits beladenen Wagensets. Die Auswahl an Straßenfahrzeugen aller Epochen ist bei den Modellautosortimenten (Busch, Herpa, Kibri, Marcs Model, MZZ, Roco, Wiking u.a.) sehr groß.

Das sichere Befestigen ist besonders wichtig, damit die Wagen während der Fahrt nicht hin und her rollen, aneinander stoßen oder Entgleisungen provozieren. Neben speziellen bei den Güterwagen mitgelieferten Halterungen müssen Autos oft noch zusätzlich gegen Verrutschen fixiert werden. Ein direktes Aufkleben an den Rädern mit Pattex oder Sekundenkleber auf den Wagenboden ist zwar möglich, beschädigt aber nachhaltig die Modelle. (Auch sollten zu besserer Stabiliät in diesem Fall die Achsen mit Sekundenkleber am Chassis verklebt sein.)

Schonender ist die Verwendung von Haftgummikissen (Pritt), Klebekissen(band für Kacheln) (tiger, greven) oder doppelseitigem Klebeband (Tesa fix), die unter die Wagenmitte oder dezenter unter die Achsen am Wagenboden geheftet werden und eine größere Haltefläche bieten.

Praxis: Verfeinerung von E-Lok-Dächern

Für den E-Lok-Kenner ist die elektrische Dachausrüstung eine der Dampfloksteuerung vergleichbare „Visitenkarte" des Loktyps, die sofort ins Auge fällt. Die Modellbahnhersteller geben sich inzwischen recht viel Mühe bei der filigranen Ausgestaltung, doch kann man mit kleinen Mitteln noch mehr herausholen. Mehr Arbeit fällt bei älteren Lokomotiven mit derberen oder sogar falschen Leitungen, Isolatoren und Pantographen an.

Pantographen

Sie sollen einerseits robust genug für den echten Oberleitungsbetrieb andererseits aber filigran und möglichst vorbildgetreu sein. Einige H0-Großserienpantographen haben in Vorbildtreue und Feinheit Kleinserienqualität erreicht und sind dennoch stabil. Sie gefallen mit dünnen vorbildgerecht verspannten und verlöteten Fahrleitungen am besten. Manche Modellbahner verzichten – auch angesichts der fortschreitenden Digitaltechnik – jedoch auf die betriebliche Funktionsfähigkeit der Fahrleitung.

Damit die Pantographen nicht mehr am Fahrdraht schleifen, begrenzen in einem unauffälligen Hellgrau gefärbte dünne Drähte oder feine Garne deren Hub bis knapp unterhalb der Fahrdrahthöhe. Nach Ermitteln

der niedrigsten Lage auf der Anlage werden Draht oder Faden an der Unterseite der Palette und am Stromabnehmerrahmen festgewickelt, – nicht massiv verkleben, damit alles wieder rückgängig zu machen ist! Verwendet man einen Faden, bleibt der Pantograph elastisch und absenkbar. So fixiert können bei kurzen Altbau-Triebfahrzeugen der Epoche II beide Pantographen vorbildgetreu gehoben werden, ohne das feine Fahrleitungen durch den übermäßigen Andruck zweier Stromabnehmer unschön deformiert würden. Leider gibt es werksseitig keine Einstellmöglichkeiten für den maximalen Höhenanschlag der Pantographen.

Lange Zeit übliche Praxis war die Montage von Modelleinheitspantographen unbeschadet des konkreten Vorbildes. Jede Epoche, jedes Land und jedes Stromsystem haben jedoch ihre typischen Bauarten. In den Epochen I und II waren ständig beide Pantographen gehoben. E 60, 63 und 80 besaßen statt dessen eine Wippe mit zwei parallelen

Oben: H0 – Dachausrüstung einer DRG E 17 (Roco).

Unten: H0 – Dachausrüstung einer DB E 41 (Roco).

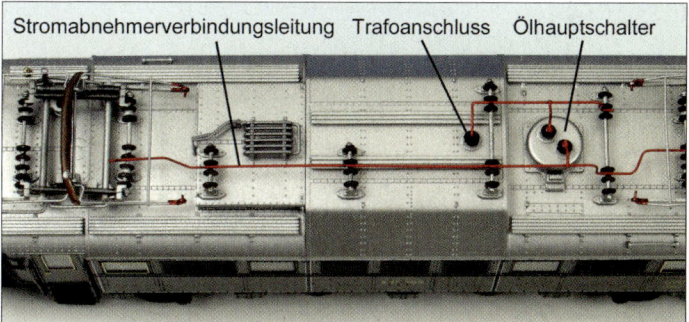

Stromabnehmerverbindungsleitung Trafoanschluss Ölhauptschalter

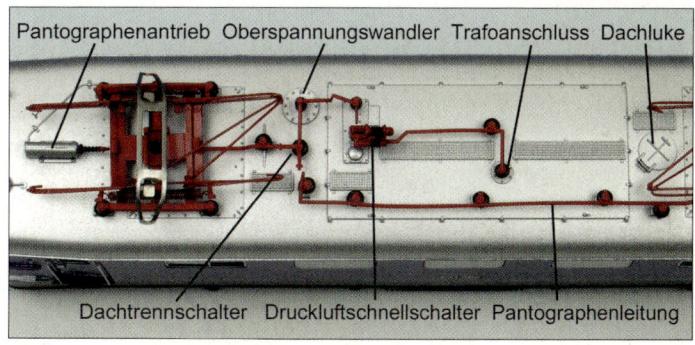

Pantographenantrieb Oberspannungswandler Trafoanschluss Dachluke

Dachtrennschalter Druckluftschnellschalter Pantographenleitung

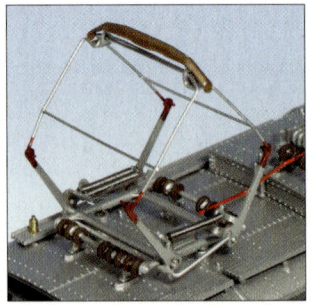  

Links: H0 – DRG-Altbaupantograph (Roco) mit 3 längs angeordneten Andruckfedern, Wippenstabilisierung durch L-Winkel. Mitte: H0 – DRG-Altbaupantograph (Brawa) mit 2 längs liegenden Andruckfedern, Wippenstabilisierung durch 4 kleine Federn. Rechts: H0 – DRG-Altbaupantograph mit Doppelwippe (Röwa) mit einer quer liegenden Andruckfeder

  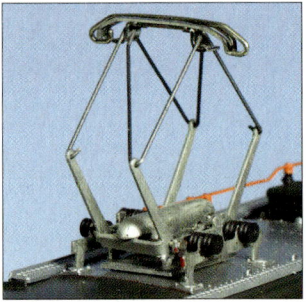

Links: H0 – DB-Scherenpantograph (Roco) mit 2 längs angeordneten Andruckfedern, Wippenstabilisierung durch L-Winkel. Mitte: H0 – DB-Einholmpantograph (Roco) mit 2 längs liegenden Andruckfedern, Wippenstabilisierung durch Gestänge. Rechts: H0 – SBB-Scherenpantograph (AmRyhm) mit einer mittig liegenden verdeckten Andruckfeder, Wippenstabilisierung durch L-Winkel. Für nicht nach SBB-Norm gebaute Oberleitungen ist ein Verbreiterungsbügel aus Draht aufgelemmt.

Links: H0 – Roco DB E 18, alte Pantographenbauart mit Zentralschraube und Distanzplatte

Rechts: H0 – Roco DRG E 91, neue Konstruktion mit seitlicher Schraube und Fixierungsstift

Schleifstücken. Diese Stromabnehmer wurden von solchen mit einer kontaktsichereren und belastbareren Palette abgelöst. Fortan verkehren die E-Lokomotiven mit nur noch einem gehobenen Pantographen. Normalerweise wird der in Fahrtrichtung hintere benutzt. Ausnahmen sind Lokomotiven in Doppeltraktion und bei der Lok nachgereihte Wagen mit kritischen Gütern.

Dies führte in der Schweiz dazu, Neubauloks zeitweise nur noch mit einem Pantographen zu bestellen. Den traditionellen Scherenstromabnehmer ersetzt auf Neubauloks (ab DB 103, SBB Re 4/4 II, ÖBB 4010) seit Jahrzehnten die leichtere Einholmbauart.

Für den echten Oberleitungsbetrieb sind viele Modellpantographen gegenüber dem Vorbildmaß zu breit gehalten. Besonders gravierend ist dies bei Lokomotiven nach schweizerischem Vorbild mit ihren tunnelprofilbedingt sehr schmalen Pantographen. Überbreite Spielstromabnehmer entstellen hier sogar das Erscheinungsbild der Lok im Dachbereich. (Übrigens hatten auch die ersten elektrischen Höllentalbahn-Triebfahrzeuge E 44.5 und ET 255 ursprünglich derart schmale Stromabnehmer.) Für den Fahrbetrieb liegen manchen vorbildlich schmalen SBB Pantographen aufklemmbare Verbreiterungsbügel (Am Ryhm, Rivarossi) bei.

Es gibt also viele Gründe, Pantographen zu wechseln. Mit Ersatzteilen von Großserien oder Spezialisten (Sommerfeldt, Hammerschmidt) ist generell eine Umrüstung auf vorbildgetreuere Typen bei Stromabnehmern mit zentraler Schraubenbefestigung leicht möglich.

Neben dieser einfachen Befestigungsart hat Roco superfeine Pantographen, die nur seitlich mit einer Schraube gehalten werden. Hier ist man auf das Originalersatzteil angewiesen, da andernfalls Bohr- und Spachtelarbeiten am Dach anfallen.

Rivarossi hatte seine DB-Pantographen mit auf der Dachinnenseite umgebogenen Drahtverlängerungen der Isolatorstützen festgeklemmt.

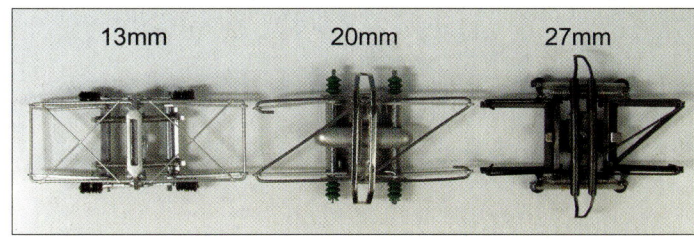

Bei Kleinserien, die keine Standardpantographen benutzen, sind die Pantos mitunter mit den Gehäuse verlötet, verklebt oder die Pantographen auf den Isolatorrahmen geklemmt. Der Austausch kann ohne Beschädigungen fast unmöglich sein.

Baut man einen anderen als den seriemäßigen ein, ist besonders bei älteren Scherenstromabnehmern auf die Einbauhöhe gegenüber dem seitlichen Isolatorenrahmen zu achten. Liegt der Pantograph zu niedrig, klemmen die Scharniere, oder er stößt in gesenkter Position an den äußeren Stromabnehmerrahmen. Die genaue Höhe kann mit Unterlegscheiben zwischen Halteplatte und Dachscheitel justiert werden. Die einen festen Sitz und schnellen Wechsel gestattende Bodenbefestigungsplatte ist natürlich völlig vorbildwidrig. Um diese und etwaige Distanzfüllstücke zu „tarnen", sollten sie unbedingt so passend wie möglich in der Dachfarbe lackiert werden.

Nicht immer sind die Modellpantographen in der korrekten Farbe lackiert. Eine Umlackierung ist auch mit den Pinsel möglich, jedoch vor allem bei größeren Mengen mit

H0 – Unterschiedlich breite Paletten: Roco SBB, Sommerfeldt SBB verbreitert, Märklin-Standard-Pantograph.

H0 – Ein Faden aus Garn oder Nylon begrenzt den Hub des linken Pantographen.

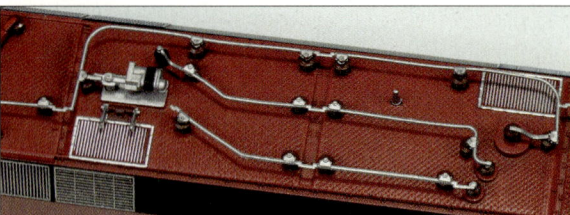

H0 – DB 120 (Lima) mit nachgemalten Dachleitungen, Hauptschalter und Isolatoren

H0 – Roco E 44 links mit „geköpften" Isolatoren und verklebter Dachleitung. Durch die farbliche Nachbehandlung nach DRG Norm ändert sich die Dachoptik völlig.

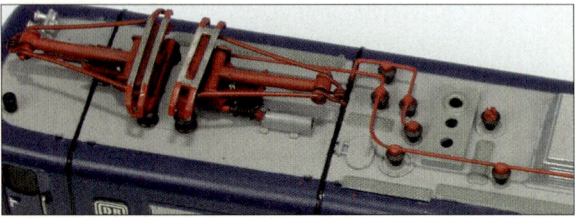

H0 – Mehrsystemlok DB E 410 (Trix) mit verschiedenen Pantographen. Gut zu erkennen sich die Löcher des ehemaligen Dachumschalters.

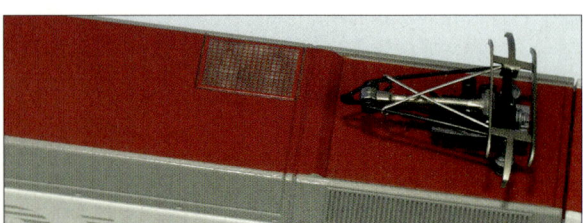

H0 – DB 12X (Märklin) hier fehlt nichts, da moderne E-Loks keine Dachleitung haben.

der Sprühdose rationeller und sauberer. Silbernblanke und schwärzliche Pantographen müssen zunächst von Fettrückständen gereinigt, das Schleifstück mit Tesafilm oder Abdecklack geschützt und bei schlecht deckenden Farbtönen mit einem Metallgrundierer vorbehandelt werden.

Ein lackiertes Schleifstück lässt sich schonend mit dem Roco-Schienenreinigungsgummi blank schleifen. Keinesfalls scharfe Gegenstände wie Messer benutzen, da sie Riefen hinterlassen und die meist nicht ganz planen Paletten in den microfeinen Vertiefungen nicht freischaben!

Dachleitungen

Sie stellen beim Vorbild die elektrische Verbindung zwischen den Pantographen und über den Hauptschalter mit dem Trafo dar. Sie sollten im Modell demnach ihren Ausgangspunkt am Rahmen des Pantographen haben und Haupt- wie Erdungschalter mit diesen ohne „Luftsprünge" verbinden. Bei

Lokomotivmodellen aus den 1950er bis in die 1960er Jahre hinein waren sie nur auf dem Dach angespritzt. Bei manchen preisgünstigeren Modellen findet man nur eine einfache Leitung zwischen beiden Pantographen vor.

Bei älteren Modellen sind die Leitungen daher teilweise unvollständig, stoßen nicht am Pantographenrahmen an oder sind zu dick oder aus zu instabilem Material. Eine Neuanfertigung ist dann aus feinerem harten Messing- oder Neusilberdraht (H0 = max. 0,5 mm) anzuraten. Leitungsstöße sind grifffester, wenn sie gelötet statt geklebt sind.

Hochwertige Reproduktionen zeigen eine vollständigere, sinnvollere und feinere Leitungsführung. Da die Leitungen vielfach nur in die Isolatoren eingeklipst sind, sollte sie Sekundenkleber fixieren. Bei Kunststoffdachleitungen können sogar Flachprofile, Verbindungsnieten und -laschen angedeutet werden. Eine Pinselgrundierung befördert die Haltbarkeit der Farbe auf elastischem Kunststoffmaterial und Draht.

Isolatoren

Sie waren ebenfalls ein lange vernachlässigtes Detail, und manche Dachleitung schwebt bei Billigmodellen schlimmstenfalls auf ösenähnlichen Haltern. Beim Vorbild beruht die Form und Größe der Isolatoren nicht nur auf landesspezifischen Besonderheiten, sondern hängt wesentlich von der verwendeten Spannungshöhe ab. So verlangen 25 000 V Leitungen bei französischen Typen und Mehrsystemlokomotiven kräftiger dimensionierte Isolatoren als die hierzulande üblichen für 16 000 V. Hingegen können 3000 V Leitungen bei italienischen Lokomotiven als ummanteltes Kabel sogar flach auf dem Dach verlaufen.

Heute überzeugen Modellneuentwicklungen mit feinen Nachbildungen, die selbst die Dachleitungshalter an den Isolatoren wiedergeben oder als kompletter Spritzling Isolatoren und Leitungen in einem Teil vereinen. Einige Modellneuauflagen haben im Detail überarbeitete Dächer, so dass auch komplette Isolatorensätze zum Modernisieren als Ersatzteil zu bestellen sind. Einige Isolatoren und Dachschalter bietet HRF für schweizerische Fahrzeuge an. Lohnen sich größere Investitionen für ein etwas betagtes Modell nicht mehr, verbessert Abschneiden zu hoher Isolatorenkuppen und Ankleben der Dachleitung die Dachoptik mit einfachen Mitteln.

Produktionsbedingt sind die Modellisolatoren nur in einem Grundfarbton gehalten. Beim Vorbild bestehen sie hingegen aus mehreren Materialien. Die Isolatorglocken und -rippen sind bei deutschen Epoche I/II Fahrzeugen grün, später auch braun gehalten. Bei modernen Baureihen wie der DB 120 oder ÖBB 1044 trifft man auch bläuliche Isolatoren an! Weiße Isolatoren tragen traditionsgemäß italienische Lokomotiven aber auch BENELUX-Fahrzeuge und Oldtimer aus Deutschland, Österreich sowie der Schweiz! Vorbildliche Isolatorenmodelle haben darüber hinaus einen ausgearbeiteten Fuß und den bereits erwähnten Leitungshalter.

Mit ruhiger Hand und scharfem Auge lassen sich Isolatoren direkt auf dem Dach mit ei-

Farbgebung der Pantographen nach RAL-Namen

Bahn	Ep I	Ep II	Ep III	Ep IV	Ep V
Bayern/ KPEV	(Grau), Grüngrau				
DRG		Grüngrau, Silber, Feuerrot			
DB			Feuerrot. Karminrot	Karminrot	Karminrot. blank
DR			Feuerrot	Feuerrot	
SBB	(Grau)	(Silbergrau)	(Silbergrau)	Grau	Grau
ÖBB			Karminrot	Karminrot	Karminrot

( ) Farbton nicht genau bekannt

Farbgebung der Dachleitungen nach RAL-Namen

Bahn	Ep I	Ep II	Ep III	Ep IV	Ep V
Bayern/ KPEV	Feuerrot	Feuerrot			
DRG		Feuerrot			
DB			Feuerrot, Karminrot	Karminrot	Karminrot, blank
DR			Feuerrot	Feuerrot	
SBB		(Rot) (Orange)	(Orange)	(Orange), blank	(Orange), blank
ÖBB			Karminrot	Karminrot	Karminrot

( ) Farbton nicht genau definiert

nem sehr feinen Pinsel (00 bis 000) nachlackieren. Bei nur gesteckten Dachausrüstungen ist es praktischer, die Isolatoren von der Gehäuseinnenseite herauszudrücken und separat anzumalen. Hilfreich sind hierbei veröffentlichte Farbfotos im Ablieferungszustand (Fachpresse, Postkarten) oder selbstgemachte Dachansichten aktueller Fahrzeuge von einer Brücke mit kurzem Teleobjektiv. Bei alten s/w-Fotos ist eine eindeutige Klärung der Farben nicht immer möglich, so dass für die Lackierung von Dachisolatorhaltern die Farbe des Pantographen oder des Daches als Orientierung dient. Im sauberen Zustand haben die Isolatoren einen leichten Glanz, den man im Modell am besten mit seidenmatter Farbe wiedergibt. E-Lok-Dächer verschmutzen nach wenigen Monaten. Daher bietet sich eine Alterung der Dächer auch im kleinen an.

Links: Die Fensterrahmen dieses DB 515 (Kato) wurden mit schwarzem Filzstift, Türgriff und Tritte mit silberner Farbe nachgezogen.

Rechts: Für das Färben der Rahmenvertiefungen am DB 628 (Lima) eignen sich die für technische Tuschezeichnungen angebotenen Isographen (z. B. 1,3-mm-Linienstärke).

Beim rechten SBB EW I (Lima) wurden die Türfensterrahmen mit schwarzem Filzstift nachgezogen, schwarze Farbe in die Fugen zwischen den Türflügeln geschwämmt und das Trittbrett alu-farben lackiert.

Beim Ruhr-Schnellverkehr hat Fleischmann die Schlussscheiben am Dach angespritzt. Diese wurden rückseitig wie auch Laternen, Dachlüfter und Tritte schwarz nachlackiert. Die Oberlichtseiten sind zusätzlich violett gefärbt.

Praxis: Farbliche Hervorhebung von Details

Fahrzeugmodelle aller Baugrößen sind heute bis ins Kleinstmögliche nachgebildet. Diese Feinheiten kann der Modellbahner mit spitzem Pinsel (Größe 000) und Farbe markanter hervorheben und den Gesamteindruck des Modells noch steigern.

Einige Standarddetails sind Türklinken, Griffstangen (besonders wenn sie am Gehäuse angraviert sind), Dachlüfter, die Seiten von Oberlichtaufbauten alter Personenwagen, Attrappen von Oberwagenlaternen und Schlussscheiben, WC-Fenster, Lampeneinfassungen der Stirn- und Schlussbeleuchtung oder Scheibenwischer.

Im Fahrwerksbereich bieten sich Bremseinstellhebel, Wassereinfüllstutzen, Steckdosen der elektrischen Leitungen von Dampflokomotiven, Trittbretter, Übergangsbleche, Pufferhülsen, Bremsschläuche und anderes an.

Neben diesen „Farbtupfern" gibt es für geübte Modellverfeinerer auch aufwändigere Nacharbeiten: Ein lackiertechnisches Problem in der Modellserienfertigung sind beim Vorbild mit Gummidichtungen eingesetzte Fenster moderner Reisezugwagen. Diese äußeren zweiten Rahmen werden im Modell vereinfacht nicht immer schwarz abgesetzt. Sind diese Rahmen bereits werksseitig gefärbt, erfolgt der Farbauftrag nur auf der Außenseite, so dass bei nicht ganz bündig eingepressten Scheiben ein Spalt sichtbar bleibt, der besonders bei Seitenansicht von hell lackierten Wagen (z. B. Eurofima-Serie) auffällt.

Derartige Details lassen sich mit einem wasserfesten schwarzen Filzstift nachziehen. Dazu müssen der Wagenkasten zerlegt und die Fensterscheiben herausgenommen werden. Da Filzstiftfarbe je nach Untergrund mehr oder weniger grifffest ist, sollte gegebenenfalls ein Klarlack den Auftrag schützen. Filz- und Lackmalstifte eignen sich auch zum Färben von Deckleisten an den Seitenwänden und an der Dachunterkante. Allerdings glänzen sie ohne Mattlacküberzug.

Häufig werden auch Stoßfugen bei Falt- und Schiebetüren nicht farblich abgesetzt. Deren Gummidichtung kann mit einem Tuschezeichenstift (rotring Isographen) nachgezogen werden. Eine zweite Möglichkeit besteht darin, schwarze Farbe mit einem Pinsel in die Nut einzuschwemmen, diese ein wenig antrocknen zu lassen und die an den Rändern übergelaufene Farbe mit der Originalverdünnung und flach geführtem Pinsel abzusaugen.

Dies setzt voraus, dass man weiß, welche Farbe sich mit der Wagenkastenlackierung verträgt und diese nicht angreift! Vorversuche bei unbekannten Farben sind also ratsam. Leicht Hand haben lassen sich nach Erfahrungen des Autors die Farben von Mo-Lak (Vorsicht: greift Bemo-Lackierungen an!) oder wasserlösliche Acrylfarbe. Tiefergehende Informationen zum Umgang mit Modellbaufarben enthält der AMP-Spezial-Band „Lackieren, Altern und Beschriften".

Das Thema ist sehr vielfältig, und so sollen die abgebildeten Modelle in erster Linie eine Anregung zum eigenen Experimentieren geben. Ist der Blick erst einmal für die feinen Details geschärft, finden sich leicht an vielen Fahrzeugen Betätigungsfelder mit Pinsel und Farbe.

Beim DRG ET 85 (Roco) wurden die fehlenden Zierlinien in den Türnischenseitenwänden mittels eines Nassabziehbildstreifens (Bemo) ergänzt.

Beim Mitropa WR (Fleischmann) ist das Dach silbern gespritzt und gealtert, das Oberlicht braun und die Fensterrahmen messing/golden nachgefärbt.

Praxis: Detaillierung und Bevölkerung von Wageneinrichtungen

Ursprünglich hatten H0-Personenwagenmodelle keine Inneneinrichtung. Man sah ins Leere (Märklin) oder die Fenster waren gegen neugierige Blicke mattiert (Fleischmann). Unbemerkt von den meisten ausländischen Modellbahnern betrieben die österreichischen Firmen Kleinbahn und Liliput ab Ende der 1950er Jahre konsequent die Entwicklung zu vorbildgetreuen Inneneinrichtungen. Weitere Pioniere waren Pocher mit CIWL-Salon- und Speisewagen (Italien), die SBB-Einheitswagen von HAG (Schweiz), Meccano/Hornby's legendärer DB „Rheingold" (Frankreich) und Trix. Bei Märklin gab

Fensterrahmen und Griff silber

Regenrinne und Fenstereinfassung schwarz

Schlusslicht rot färben

Lampeneinfassung, Türgriff und Klappstufe alufarben

Handlauf im Seitengang aus Blech ergänzen

es zumindest lange Zeit für Blechwagen noch eher spartanische Inneneinrichtungsbausätze. Spätestens ab den 1970er Jahren wurden Personenwagen ohne Innenausbau in H0 wie N mehr und mehr unverkäuflich.

Die Ausführungsqualität reicht von einfachen Abteilen mit rudimentärer Andeutung der Sitzbänke bis hin zu superdetaillierten Interieurs mit strukturierten Sitzpolstern, Glastrennwänden, variierenden Sitzpositionen und Lehnen, Gepäcknetzen, Küchenein-

Umfangreich gestalten sich die Arbeiten an diesem SBB-Eurofima-Wagen (Roco). Von außen gut sichtbar ist die verfeinerte Inneneinrichtung mit blauen Abteiltürtäfelungen und weißen Kopfpolstern sowie der Handlauf im Gang.

H0 – Aussichtswagen jeglicher Bauart verlangen geradezu nach einer Superung und Bevölkerung der Inneneinrichtung. Außerdem sind bei diesem DB-„Rheingold"-Wagen (Lima) die Fensterrahmen der Kuppel mit einem feinen Pinsel nachlackiert.

H0 – Nach wie vor in Serienproduktionen unerreicht ist der Detailreichtum der ade-D-Zug-Wagen, hier der DB Avmz Eurofima mit variabel montierbaren Sitzen, Rückpolstern und Armlehnen sowie mit Gepäcknetzen und Gardinen.

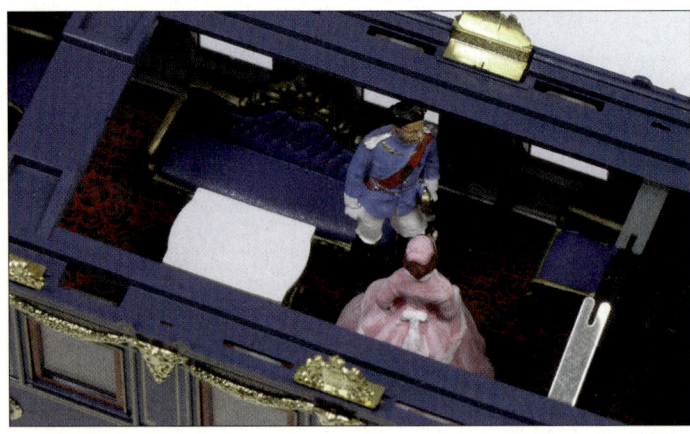

H0 – Sehr aufwändig ist der Salonwagen (Trix) des Bayerischen Hofzuges eingerichtet. Preiser lieferte ein passendes Figurenset.

richtungen mit Spülstein, Gardinen, Schlafwagenbetten mit Kopfkissen oder Salonwagen mit filigranen Sesseln und bedruckten Papierteppichen. Bei Exklusiv-, Sonder- und Kleinserien ist der Liebe zum Detail kaum Grenzen gesetzt. Hier haben Mitte der 1970er Jahre die H0-D-Zug-Wagen von ade bis heute unübertroffene Maßstäbe in der (Klein)Serienfertigung gesetzt.

Angesichts steigender Modellpreise und blicktrübender getönter Scheiben moderner Reisezugwagen genügen vielen Modellbahnern für den Anlagebetrieb einfacher ausgeführte Einrichtungen. Trotzdem sollte man zumindest eine dezente und vorbildgerechte Grundfarbgebung des Innern anstreben, denn grell gelbe oder sogar transparent bernsteinfarbene Einsätze wie sie bei älteren Modellen (Trix, Liliput Wien, Schicht) einst Standard waren, stören in jedem Fall das harmonische Erscheinungsbild des Wagens. Spätestens bei Einbau einer Beleuchtung wird die Überarbeitung der Inneneinrichtung dringlich. Man erkennt dann selbst bei fahrenden Zügen besser die Abteile mit 1.-Klasse-Polstern und 3.-Klasse-Lattenbänken.

Wie weit man die Superung ausgestaltet, richtet sich nach den eigenen Ambitionen sowie vor allem nach der Vorbildkenntnis, denn anschauliche Detailinformationen über die Inneneinrichtungen sind bei Vorbildwagenbeschreibungen (siehe z. B. Schweizer Eisenbahn Revue für Schweizer Fahrzeuge) selten. Wer sich darauf spezialisiert, sollte daher jede Bahnfahrt zur Erkundung nutzen. Was heute noch als langweilige Standardeinrichtung gilt, kann in wenigen Jahren durch neue Designtrends verdrängt sein.

Das Thema Inneneinrichtungen ist derart komplex, als dass es in diesem Rahmen ausführlich behandelt werden könnte. Einige generelle Hinweise seien aber dennoch ge-

H0 – Einst unterschiedlicher Modellbaustandard im Westen und Osten. Links französischer EST A3B5tyf (France-Trains) mit strukturierten Polstern.
Rechts: DR Bghwe (Schicht) mit transparent bernsteinfarbener Einrichtung

geben. Üblicherweise hatten bei den DRG-Einheitswagen der 1920er Jahre die 3. Klasse eichenfarben lackierte Holzbänke, die 1. und 2. Klasse grüngraue bzw. graue Polster. In Deutschland wurde bei den neuen Schürzenwagen erstmals auch in der 3. Klasse eine Polsterung eingeführt.

Im Jahre 1958 begannen die schweizerischen Bundesbahnen die Polsterfarben innerhalb einer Klasse nach Raucher-/Nichtraucherbereichen einzuteilen, was auch von der DB für D-Zug-Wagen (rot/grün) übernommen und erst mit Aufkommen des ozeanblau/beigen Anstrich und einer gleichzeitig eingeführten neuen Inneneinrichtung in den 1970er Jahren schrittweise aufgehoben wurde. Heute sind die Einrichtungen wagenbaureihentypisch und damit eher zuggattungsbezogen, die R/NR-Unterscheidung ist optisch weggefallen.

Zum Anmalen muss die Inneneinrichtung herausgenommen werden. Leider geht dies bei manchen N-Wagen nicht, da die Sitze und Wände Bestandteil des Bodens und Wagenkastens sind. Bei etlichen Abteilwagen lässt sich die Seitengangtrennwand herauslösen, was den Zugang zu den Abteilen weiter erleichtert.

Verwendbar sind nur für Plastikmodelle taugliche matte Farben von Humbrol, Revell und Mo-Lak, die das Material nicht angrei-

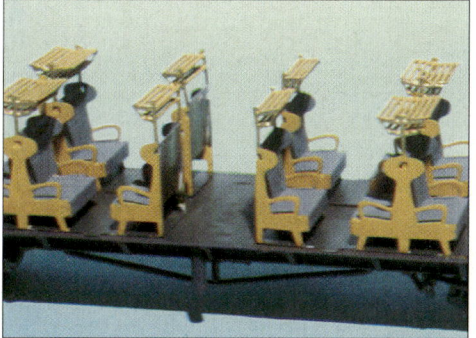

H0 – Wer einen Messing-Modell-Bausatz kauft muss auch die Inneneinrichtung aus Ätzblechen zurechtbiegen und zusammenlöten und diese anschließend lackieren. Hier ist es ein BLS B (Perlmodell).

H0 – Inneneinrichtung auf amerikanisch. Für diesen Holzbausatz eines US-Postwagens (LaBelle) muss die Inneneinrichtung separat dazu gekauft werden. Man beachte die Briefsortierfächer, das Gestell für die Postsäcke, den alten Ofen und die WC-Schüssel aus Metallgussteilen.

H0 – Beispiele für nachlackierte Inneneinrichtungen:

DB Avmz Eurofima (Roco) vorher und nachher

DB Bvmz (Roco)

DB ABnb Regio Bahn (Lima) mit geänderter 1.-Klasse-Einrichtung

DRG ABC4ü-29 (Liliput)

fen. Als Lackierreihenfolge hat sich bewährt: 1. Sitze lackieren, 2. Wände lackieren, 3. Boden lackieren, 4. zusätzliche Details wie Kopfpolster, Gepäcknetze, Bilderrahmen und Türeinfassungen absetzen. Wichtig: ausreichende Trocknungszeiten einhalten, sonst verschmieren die Farbtrennkanten. Auch sollte die fertig lackierte Inneneinrichtung idealerweise mehrere Tage im Freien abläften können, damit restliche Lösungsmitteldämpfe nicht ungewollt Fensterscheiben oder sogar die Außenlackierung angreifen.

Weitere Verfeinerungen sind spiegelähnliche Folienstreifen (Graupner) in den Abteilen, Gardinen und Rollos aus Bunt- oder Packpapier, Leitern in Schlafwagenabteilen, ausgeklappte Betten mit Bettwäsche, Griffstangenläufe am Abteilseitengang. Bei amerikanischen Modellen sind die Inneneinrichtungen sogar aus Holz gefertigt und mit Zinngussteilen wie Sessel, Kohleöfen oder WC-Schüsseln und Waschbecken komplettierbar.

Herstellerseitig sind bereits mit Figuren dekorierte Fahrzeuge selten. Einen Modell-IC komplett zu bevölkern, läge jenseits des finanziell Vertretbaren und erzielte auch nicht den angemessenen Eindruck, da vieles kaum zu sehen wäre. Bei der Bevölkerung gilt Masse weniger als die effektvolle Platzierung. So genügt es bei Oldtimern mit schmalen Fenstern, einige Reisende an den Scheiben zu erblicken. Größere Ansammlungen sind nur bei Großraum-, Aussichts-, Speise- und Salonwagen sinnvoll.

Leider passen die meisten Figuren manchmal nicht ohne Beschneiden von Beinen oder auch Armen in die Sitze und Gänge. Grund ist zum einen die konstruktionsbedingt zu dicke Stärke des Wagen- und Inneneinrichtungbodens, zum anderen die nicht generell abteiltaugliche Sitzhaltung der Miniaturreisenden. Für den Einbau in Wagen gibt es einige spezielle Sortimente, verwendbar sind auch zweckentfremdete Autofahrer. Die Lackierung und Ausarbeitung der Beklei-

Figurenanbieter

Anbieter	bemalt	unbemalt
Faller	Z, N, TT, HO	
Fleischmann	HO	
Kibri	HO, N	
Märklin	HO, I	
Merten	N, HO	
Noch	N, TT, HO, II	
Preiser	Z, N, TT, HO, I, II	Z, N, TT, HO, I, II
Vollmer	HO, N, HO	

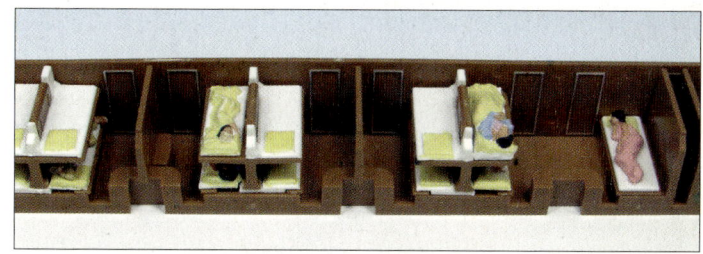

dung kann dabei etwas einfacher sein, so dass nicht gleich die teuersten Packungen gekauft werden sollten. Im Sortiment findet man auch spezielle Themensets für Schlafwagen, Straßenbahn, Speisewagen oder besondere Züge wie den „Adler", die „Spanisch-Brötli-Bahn" oder die bayerischen und preußischen Hofzüge.

Damit sich die Figuren beim Hantieren mit den Wagen nicht lösen, ist eine solide Verklebung notwendig. Die Reisenden lassen sich oft mit üblichem Plastikleber befestigen, aber es muss unbedingt an den Klebestellen die Farbe vorher abgekratzt werden. Spaltfüllender ist zum Beispiel Pattex, denn manchmal sind die Berührungspunkte zwischen Körper und Sitz recht zart oder der Reisende sitzt nur mit „Bodenkontakt" und schwebt geringfügig über der Sitzfläche. Wieviel Personen und in welcher Ausführungsqualität Platz finden, hängt von der Einsehbarkeit und dem Detaillierungsstandard der Inneneinrichtung ab.

Oben: HO – In diesem DB WL (Roco) wurde ein Teil der werksseitig eingebauten Betten gegen die mit Schläfern „belebten" Liegestätten von Preiser ausgetauscht.

Die gleiche Szene durch die Fenster betrachtet.

Mitte und unten: HO – Vorhänge und auf der Innenseite weiss bemalte Fenster akzentuieren die Fensterfront des DB WL (Sachsenmodelle) und des ISG WL Lx (France-Trains) und verdecken nicht ausgestaltete Abteile.

Links: HO – (Ein)Blicke durch das Fenster eines IC-Abteils (ade)

9 Schonende Aufbewahrung

Modellbahn will gepflegt sein. Dies gilt nicht nur für Fahrzeuge im Dauereinsatz. Wie Modelle optimal präsentiert und vor vermeidbaren Lagerungsschäden geschützt werden können, ist das Schlussthema dieses Buches.

Die Standortfrage: Schattenbahnhof, Vitrine, Fahrzeugkoffer oder Karton

Der Schattenbahnhof

Besitzt man nicht mehr Fahrzeuge als auf der Anlage gleichzeitig verkehren, liegt es nahe, diese dort zu belassen – Trafo einschalten und losfahren. Dies ist nur dann empfehlenswert, wenn die Modellbahn in einem verträglichen Raumklima steht. Landschaften stauben jedoch über die Jahre ein. Wenn möglich, sollten die Züge daher in einem „überdachten" Schattenbahnhof parken. Dies kann auch ein Gleiswendel im Tunnel aber auch eine Abstellgruppe mit einem Klappdeckel hinter einer Kulisse sein. Seitliche Eingriföffnungen sind ebenfalls mit Schiebetürchen oder Stofflappen zu verschließen. Bei mehrmonatigen Betriebspausen empfiehlt sich das Abdecken der Anlage mit einer hauchdünnen Transparentfolie (Malerbedarf).

Und jetzt muss der auch noch in die Schachtel zurück!

Vitrinen und Schaukästen

Wenn die Anlage (z. B. Module) nicht stationär aufgebaut ist, oder für Sammlungen benötigt man zur Präsentation Vitrinen. Die Modelle kommen nicht nur optimal zur Geltung sondern Schaukästen haben den Vorteil, dass die Modelle staubgeschützt und aufrecht stehen. Wer bei jahrelangen Standzeiten Sorge um die Deformation der Haftreifen hat, sollte die Lokomotiven darin nicht auf Schienen stellen.

Im Zubehörhandel gibt es inzwischen eine Vielzahl unterschiedlichster Behältnisse wie große freistehenden Vitrinenschränke (Presents), Hängekästen (Faller, Kibri, Vollmer) in unterschiedlichen Qualitäten, von der Anlage aus befahrbare an die Wand zu hängende Plexiglasröhren mit stromführendem Gleis (Train Safe) oder kleine Plastikhauben (Gabriel). Bisher nur eine Episode: Röwa/Trix lieferte bis in die 1970er Jahre seine Modelle in einer als Minivitrine ausgebildeten Plastikschachtel mit Schienenimitation.

Fahrzeugkoffer

Mit Schaumstoff ausgekleidete und abgeteilte Koffer (Mössmer, Noch) sind eine platzsparende Alternative, um Modelle zu lagern und zu transportieren. Allerdings eignen sich sich eher für etwas robustere Betriebsmodelle ohne bruchempfindliche abstehende Zurüstteile. Als Schutz vor unliebsamen chemischen Reaktionen mit dem Schaumstoff sollten die Fahrzeuge immer in einer Schutzfolie eingewickelt sein (siehe auch folgenden Abschnitt). Statt Koffer gibt es auch aufklappbare quadratische Transportröhren mit einer Schiene, worin komplette Triebwagen und kürzere Züge hineinpassen (Train Safe).

Originalverpackung

Kein Platz weder für eine stationäre Anlage noch Vitrinen? In dieser für den Modellbahner ungünstigsten anzunehmenden Lebenslage müssen die Fahrzeuge in den Originalverpackungen ihren künftigen Einsatz abwarten. Die Modelle werden dann wie im Geschäft in Regalen (Stahlschrank) oder in soliden Blechcontainern gestapelt. Türmen sich die Kartons, sollten nicht zu viele Schachteln übereinander liegen, denn für die unteren wächst je nach Modellgewichten der auflastende Druck enorm. Nicht jeder Deckel ist dann so stabil, dass er das Modell vor Druckschäden bewahren kann.

Lagerungs- und Alterungsschäden an Lackierung und Karosserie

Die Tücken der Verpackung

Wer Modelleisenbahnen kauft, sieht dies oft als eine lebenslange Investition, und manche Anlagenträume und Sammlungen werden an die nächste Modellbauergeneration vererbt. Leider entsprechen nicht alle Verpackungen dieser Zielsetzung. Man hat den Eindruck, einige Hersteller behandeln ihre durchaus teuren Erzeugnisse verpackungstechnisch wie Wegwerfware. Es genügt aber nicht, dass die neu erworbenen Modelle unbeschädigt bis in den heimischen Hobbyraum gelangen. Viele Modelle kommen wegen Platzmangel oder noch ausstehender Anlage nicht sofort in den Betriebseinsatz oder in die Vitrine.

Die Anforderungen an die Verpackung sind sehr vielschichtig: Sie sollen das Modell bei der Lagerung und während des Versands schützen, die Verpackung muss gut stapelbar und über das Programmsortiment hinweg möglichst einheitlich verwendbar sein,

N – 27 Triebfahrzeuge passen in diesen doppelstöckigen Lokkoffer.

in genormte Kartons passen, im Laden eine schnelle und gute Präsentation ermöglichen und natürlich auch nicht viel Kosten an Material und Arbeitszeit beim werksseitigen Einpacken verursachen.

Die klassische Umhüllung aus den 1950er Jahren besteht aus einem einfachen **Pappkarton**, worin die – in Papier gewickelten – Modelle gesteckt werden (Märklin, Trix, HAG, Pocher, Hornby, Kleinbahn, Aku, u.a.). Bis heute haben einige Hersteller diese unzeitgemäße Verpackung beibehalten, die keinen Schutz gegen äußere Gewalteinwirkungen bietet und das Abbrechen von montierten Zurüstteilen wie Tritten, Griffstangen, Laternenhaltern und Kupplungsköpfen vorprogrammiert.

Die zweite Gruppe sind flache **Pappschachteln** mit durch eine Klarsichtfolie verschlos-

H0 – Plastikvitrine von Kibri

H0 – Hier zersetzt sich das alternde Schaumstoffmaterial vollständig. Nur dank der Schutzfolie wurde das teure Messingmodell (Metropolitan BLS Be 6/8) vor Schäden bewahrt.

H0 – Ohne Schutzfolie bleiben Schaumstoffpartikel am Gehäuse kleben und lösen die Lackierung des Messingmodells (Metropolitan SBB Ce 4/4) an.

N – Diese Modelle (Fleischmann) lagen ungeschützt in einem mit Schaumstoff ausgekleideten Fahrzeugkoffer, was zu irreparablen „Pusteln" im Lack bei der DB 140 und matten Flecken bei der BR 78 führte.

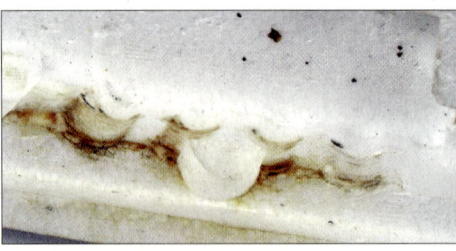

H0 – Ausgelaufenes Getriebeöl hat diese alte Styroporverpackung (Fleischmann) nachhaltig verunreinigt.

senem **Sichtfenster** und einem Papp- oder Plastikeinschub zur Aufnahme des Waggons (Fleischmann, Rivarossi, Liliput Wien, Roco, Bemo u.a.). Auch diese Kartons sind druckempfindlich, bieten montierten Zurüstteilen keinen optimalen Schutz und „planmäßig" reisst nach gewisser Zeit die Klarsichtfolie ab, oder die Pappeinschübe können einreißen und spröde werdende Plastikaufnahmen splittern.

Der Werkstoff Styropor hat inzwischen weite Verbreitung gefunden. Aus ihm lassen sich den Umrissen des Fahrzeuges folgend passgenaue Aufnahmen anfertigen (Roco, Liliput, Lima, Sachsenmodelle, Bemo u.a.). Aber, was nützt dieser Aufwand, wenn das fertig aufgerüstete Modell nicht mehr in die Verpackung passt?

Mit einem Messer lassen sich zwar Aussparungen und Vertiefungen in das Styropor schneiden, entfernt man jedoch zuviel, rutscht das Modell im Karton hin und her. Wenn der Styroporeinsatz sogar zu niedrig oder der Pappdeckel so weich ist, dass er sich durchdrückt, hilft kein Schnitt mehr, sondern nur noch eine Lage dicker Pappe weiter. Das Tückische: Zu knapp bemessene Verpackungen bemerkt man oft erst beim Einpacken des aufgerüsteten Modells und Stapeln der Kartons. Dann ist es für manches Zurüstteil aber schon zu spät.

Vor allem bei Kleinseriemodellen sind **Kartons mit Schaumstoffeinlage** üblich (Fulgurex, Metropolitan, Lemaco u.a.). Diese schützen in der Tat sehr verlässlich, sofern das Schaumstoffmaterial nicht altert, sich zersetzt und dann die Modelllackierung angreift.

Eine weitere aufwändige Verpackungsart sind stabile **Plastikschachteln** mit einem Einsatz, der die Wagen festhält (Fleischmann, Trix, Rivarossi, Lima, Roco, Electrotren u.a.). Sie sind besonders auch in der Baugröße N verbreitet. Sind die Modelle jedoch kaum fixiert und die Deckel nicht fest aufklemmbar, entlehren sie bei jeder nur denkbaren Gelegenheit ihren Inhalt.

Den bisher letzten Entwicklungsschritt stellen aufklappbare **Plastikhalter- und rahmen** dar,

H0 – Hier bauten sich über Jahre hinweg Materialspannungen im Metallgussrahmen derart auf, dass der ganze Tragwagen (Klein) zersprengt wurde.

die vor allem Lokmodelle umschließen und in einen Karton geschoben werden (Liliput, Märklin, Fleischmann, Piko). Damit lassen sich die Modelle mit Sicherheitsabstand von den Kartonaußenwänden auf Distanz halten, dennoch sind die Verpackungen sehr umständlich in der Handhabung. Freihändiges Einpacken ist nicht möglich. Bei montierten Zurüstteilen kann es ebenfalls Probleme geben. Ist das Rahmenmaterial zu wabbelig, findet das Modell keinen Halt und kann schon beim Einschieben in den Karton herausfallen. Zu hartes Material scheuert an der Gehäuselackierung, und Folien oder Filzläppchen müssen diese an den Haltepunkten vom Kontakt mit dem Plastik bewahren.

Trotz aller Unzulänglichkeiten gehören leere Verpackungen nicht in den Müll, denn irgendwann benötigt man sie doch zum Zwischenlagern oder für den Transport in die Werkstatt. Ersatzverpackungen werden von den Herstellern zu teilweise recht hohen Kosten und nur blanko ohne Aufdruck nachgeliefert, um den betrügerischen Verkauf von Gebraucht- und Hehlerware als neuwertige Modelle zu erschweren. Für Markensammler sind Originalkartons ein mitunter begehrenswertes und wertsteigerndes Gut.

Schadensvorbeugung

Wie kann der Modellbahner nun zur Minimierung von Lagerungsschäden beitragen und damit die zerstörerischen Einflüsse von Druck, Feuchtigkeit, Hitze, Sonnenlicht und Staub abwehren. Wichtig ist ein stabiles Raumklima zu schaffen. Wo sich der Mensch wohl fühlt, geht es auch den Modellen gut.

Muffig riechende Räume oder gar Schimmelansatz zeigen, dass das Zimmer auf Dauer zu feucht ist und ein regulärer trocknender Luftaustausch nicht stattfindet. Dies ist be-

H0 – Gefürchtet ist bei Sammlern die sogenannte „Zinkpest", bei der langfristig Metallgussteile brüchig werden und zerbröseln. Auch Tränken mit Sekundenkleber, Ankleben von Stützblechstreifen und eine Neulackierung konnten diesen Prozess nicht stoppen. Das Kunststoffgehäuse der SNCF-Weltrekordlok (Pocher) ist hingegen auch nach über dreißig Jahren intakt.

sonders zu kontrollieren, wenn regelmäßig geheizt wird. Lässt sich ein normales Wohnraumklima so nicht herstellen, können als erste Maßnahme chemische Luftentfeuchter mit Silkagel aufgestellt werden, die in jedem Baumarkt erhältlich sind (Ceresit, Feuchtfresser, Uhu). Eine teurere und professionellere Lösung ist der Kauf eines Luftentfeuchtungsgerätes. Werden größere Sammlungen in Schränken aufbewahrt, muss auch hier für eine Durchlüftung der Regale durch nicht zu dicht gepackte Kartonstapel gesorgt sein.

H0 – Der Gussmetallaufbau dieses Bay. Holztransporters (Raimo) hat sich im Verlauf der Jahre nach oben gewölbt und dabei den Wagenboden/rahmen aus Plastik mitgezogen.

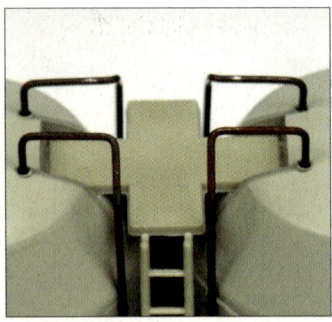 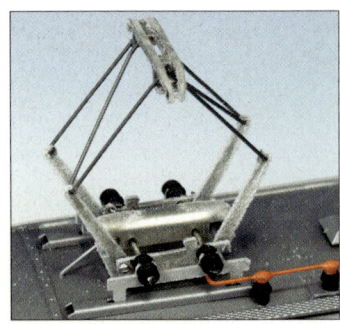

Links: H0 – An diesem Güterwagengeländer (Lima) hat sich bei Kellerlagerung Rost an den geschwärzten Drähten angesetzt.

Rechts: H0 – Dieser SBB-Pantograph (AmRyhm) hat angefangen zu blühen.

H0 – Wegen zu niedrigem Styroporkarton und zu weichem Pappdeckel wurde diese Griffstange des Orient Express Wagens (Liliput Wien) eingedrückt. Nach Jahren wird der Kunststoff spröde, so dass die Griffstangen bei Berührung zerbrechen.

Dass ein hochwassergefährdeter Raum nicht für die Modelleisenbahn taugt, ist offenkundig. Aber schon ein Rohrbruch, ein Toilettenüberlauf und eine Überflutung des Straßenkanals nach einem Unwetter können nachhaltigen Schaden zufügen, wenn Modelle auf dem Fußboden unter der Anlage oder in niedrigen Regalen gelagert sind.

Ein weiterer Störenfried ist Feinstaub, der sich nicht nur über Gleise und Züge legt sondern nach und nach auch in die kleinsten Ritzen von Vitrinen zieht. Aus diesem Grunde sollte man in Modellbahnzimmer nicht mit Ventilatoren Luft einblasen noch transportable Umluftheizgeräte auf Dauer verwenden oder ganze Züge für längere Zeit auf offenen Regalen ausstellen. Angefeuchteten oder fettigen Staub bekommt man mit einfachem Abpinseln nicht mehr vom Modell!

Nicht wärmeisolierte Dachböden eignen sich langfristig ebenfalls nicht für Modellbahnzwecke, da im Jahresverlauf Temperaturschwankungen von mehreren Dezigrad auftreten und die Hitze im Sommer des Guten zu viel wird.

Sonnenstrahlen – insbesonders UV-Licht – fördern das Ausbleichen von Lacken und Altern von ungeschützten Kunststoffen. Unter unmittelbarer Sonneneinwirkung heizen sich die Modelle stark auf, was zu irreparablen Deformationen von Kunststoffteilen führen kann. Modelle sind daher vor ständigem Sonnenlichteinfall zu schützen. Bei Verwendung von Halogenstrahlern als Dauerbeleuchtung sollten sicherheitshalber nur solche mit UV-Sperrfilter („museumstauglich") benutzt werden.

Dass man Modelle nicht mit fettigen Fingern anfasst und natürlich nicht fallen lässt, ist eigentlich eine Selbstverständlichkeit.

Werden Modelle wieder eingepackt, sollten alle „Verpackungshilften" wie Folien, Filzläppchen und Plastikfixierungen so weit noch möglich benutzt werden. Daher diese Utensilien niemals wegwerfen.

Der Autor hat gute Erfahrungen mit Qualitäts-Gefrierbeutelfolie gemacht, mit der jedes in Kartons oder Koffern verpacktes Modell gewickelt wird. Ist die Folie beschriftet, sollten die bedruckten Seiten sicherheitshalber außen sein. Allerdings haben sich mit den üblicherweise erhältlichen Folien Kondensflecken an den unten liegenden Modellgehäuseseiten auch nicht verhindern lassen. Hier muss man das Modell regelmäßig ablüften. Mit der reißfesten Folie kann man gekuppelte Schlepptenderdampfloks mit Kardanantrieb oder gekuppelte Doppelloks problemlos aus der Verpackung ziehen. Unbedruckte und bleichmittelfreie Papierhaushaltstücher sind ebenfalls recht nützlich.

Alterungsprozesse

Modelle können aber auch durch eigenständige Alterungsprozesse aus der Form gehen. Dabei ist es relativ unerheblich, ob es sich um ein Kunststoff- oder Metallmodell handelt, denn jedes Material birgt seine eigenen Risiken in sich. Bei der fortschreitenden technischen Innovation ist es außerdem schwer vorauszusehen, wie die Werkstoffe sich über Jahrzehnte hinweg verändern und welche Reaktionen sie mit-

einander und auch mit der Verpackung eingehen.

Bei Metallmodellen steht vor allem das Alterungsverhalten von Zinn/Zinkgehäusen im Interesse. Bekannt ist die sogenannte „Zinkpest", bei der Gussteile nach Jahren aufreißen und letztendlich in kleine Metallbröckchen zerfallen. Selbst das Versiegeln befallener Gehäuseteile mit Cyanokleber und eine Neulackierung können den Zerfallsprozess nicht aufhalten. Betroffen sind hier vor allem Modelle bis in die 1960er Jahre. Aber auch moderne Legierungen bereiten Schwierigkeiten, wenn die aus ihnen gefertigten Gussteile zu quellen beginnen und Spannung aufbauen, die letztendlich zur Zerstörung des Modells oder Getriebekastens führt.

Rost ist ein ebenfalls nicht zu vernachlässigender Schaden, der zwar nicht zur Zerstörung, jedoch mindestens zur optischen Beeinträchtigung des Modells führt. Er setzt sich vorzugsweise an geschwärzten Kupplungen, Leitungen, Griffstangen und Kupplungsspannfedern an. Diesem vorzubeugen hatte Roco einige Dampflokserien in einer

speziellen Folie eingepackt. Besser ist es, die gefährdeten Teile am Gehäuse passend zu lackieren und z.B. Achslager zu ölen.

Kunststoffe können über die Jahre hinweg an Spannkraft verlieren, in der Form ausleiern oder spröde werden. Beispiele sind hierfür nicht mehr unter Spannung bündig schließende Getriebeschalen, aufgeweitete Drehgestelle, locker sitzende oder deformierte Lokgehäuse, nicht mehr bündig schließende Dächer und Wagenböden sowie spröde Griffstangen, die bei jedem Zugriff in kleine Stückchen zerbrechen.

Links: N – Kein Schaden, aber ärgerlich, wenn Verpackungen wie an diesem Rheingold SPw (Arnold) ständig Fusseln hinterlassen.

Rechts: H0 – Mit einem Microfasertuch lassen sich „Schwitzflecken" auf Gehäusen abreiben.

Stichwort-Verzeichnis

Hersteller-Verzeichnis

aero-naut, Stuttgarter Straße 18–22, 72766 Reutlingen

Air Color Technik, Heidelberger Straße 48, 68519 Viernheim

AKU, Bergackerweg 12, CH-5243 Mülligen

Auhagen, OT Hüttengrund 25, 09496 Marienberg

Bauer, Kirchenstraße 6, 93142 Maxhütte Haidhof

Beckert, Gebergrundblick 16, 01728 Gaustritz bei Dresden

Born, Kluggasse 12, CH-8640 Rapperswil

BRAWA, Postfach 1260, 73625 Remshalden

Busch, Heidelberger Straße 26, 68519 Viernheim

Color Transfer Service, Ellernstraße 36, 30175 Hannover

Conrad, Birkgartenstraße 15, 80562 Kalchreuth

Duha Ladegüter, Baumann Modellspielwaren, Flurstraße 19, 91413 Neustadt/Aisch

D+R, Schacherstraße 21, 88255 Baienfurt

edi Rollenprüfstand, Postfach 13, 63620 Bad Soden-Salmünster

EMZ, Karlsbader Straße 40, 09465 Sehmatal/Neudorf

Erhardt Vitrinen, Europaring 9, 51109 Köln

ESU, Am Tiefen See 5, 75433 Maulbronn

evergreen, Das Modell, Heimchenweg 5a, 65929 Frankfurt

Faller, Kreuzstraße 9, 78148 Gütenbach

fohrmann-Werkzeuge, Girbigsdorfer Straße 17, 02828 Görlitz

Frey Elektronik, Staffelsteiner Straße 16, 90425 Nürnberg

Gabriel, Markgrafenstraße 5, 39114 Magdeburg

Gahler + Ringstmeier, Gabelsberger Straße 2a, 44652 Herne

Gassner, Jägerstraße 24, 82024 Taufkirchen

Graupner, Postfach 1145, 72701 Reutlingen

greven, Industriestraße 13, 68542 Heddesheim

Gun Lux Beleuchtungstechnik, Erpfinger Straße 31, 86899 Landsberg am Lech

GW-Werkzeuge, Postfach 25 03 42, 90128 Nürnberg

Hammerschmid, Pfarrer-Behr-Weg 12, 82402 Seeshaupt

Hassler-Profile-Anstalt, Oberbühl 111, FL-9487 Gamprin

Hega-Akustik, Dammstraße35, 86695 Nordendorf

Heico, Steinschrotweg 7, 96450 Coburg

Helmo Modellbahnelektronik, Moorsumer Straße 38, 26419 Grafschaft

Holtermann Elektronik, Im Südhof 15, 52531 Übach-Palenberg

HRF, Postfach 93, CH-3700 Spiez

Kadee, siehe Weinert

Kibri, Postfach 1540, 71005 Böblingen

Kreye Beschriftungen, Kaiserstraße 49, 31177 Harsum

Krüger Modellbau, Finkenstraße 10, 35232 Dautphetal

Lenz Elektronik, Hüttenbergstraße 29, 35398 Gießen

Lux-Modellbau, Anton-Schlecker-Straße 5. 49324 Melle

mancherlei vitrinen, Haumühle 4, 52223 Stolberg

Mayerhofer, Maybachstraße 11, 73760 Ostfildern-Nellingen

M+D, Ottostraße 4, 93412 Cham

Noch, Lindauer Straße 49, 88239 Wangen

North Eastern, Hobby Ecke Schumacher, Lerchenhofstraße 18, 71711 Steinheim

Nowitex Schilder, Schöne Aussicht 20, 65527 Niedernhausen

Old Pullman, Im Kreuz, CH-8712 Stäfa

Werkzeuge Peter Post, Postfach 15 29, 37018 Duderstadt

Perlmodell, P.O. Box 3, S-14707 Grödinge

plastruct, Piko, Lutherstraße 30, 96505 Sonneberg

Presents Vitrinen, Schäferstraße 46, 59174 Kamen

Uhlenbrock Elektronik, Mercatorstraße 6, 46244 Bottrop

Ritter Restaurationen, Am Raigerwald 3, 72662 Nürtingen

RTS-Elektronik, Mörikestraße 9, 75233 Tiefenbronn

Saemann Modell- und Ätztechnik, Zweibrücker Straße 58, 66953 Pirmasens

SB-Modellbau, Ilzweg 4, 82140 Olching

** SchaNo Schachteln **, Humboldtstraße 4, 63150 Heusenstamm

Scheba Rollenprüfstand, Postfach 40 51, 72322 Balingen-Dürrwangen

Schreyer Rollenprüfstand, Danzigstraße 8, 97447 Gerolzhofen

Seuthe-Schley, Frühlingstraße 165, 73107 Eschenbach

smt Rollenprüfstand, Posener Straße 58a, 23879 Mölln

Sommerfeldt, Friedhofstraße 42, 73110 Hattenhofen

Steingraeber, Werraweg1, 35260 Stadtallendorf

Tams Elektronik, Sievertstraße 22, 30625 Hannover

TT-Union, Lechweg 11, 66333 Völklingen

train safe, Am Dassenborn 20, 57482 Wenden

Viessmann, Am Bahnhof 1, 35116 Hatzfeld

Vollmer, Porschestraße 25, 70435 Stuttgart

Wagner Schilder, Schulstraße 17, 95173 Schönwald

Walthers, 5601 W. Florist Avenue, Milwaukee, USA-WI 53218

Weinert Modellbau, Mittelwendung 7, 28844 Weyhe/Dreye

Zimo Elektronik, Schönbrunner Straße 188, A-1120 Wien